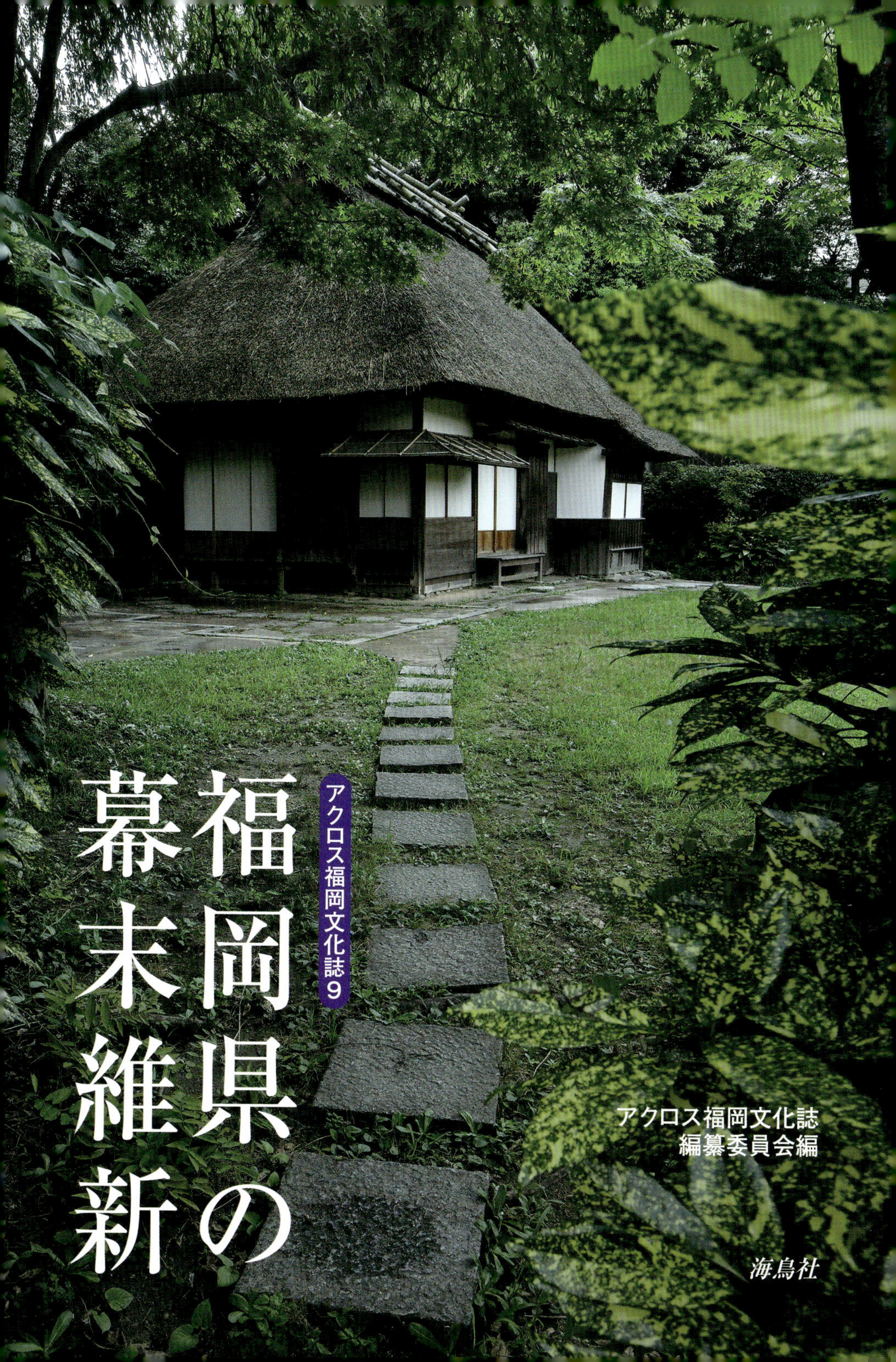
福岡県の幕末維新
アクロス福岡文化誌9
アクロス福岡文化誌
編纂委員会編
海鳥社

はじめに

アクロス福岡文化誌編纂委員会

先人たちが築いてきた文化遺産や風土――〃ふるさとの宝物〃を再発見し、後世に伝えていくことを目的に刊行している「アクロス福岡文化誌」シリーズ。第九巻のテーマは「幕末維新」です。

江戸時代、福岡県には、筑前国の福岡藩（黒田家）、豊前国の小倉藩（細川家・小笠原家）、筑後国の久留米藩（有馬家）、柳川藩（立花家）という四つの大藩がありました。現在でも方言や食、祭りなど様々な面において、各藩領時代の特徴が色濃く残っています。

幕末維新期には、これら各藩も中央の政治動向に大きく関わっています。特に久留米藩の真木和泉守、福岡藩の平野国臣《くにおみ》らは比較的早い段階から国事周旋に奔走し、薩摩・長州・土佐など諸藩の志士にも影響を与えました。彼らをはじめ、多くの志士たちが戦乱や弾圧で命を落としましたが、激動期を生き抜き、明治新政府の官僚として日本の近代化を支えた人物もいます。また、当時の政局は京都が中心でしたが、その京都を追われた

本扉写真：野村望東尼の閑居地である福岡市中央区の平尾山荘（復元。岩永豊氏撮影）

三条実美《さねとみ》ら五卿が滞在した太宰府、長州戦争で激しい戦いが繰り広げられた関門海峡・小倉口などは、歴史の重要な舞台となりました。しかし、このような事跡は、地元においてもあまり知られていないのが実状です。

そこで本書では、旧四大藩それぞれの概要、幕末から廃藩置県に至るまでの政治動向を、豊富な写真や図版を交えてわかりやすく紹介しました。各藩の動きを個別に追うことで、尊王攘夷と公武合体で揺れる藩、譜代大名として佐幕一辺倒の藩など、各藩それぞれの立場が見えてきます。さらに、藩士だけではなく、文化・産業面で活躍した人物など、各藩の幕末維新期における代表的な人物を紹介しました。また、秋月藩や三池藩などの支藩の動向や、当時の興味深いエピソードをコラムとしてまとめています。

執筆は、各地の歴史研究に関わっている方々にお願いしました。また、写真や資料の収集にあたっては、多くの方々にご協力いただきました。関係各位のお力添えに心より感謝いたします。

日本史上の一大変革期であった幕末維新期。一般的に薩摩藩や長州藩を中心に語られることの多いこの時代を、福岡県内の各藩はいかに歩んだのか。本書が、ふるさとの先人たちの足跡を知るきっかけになれば幸いです。

目次

小倉藩

【人物列伝】

【コラム】

「西海道海路図屏風」（部分。福岡市博物館蔵）

久留米藩

柳川藩

「七卿都落之図」（太宰府天満宮蔵）

［総説］

福岡県の旧諸藩と幕末維新

九州大学名誉教授　丸山雍成

幕藩制下の九州諸藩

■「藩」とは何か

近世の大名領を「藩」と総称するが、単なる領地以外に大名とその家臣団を含めた支配組織をも指した。もっとも、これは儒学者による呼称で、新井白石の『藩翰譜《はんかんぷ》』などはその代表的なものである。当時すでに、「親藩」「藩制」「藩士」や「紀藩」「水藩」「長州藩」などの名称は普及するも、江戸幕府の公称ではない。藩の正式の呼称は、王政復古後の明治元（一八六八）年閏四月、維新政府が旧幕府領を府・県、徳川家を含む旧大名領を藩と呼んだ時からで、同四年七月の廃藩置県まで三年三カ月間、正式の行政区画として存在した。後年には、国・郡・城下町の名称や大名の姓などを冠して藩名とするが、江戸時代には例えば「福岡領」というのが正式の呼称で、「福岡藩」は学術的慣用語である。

■「藩」の成立――豊臣幕藩制

江戸時代の儒学者は、中国周代の封建制度に倣い、江戸幕府の将軍とこれに服属する諸大名・旗本との支配体制を「封建」と呼んだが、これを一般に幕藩制と呼んでいる。右にいう所謂「藩」は、いつ成立したのか。それは九州では、天正十五（一五八七）年七月、豊臣秀吉が島津征討後、筑前の箱崎で九州大名の「国分け」（知行地配分）をして以降で、このとき豊臣幕藩制が成立した。

その特徴は、戦国時代末期の龍造寺、大友、島津三氏の鼎立状況を崩しながらも、これに概ね旧領の特定部分を安堵し（龍造寺氏－肥前東部、大友氏－豊後、島津氏－薩摩・大隅と日向の一部）、立花宗茂を柳川に封ずる一方、中部・近畿・中国の諸将を新たに入封、併立させた点にある。例えば、小早川隆景を筑前と筑後二郡・肥前一郡半（名島）、同秀包《ひでかね》を筑後（久留米）、佐々成政を肥後（熊本）、黒田孝高を豊前六郡（中津）の地に封じたごときがそれである。また、九州西部にはキリ

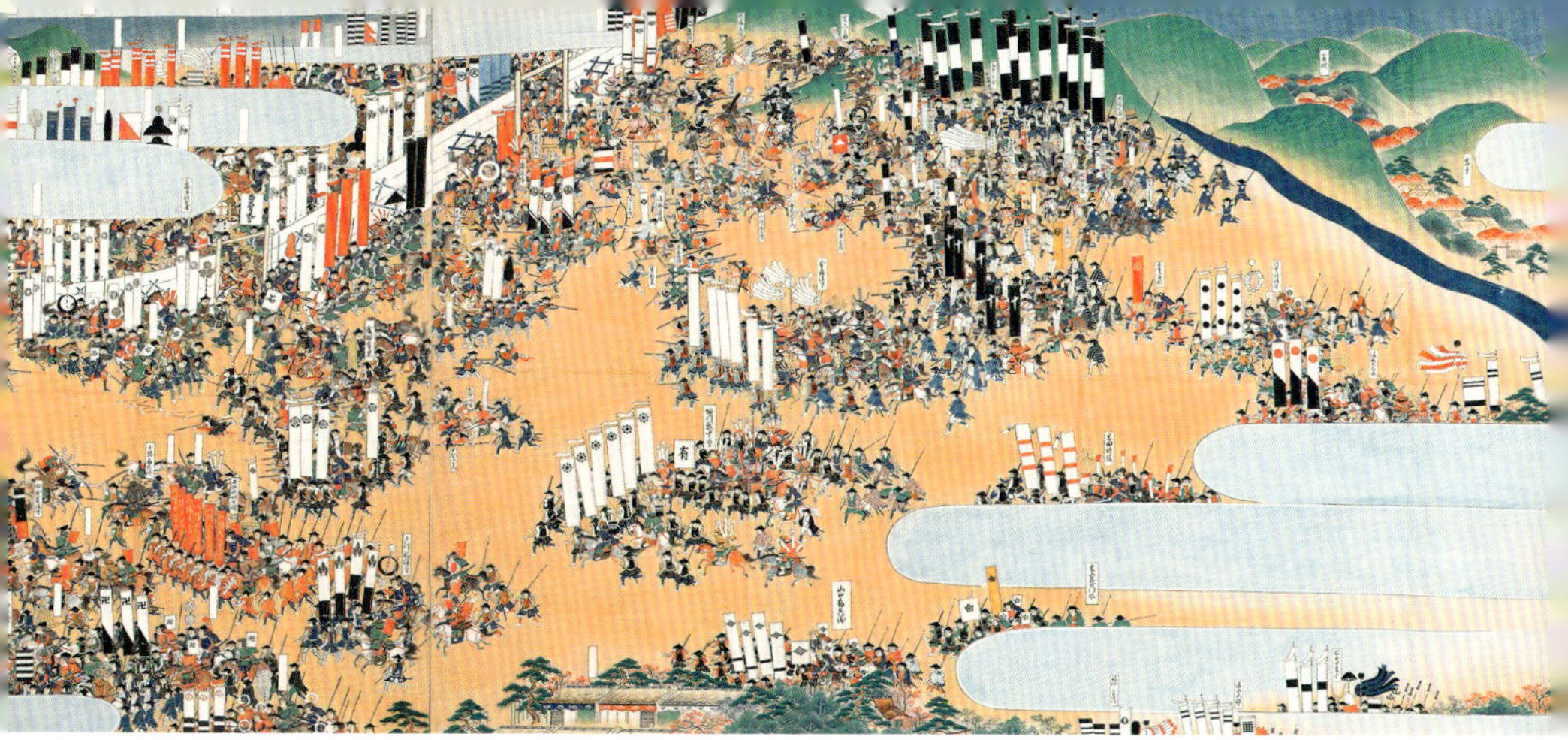

「関ヶ原戦陣図屛風」（部分。福岡市博物館蔵）

シタン大名群を、南九州の日向には伊東（飫肥）・秋月（高鍋）・高橋（延岡）の三氏を配し、さらに豊前・肥前・肥後の一部を豊臣直轄領とした。

　こうした政策は、敵対大名や在地国人たちの領主権の否定につながることから、豊前・肥後などでは広範な国人一揆を誘発した。特に黒田孝高の新封地は、鎌倉時代以来の伝統を誇る在地有力国人、宇都宮（城井《きい》）鎮房《しげふさ》の所領であり、同人が四国伊予へ転封を命じられたことから、孝高は強力な抵抗を受けた。肥後では、佐々成政が失政を理由に改易、その跡には加藤清正・小西行長が入ったが、後の朝鮮出兵時に大友義統《よしむね》も卑怯の行為ありとして豊後一国を没収され、当初の所領配置とは様変わりする。

■「藩」制の確定――徳川幕藩制

　慶長五（一六〇〇）年の関ヶ原の戦いの後、徳川家康は大名処遇として、筑前（名島）の小早川秀秋を備前岡山に移封、その跡には豊前（中津）から黒田長政を入れ、豊前（中津・小倉）には細川忠興《ただおき》、筑後（久留米・柳川）に田中吉政を置き、肥後（宇土）の小西行長の所領は同（熊本）の加藤清正領に編入される一方、同（人吉）は相《さが》良《ら》長毎《ながつね》に所領安堵となった。豊後（岡）は中川秀成《ひでしげ》に安堵され、他に竹中重利《しげとし》・毛利高政・稲葉貞通《さだみち》・木下延《のぶ》俊《とし》ら諸氏が同国諸所に配置されている。肥前では、龍造寺氏に代わる鍋島勝茂以下、松浦・大村・有馬・五島の諸氏、そして日向では高橋・秋月・伊東の諸氏、薩摩・大隅の島津氏、対馬の宗氏らは旧領安堵となり、九州大名の改易・転封率は五割に満たない。

　このように九州は、豊臣政権以来、旧領に定着して他に転封しない外様大名が多く、その特別な支配構造が、後年の明治維新の変革を主導する勢力の基盤となったともいわれている。

　徳川家康の没後、二代将軍秀忠によ

る外様大名改易・転封策は、九州では田中忠政が改易を受け、筑後（久留米）に有馬豊氏《とようじ》、同（柳川）に立花宗茂が回復、入封した程度で、大きな変化はない。しかし、三代将軍家光の大名統制が西国地方に向けられた時、特に九州では寛永九（一六三二）年、肥後（熊本）の加藤忠広が改易され、その後に豊前（小倉）の細川忠利が、薩摩・大隅（鹿児島）の島津氏以下の抑制を兼ねて入封する。それと同時に、豊前各地には小笠原忠真《ただざね》とその一族が移封し、東九州の豊前・豊後には五人の譜代大名が集中した。一方、幕府は豊後日田と肥後天草を直轄領とした。

「鎖国」体制と福岡・佐賀藩

かつて家康は、将軍就任の翌慶長九（一六〇四）年、糸割符制を施行するとともに、後の長崎街道の佐賀－大村領経由で、自身の御銀を長崎に運ばせたが、ここを直轄地として長崎奉行・同代官を配置し、秀忠もまた平戸と長崎を貿易港に指定した。家光は寛永十（一六三三）年以降、所謂「鎖国」令

「長崎港之図」（福岡市博物館蔵）。オランダの商船が長崎港に入港する様子を描いたもの。海上では福岡藩の軍船が警備を固めている

を出し、同十四、十五年の天草・島原の乱後、十八年には平戸オランダ商館を長崎出島に移し、貿易港を長崎のみに限定して、「鎖国」体制を完成させた。そして、佐賀・福岡両大藩が中心となり、秋月・唐津・島原・平戸・大村・五島の中小藩が補完するかたちで長崎警備を隔年ごとに分担した。このうち唐津・島原の両譜代藩が監視役を務めるなど、長崎奉行―両国目付ラインによる九州大名の支配統制策が後年まで貫徹されている。

　長崎湾内の出島・唐人屋敷近くの西《にし》泊《どまり》・戸町《とまち》両番所は、対内的な箱根以下の幕府の「重キ関所」「軽キ関所」、それを支える諸藩の「口留《くちどめ》番所」などというヒエラルヒーの頂点に立つ、対外的な別格の関所とされた。なお、湾口に向けて遠見番所・火立場（烽火《のろし》台）などを設け、それが日本列島の各地に及んでいる。これは九州沿岸部に特に顕著であり、また内陸部の幕府領、譜代・外様藩領での配置状況、対外貿易の制約などと併せて、徳川幕藩制の典型的なミニ版ともいうべき九州の政治支配の構造が完成した。

　この間、九州北部の諸大名はどのように対応したのか。関ヶ原の戦いの前後、彼らは東西両軍のいずれにつくかの選択を迫られ、敗軍側に属した者は改易や減転封の憂き目に遭い、勝軍についた者は所領安堵か新恩の給地を与えられ、自己の城郭や城下町の築造・整備や領国経営に努めることになる。その際、諸大名は相互に城普請などに協力しあう状況も見られたが、徳川家康が征夷大将軍に就いて大名統制策を強化すると、彼らは江戸幕府への求心的な競合性を優先して、相互の関係はぎくしゃくとなり、一触即発の状況を呈することもあった。

福岡県旧四藩の政治的関係

■福岡藩の成立と黒田氏

　関ヶ原の戦いの後、筑前一国を受封した黒田氏は、慶長五（一六〇〇）年十二月、豊前中津城から、かつて小早川氏が居城とした筑前名島城に入り、翌六年から福岡城の築城にとりかかる。

　その規模は、領域が筑前一五郡（除、怡土《いと》郡の四半分）・知行高五〇万余石にふさわしい壮大なもので、総構（一一〇八万平方メートル）の中に、内郭（内城・準内城と堀川・丘陵・石垣・土塁）と外郭（博多―御笠川間、唐人町―室見川間）をふくみ、内城は本丸（含、天守）・二ノ丸・三ノ丸などの諸曲輪（四一万余平方メートル）と四七カ所の櫓（ただし幕末期）を数える。これは黒田如水の縄張普請というよりは嫡子長政の強引な方針によるもので、そのツケは大坂冬の陣での江戸幕府による長政参陣の拒否、江戸拘留の措置として現れる。

　しかも元和五（一六一九）年、広島

城石垣などの修理のあり方を口実として福島正則が改易処分を受けたことは、長政に衝撃を与え、かつて教訓を垂れた父如水や小早川隆景の思想にようやく近づくことになる。長政は、子忠之に対し、幕府の穿鑿《せんさく》が今は大名の「行跡」（行為、身持）、近い将来は「弓矢」（城郭を含む軍事機能）に及ぶことを認識させるとともに、自らは将軍家との婚姻関係、幕閣などとの友誼関係を深めることに努めた。

　そして、翌六年の大坂城再修築では手伝普請に全力を挙げて、福岡の「居城を大かた破却」、すなわち天守・家（邸宅）・石垣を取り崩し、大坂への運送提供を申し出ている。その理由を長政は、徳川家の「御代ニハ城も入（要）り申さず候、城をと（奪）られ申候ハヽ、（将軍の）御かげ（陰）を以て、取り返し申すべくと存」じ、このように申しつけた、と言上したというのである。ここでは、外様大大名の矜持を捨て去り、譜代大名と同じ献身の思想でひたすら自家の安泰・永続を願う、黒田氏の変容した姿が見られる（福岡城本丸の天守台の上に大天守がなく、三ノ丸の上ノ橋・下ノ橋両大手門以外の高石垣が取り払われて腰巻石垣・土塁となったのはこの時で、中・小天守の破却は寛永十五〔一六三八〕年の島原の乱鎮定後である）。

■細川・小笠原氏と小倉藩

　細川忠興は慶長五（一六〇〇）年十一月、関ヶ原の戦功により豊前一国と

江戸時代中期の「福岡図巻」（部分。福岡市博物館蔵）。博多湾側から見た福岡城が描かれている

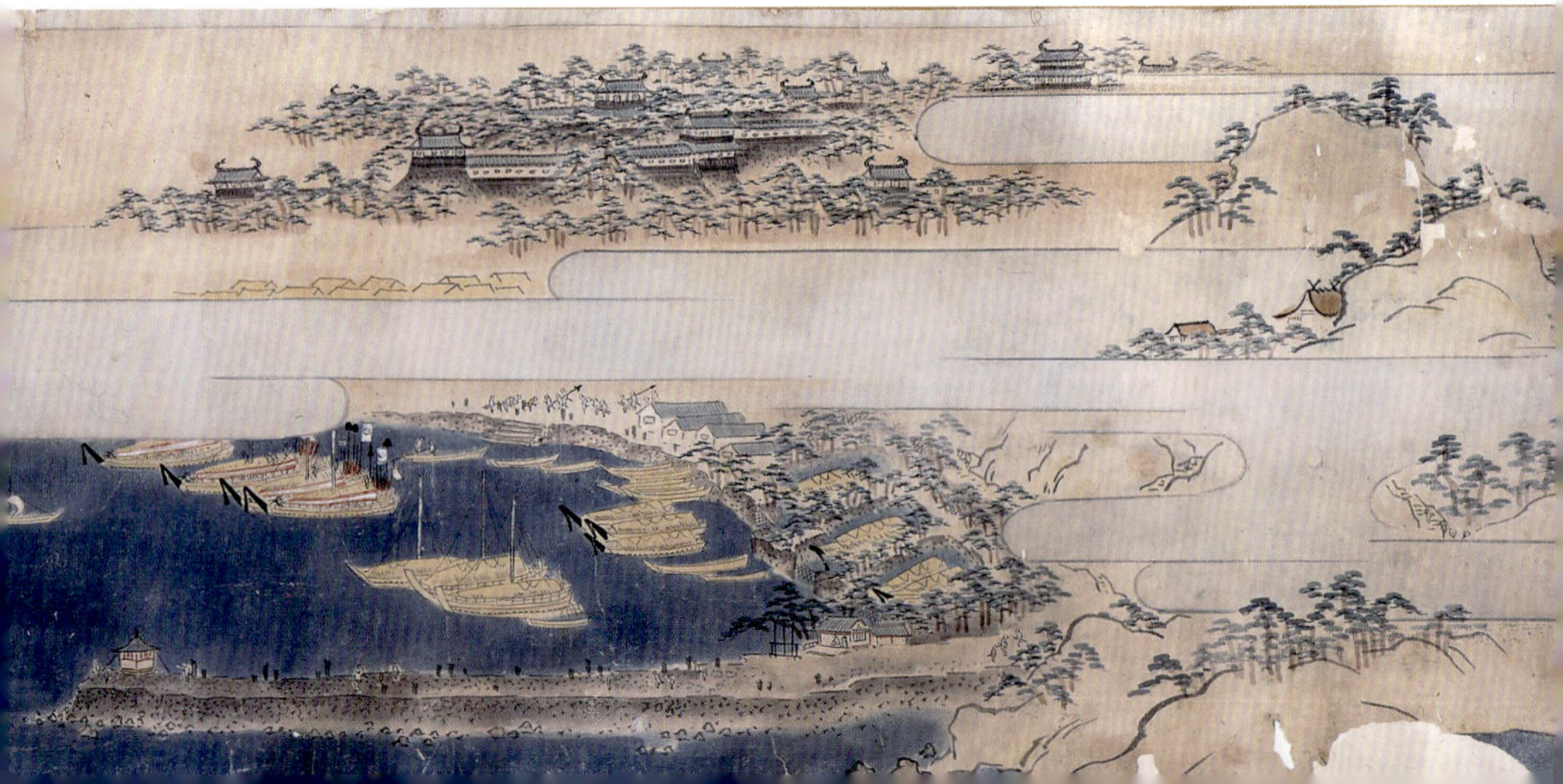

『西国内海名所一覧』に描かれた小倉城下町（北九州市立自然史・歴史博物館蔵）

豊後二郡のうち、領知高三九万九〇〇〇石余を与えられ、丹後宮津から黒田氏の旧城中津に入った。その後、毛利勝信の小倉城を増改造し、同七年十一月には城普請を終え、忠興は中津から小倉へ移る。

　小倉城は城東の紫川を天然の堀とし、下流の社寺を移転させて城郭を拡大、新開の城下町に家中・商人を居住させた。城郭の規模は領知高に対して大規模な総構、城内には本丸、二ノ丸・三ノ丸を置き、本丸には五層六階の天守閣を構えるほか、領内には当初、中津・龍王・岩石《がんじやく》・香春《かわら》・一ツ戸・門司（以上、豊前）、高田・木付《きつき》（杵築）（以上、豊後）を保持し、中津城にもかつて黒田孝高が築造した天守閣がそびえていた。

　関ヶ原の戦いまで友好関係にあった黒田氏が、戦後の転封に際して、豊前在封時の在地に残すべき先納年貢を筑前名島城へ持ち運んだことから関係が悪化し、細川氏は筑前の大坂廻米船を襲撃しようとして、一触即発の様相を呈した。しかも、豊前・筑前の両国境近くには両藩とも七端城を設置し、街道にも道番所を設けて厳重に取り締まるなど、対立が続いた。もっとも、元和元（一六一五）年の一国一城令後、両藩の各七端城や支城の多くは破却か陣屋化したが、細川忠興時代には小倉・中津両城の存置が認められている。両藩の対立は、元和年中以降も続き、徳川幕閣の覚えめでたき細川氏のひそみに倣うべく懸命な黒田長政の行動を、競合関係にある忠興は冷笑しながらも、中津城の天守閣を福岡城と同年に全面解体し、改めて幕閣への忠誠心を披瀝する。

　こうした関係は、寛永九（一六三二）年、細川忠利（忠興の子）が対島津氏ほかの監視・牽制の役割を果たすべく肥後熊本へ転封するまで続く。それでも細川氏は、参勤交代のコースを豊後街道（熊本ー鶴崎）にとり、小倉路利用は元禄十二（一六九九）年が最初で計五回、そして両道の一般的な併用は延享二（一七四五）年以降である。それまで、黒田氏の筑前福岡領内の通行は避けていた。

細川忠利の後、小倉城に入ったのは小笠原忠政（忠真）である。彼は豊前五郡と上毛《こうげ》郡の一部を与えられ、同時に小笠原長次が中津城八万石、忠政の子松平重直《しげなお》が龍王三万七〇〇〇石、同じく弟忠知《ただとも》も杵築城四万石の大名として入封した。ここに譜代大名の小笠原一族が関門海峡を扼《やく》する北部九州の要衝の地を占め、幕府の長崎奉行に準ずる九州大名支配の槓桿《こうかん》、かつての九州探題に近い存在となった。なお、中津には、享保二（一七一七）年に奥平昌《まさ》成《しげ》が入封し、幕末・維新期まで続く。

■田中・有馬・立花氏と久留米・柳川藩

筑後では、大友氏の一族、立花宗茂が天正十五（一五八七）年に柳川城一三万二〇〇〇石を、また毛利秀包も同年に久留米城一三万石を受封したが、いずれも慶長五（一六〇〇）年の関ヶ原の戦いで西軍側につき改易、その後には三河岡崎城主田中吉政が筑後三二万五〇〇〇石を領して柳川に居城、久留米城はその支城（のち破却）となった。しかし、吉政の嗣子忠政の時、大坂夏の陣に遅参、家中内紛もあり元和六（一六二〇）年その没後、無嗣断絶となると、その後には、慶長八年より陸奥棚倉一万石に配されていた立花宗茂が旧領柳川城一〇万九六〇〇余石で復領を果たした。一方、久留米には丹波福智山城主有馬豊氏が筑後北八郡二一万石の領主として入封、早速久留米城と城下町の復興を遂げた。

これら諸藩の関係を、その参勤交代路の利用面から見てみよう。小倉・熊本藩の細川氏と福岡藩黒田氏とのそれは先に触れたが、柳川藩の立花宗茂は、当初は秋月街道を利用したが、江戸時

「大名行列図」（部分。立花家史料館蔵）。柳川藩主の大名行列

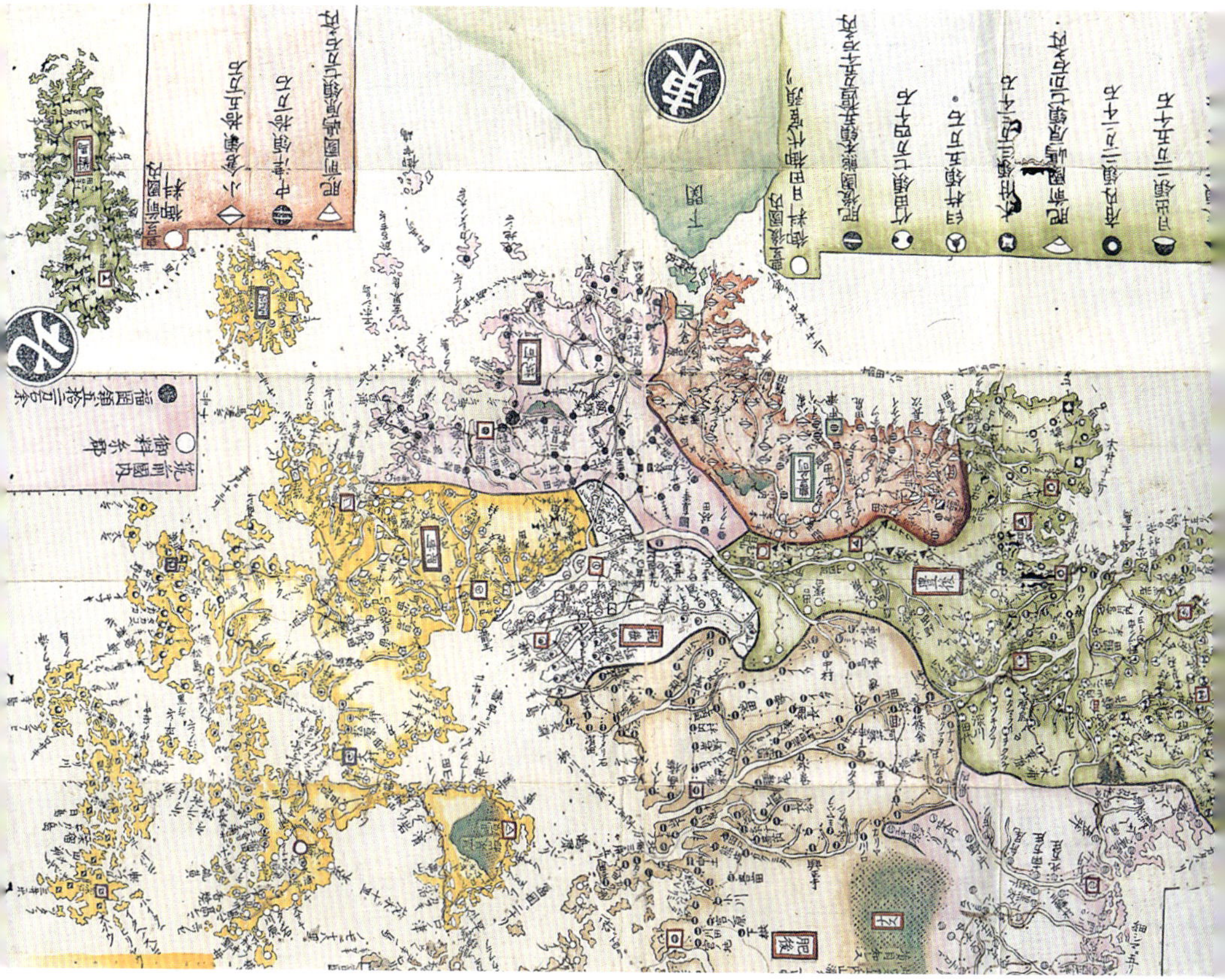

「九州九ヶ国之絵図」（部分。天明3〔1783〕年。福岡市博物館蔵）。
九州各国を結ぶ海路や陸路が描かれている

代中期以降は松崎経由で長崎街道（筑前六宿街道）山家《やまえ》より小倉・大里《だいり》へのコースに変更した。三池藩主のそれは、ほぼ一貫して長崎街道経由である。久留米藩の有馬氏の参勤通路も秋月街道であるが、延宝六（一六七八）年、長崎街道山家に至る松崎街道を開通しながらも、これを本格的に利用するのは元禄十五（一七〇二）年以降のことで、それは数十年間不和だった福岡藩主黒田氏との和談が成立したためである。

福岡県内の旧四藩ではないが、江戸時代初頭、佐賀藩主鍋島氏と福岡藩主黒田氏とは佐賀・福岡両城の築造に協力しあうほど親密だった。しかし、寛永年中（一六二四－四四）両藩が不和になると、鍋島氏は参勤通路としての筑前六宿街道の利用をまったく避け、長崎街道田代から分岐して松崎経由で秋月街道を通った。その後、両藩の冷却した政治関係が改善して以降、鍋島氏は筑前六宿街道を利用しながらも、

櫨並木（久留米市）。櫨の実は蠟燭（ろうそく）の原料として使われる

両コース併用をくずさず、その三支藩（蓮池・小城・鹿島）主も一部を除いて、本藩主のそれに倣った。

なお、秋月藩は福岡本藩の支藩ながらも、将軍朱印下付の独立支藩で、本藩ほど右の諸藩との対立関係のない存在だったことが、秋月街道利用の要因とみられる。

福岡県旧四藩の幕末・維新への途

■諸藩の経済政策

こうした諸大名の間の対立状況は、三代将軍家光時の参勤交代、鎖国制など幕藩体制の確立と五代将軍綱吉までの大名統制の貫徹、元禄文化の繁栄のなかで解消した。この過程で、封建領主と貢租・課役を負担する領民との基本的な社会関係は揺るぎない構造となるが、これを促進したのが藩領内の経済発展である。

諸大名は、江戸時代初期の幕府に対する軍役、特に参勤交代や手伝普請の負担に苦しみ、領内の貢租収入の増大を図るべく、農業以下の諸産業の生成・発展に努めた。農業面では、福岡藩では元和・寛永年中（一六一五－四四）から遠賀川・那珂川などの堤防・用水路などの築造や運河工事、また津屋崎・洞海湾《どうかい》などの干拓で、新田及び塩田を拡大した。小倉藩も年次は下るが、猿喰湾《さるはみ》ほかの大規模な新田開発を進め、久留米藩でも筑後川の安武・千栗《ちりく》堤防や用水路に諸堰を設けて灌漑事業を拡大した。柳川藩は矢部川の水利をめぐって久留米藩と競合しながら、有明海の干拓を推進した。

これら新田開発などは、米穀以下の商品作物の生産を増加させている。福岡・久留米藩などは櫨《はぜ》・菜種の栽培を盛んにし、製塩とその燃料となる石炭の採掘・販売が目立ってくる。このほか、かつて朝鮮出兵時に連行した陶工は、各藩の陶磁器業の発展の基礎となり、都市では福岡藩の博多織、後年の久留米藩の久留米絣などは藩外にも売り出されている。

■学問の興隆

元禄文化は、福岡藩では三代藩主黒田光之の文治政治として展開する。まず学問面としては、茶道史上に名高い

『南方録』の立花実山《じつざん》、『黒田家譜』『筑前国続風土記』の編纂ならびに本草・医薬学や教育論など、人文・自然科学面で大活躍した貝原益軒《えきけん》、さらに農業技術など全国通用の『農業全書』を完成・刊行した宮崎安貞《やすさだ》らがいる。益軒の門弟には、天文学・和算・医学・軍学等々の学者多岐にわたるが、柳川藩でも明の儒学者朱舜水《しゅしゅんすい》と友誼のある安東省菴《せいあん》がおり、時代の転換を象徴していた。

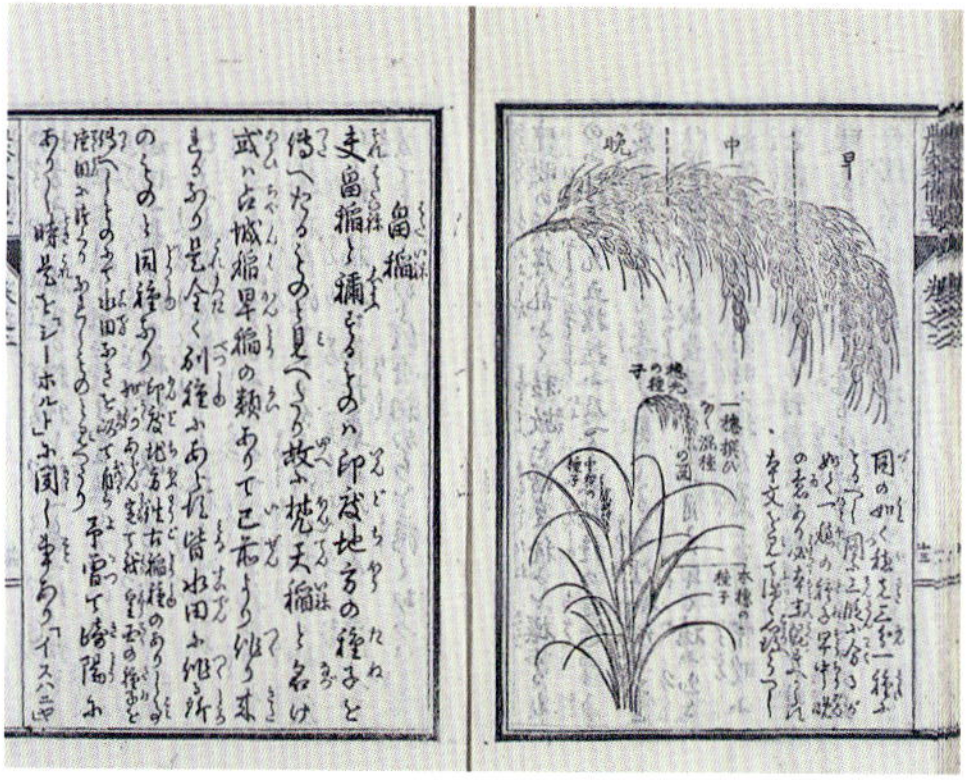
『農業全書』（福岡市博物館蔵）

江戸時代中・後期には、藩校も設立され、藩学の興隆をみる。福岡藩では、七代藩主黒田治之《はるゆき》が徂徠《そらい》学の亀井南冥《なんめい》を抜擢、治之の遺命により天明四（一七八四）年、東学問所修猷館（福岡城上ノ橋大手門前）、西学問所甘棠館《かんとうかん》（唐人町）の両藩校が設けられ、前者は益軒の学統をひく朱子学の竹田定良《さだよし》、後者は亀井南冥がそれぞれ総請持となった。久留米藩でも、数学者でもある七代藩主有馬頼徸《よりゆき》が天明三年に学問所を設け、これは講談所・修道館を経て、寛政八（一七九六）年に明善堂となり、樺島石梁《せきりょう》により折衷学が盛んとなった。幕末には水戸学、国学の影響が強く、明善堂の学風も混乱する。柳川藩では、安東省菴の家塾に始まり、文政七（一八二四）年、九代藩主立花鑑賢《あきかた》が伝習館を設立して、初代の学監横地春斎《しゅんさい》・教授安東節菴《せつあん》・助教牧園茅山《ぼうざん》が起用され、朱子学と小笠原礼法などを教科としたが、茅山は陽明学の大塩中斎《ちゅうさい》（平八郎）とも深い親交があった。

国学と蘭学

幕末・維新の政治変革に深い関係をもつのが、国学と蘭学である。福岡藩

安東省菴の著作（福岡県立伝習館高等学校蔵、柳川古文書館寄託）
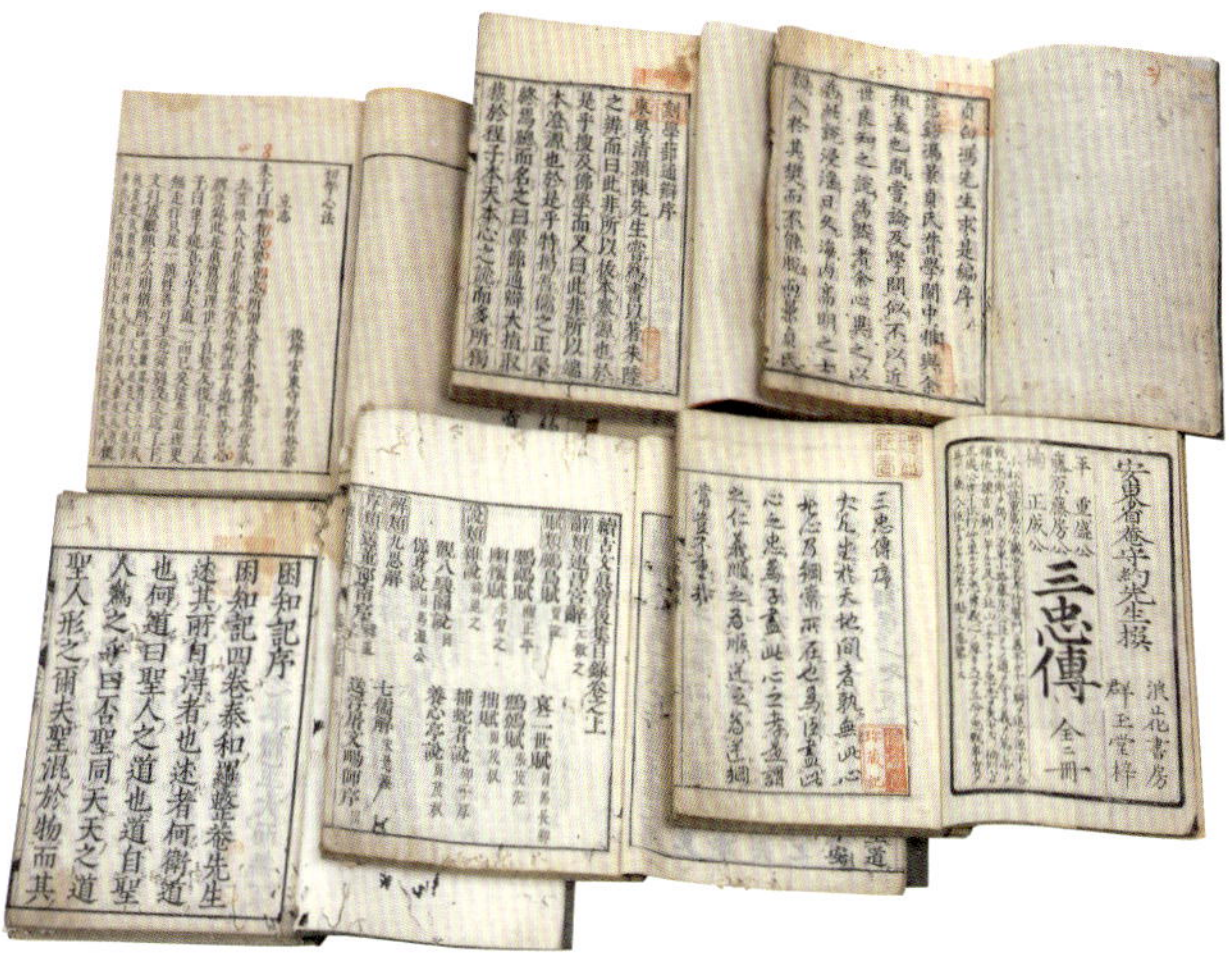

では、同藩足軽の次男青柳種信《たねのぶ》が寛政元（一七八九）年、本居宣長に入門、賀茂真淵門下の国学者と交流し、文化十一（一八一四）年『筑前国続風土記拾遺』ほかの編纂をした。その指導を受けた神職伊藤常足《つねたり》は、『太宰管内志《だざいかんないし》』を編纂し、同十三年に神道関係の桜井文庫、神道・国学系統の仰古《おうこ》館などの創設に関与している。仰古館に程近く、平田派国学への入門者の宮崎大門《おおかど》・行弘正貞《まささだ》らがいるが、その紹介者は尊攘派志士の平野国臣《くにおみ》で、彼は同じく歌人野村望東尼《ぼうとうに》とも親しい関係にあった。福岡藩の文久元（一八六一）年の「辛《しん》酉《ゆう》の獄」、慶応元（一八六五）年の「乙丑《いっちゅう》の獄」などで処罰された筑前勤王党には国学の影響を受けた者が多い。また、久留米・柳川・小倉藩でも国学・歌学が次第に盛んとなった。

　九州の蘭学は、琉球貿易で海外事情に関心をもつ鹿児島藩がいち早く導入、「蘭癖大名」といわれる島津重豪《しげひで》が主導したが、その曽孫斉彬《なりあきら》に至って、富国強兵策のため大炮鋳造用の反射炉や銑鉄生産をする高炉をつくり、海軍を創設、化学技術研究用の精錬所・集成館を設置している。佐賀藩は、福岡藩とともに長崎警備などで幕府の長崎貿易に接触して西洋文明の摂取に努め、藩の蘭学寮・火術方・精錬方などで理化学研究を推進、反射炉を築造し、雷管銃・アームストロング砲・電信機・蒸気機関を製造し、軍事科学技術へと傾斜していった。

　一方、福岡藩の場合、亀井南冥門下で蘭学者となった青木興勝《おきかつ》の『南海紀聞』『答問十策』、安部龍平の『二国会盟録』などでは、ロシアの動向に警戒して大炮鋳造を説いているが、十代藩主黒田斉清《なりきよ》は多くの蘭学者を育成、医学・天文学のほか精錬所を設け、ガラス・陶器・染料・化学製品などを製造させた。彼が子の長溥《ながひろ》とともに長崎のシーボルトを訪問した時の記録『下問《かもん》雑載《ざっさい》』は、先の安部龍平の筆録をまとめたものである。

　次の藩主長溥は、島津重豪の第九子で、斉清の養嗣子となり、父・養父と同様に蘭癖大名として著名である。嘉永五（一八五二）年、幕府のペリー来航予告の情報に応えて、その確実性と対策の建白書を提出、積極的に開国論を展開した。彼は洋式軍事技術に深い関心をもち、安政二（一八五五）年に始まる幕府の長崎海軍伝習所には二十八人を派遣し、さらに西洋医学の藩校賛生館を設立し、慶応三（一八六七）年、海外留学生を派遣して医学・工学の進展に努め、鉄道建設のパイオニアも生んでいる。安政五年、長溥は咸臨《かんりん》丸《まる》とエド号の両船で福岡を訪れた長崎海軍伝習所のカッテンディーケら一行に、藩営の鋳鉄工場・製銑所（ここに小型蒸気機関車がある）・硝子工場・絹糸工場（博多織）など数カ所を見学させている。特に注目されるのは、翌

「佐賀藩兵上野彰義隊砲撃図」（個人蔵、佐賀県立博物館寄託）。
田中久重が完成させたアームストロング砲が描かれている

六年、シーボルトに対して長溥の役人が藩領内の炭鉱の開発を相談したことで、まさに外資導入による石炭の資本制企業への志向である。『シーボルト最後の日本旅行』（一九〇二年）によると、これはオランダの貿易会社が為替相場の変更、金・銀の価格関係の相異などから躊躇して実現しなかったが、時代の先見性は抜群であった。

久留米藩では、久留米絣の創始者井上伝に協力して絵模様を出す織機をつくったのが田中久重（別名「からくり儀右衛門」）である。同藩は久留米絣を国産品に指定、その後も彼はからくりの人形・天文機械・時計などを製作した。佐賀藩主鍋島直正は久重を招き、汽罐《きかん》・螺旋砲《らせんほう》・機関車雛型をつくらせた。特に重要なのは戊辰戦争で威力を発揮したアームストロング砲を完成させたことである。ちなみに、佐賀藩の理化学の研究機関、精錬方の指導者佐野常民《つねたみ》は、京都の著名な蘭学塾の広瀬元恭《げんきょう》に学んでいるが、元恭の妻は久重の実妹である。

こうした国学・蘭学の発展は、九州諸藩の政治思想、経済政策に大きな影響を及ぼした。それは旧来の封建支配に変革を促す契機となり、国際的環境に目をひらく政治潮流を生み出した。幕末期の尊王攘夷、公武合体の運動がこれである。この諸運動を誘発したのが、在地の社会・経済的な変質である。

■諸藩の社会・経済的変質

九州諸藩では、幕府への軍役負担の基準となる領知高よりも、実際の生産高（実高）が二倍以上で、さらに農業生産力が上昇して商品生産・流通が展開しながらも、藩財政の窮迫、赤字増大は恒常化の一途をたどった。それは幕藩領主層が石高制を堅持し、江戸時代初めの検地による村高基準を固定化したため、現実の土地生産性の上昇に基づく領主の実質的な貢租増収を、領民の百姓一揆などの抵抗によって実現できぬまま、その剰余分を豪農商に吸収・横取りされたからである。経済の基礎をなす生産力の上昇は、この概ね固定化した貢租収入に依拠した領主層の窮乏化を促進する要因でこそあれ、脱却させる何ものでもなかった。

この打開策としての藩政改革は、しかし直接的には家中に対する上米《あげまい》・借《かり》知《ち》の強制であり、百姓・商人からの年貢・諸役や運上銀・御用金の徴収を意味した。しかし、福岡藩では文化十四（一八一七）年の借銀高は銀三万一一三五貫目余（米一八六万八一五〇石余）に上り、実に蔵入・給知の三カ年分に担当する。天保四（一八三三）年の財政建直し策では、大坂での旧債銀の踏み倒し後に新銀主を求め、また銀札の発行・貸付、押米《おさえまい》、永納銀、国産専売、寸志上納米銀などをもって打開しようとしたが、同七年に失敗、嘉永七（一八五四）年には大坂ほかでの藩借金一〇四万六四〇〇両余となっている。この間、天保五年に新藩主となった黒田長溥は、参勤途上の大坂で、かつての蔵元鴻池《こうのいけ》らに謝罪して、福岡藩の蔵元への再就任を要請した。

このほか、久留米藩でも正徳・寛政・文化・文久改革を、柳川藩は宝暦・寛政・文政・安政改革、小倉藩は寛政・文政・嘉永・安政改革を実施した。財政建直しがいかに焦眉の課題だったかを示している。

■百姓一揆から世直しへ

この藩政改革は、藩内に諸種の政治・社会的事象を招いた。それは藩内の上・下士層の対立、しかも豪商農を巻き込むかたちでの政争（幕末期の尊王攘夷、公武合体運動など）を生む。一方、貢租負担に耐え切れぬ中小百姓は、一揆、逃散あるいは打ちこわしを惹き起こすことになる。例えば、福岡藩では、享保年中の凶作に苦しんだ早良郡有田村の庄屋が、貢租減免の越訴《おっそ》を敢行したが、これなど対領主の代表越訴型一揆の典型である。

久留米藩でも、元禄・宝永年間（一六八八―一七一一）に同型の訴願が行われたが、享保十三（一七二八）年の一揆は、正徳二（一七一二）年の税制改革にさらに上乗せする大幅な年貢増徴策に対する惣百姓の抵抗であった。また、宝暦四（一七五四）年の百姓一揆は、実に十数万人が藩の人別銀賦課に反対する全藩的な惣百姓一揆で、これは藩側の説得によりいったん鎮静化するが要求は貫徹せず、その後は各組村での大庄屋・庄屋の不正追及や地主との下作料減免をめぐる世直し型の分散的騒擾が繰り返された。それは農業生産力の上昇、商品流通の発展とともに成長した豪農と半プロレタリアート（貧農・小作層）との対立というかたちをとる。

一方、藩も、これら町在の豪商農の御用金・献金により財政補塡する依存体制をとるが、天保三（一八三二）年の竹野組騒動では大庄屋や田主丸《たぬしまる》の高

利貸商人手津屋《てつや》などの家宅三五軒が打ちこわされている。ちなみに、手津屋は大坂町奉行、上方及び筑後の商人（問屋・卸売・小売）、領内の地主及び自作農・村落共同体などへの広範な高利貸付をしていた。ここに一般農民、特に中小農にとっては、経済的に弱体化して豪商農に頭を垂れなくては参勤交代もできぬ藩領主などよりはむしろ、豪商農こそが実質的支配者だとして、これに対する打ちこわしを含む村方騒動を激発させていった。

上＝筑後川河畔の小江河原（うきは市吉井町。岩永豊氏撮影）。久留米藩の宝暦一揆の際に多数の農民が結集したとされる
下＝田主丸の豪商手津屋の久留米支店図（久留米市教育委員会蔵）

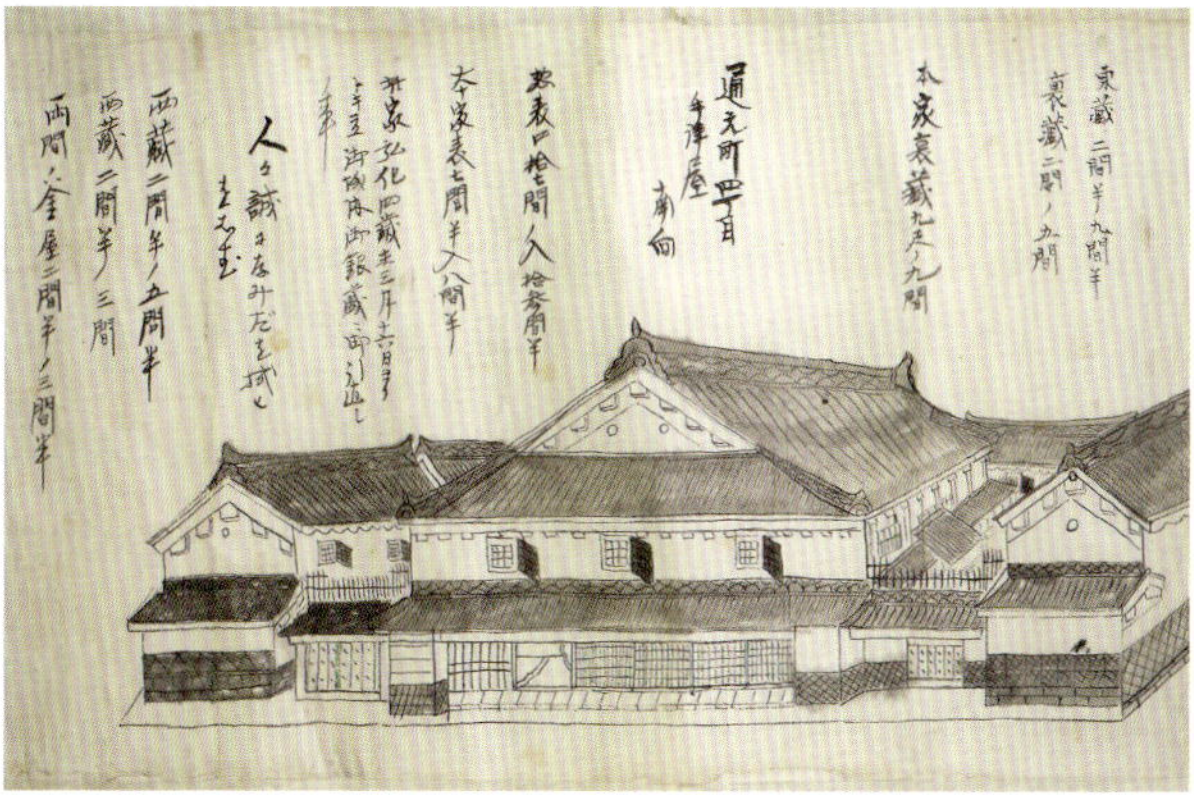

この現象は、久留米藩に限らず、九州諸藩にも共通するところで、例えば福岡藩では文化八（一八一一）年、穂波郡平恒《ひらつね》村の大庄屋が打ちこわしに遭い、安政六（一八五九）年には遠賀郡吉木村の大庄屋が数百人の強訴を受け、柳川藩でも、天明元（一七八一）年に築籠猟《ついごめりょう》町の庄屋が暴動の厄に遭っている。天保八（一八三七）年には小倉藩の銀札潰しに対する騒動が発生、北部九州以外でも対銀主反感の打ちこわしや質地請返し、小作料半減の要求などの抵抗運動も起きた。

こうした状況の下、豪商農は自らの生存を維持・保障する政治権力を模索せざるを得ない。それは具体的には、幕藩体制の維持に賭けるか、これを打倒できる新権力に賭けるかの二者択一となるが、一方、その渦中にある九州諸藩の武士とても、佐幕・勤王派とも死命を左右する重大な政治局面に立たされていた。

福岡藩

太宰府市・延寿王院（岩永豊氏撮影）

福岡藩の概要

慶長五（一六〇〇）年九月、関ヶ原の戦いの戦功により、豊前中津藩主の黒田長政は筑前国を拝領し、同年十二月十一日に前領主小早川氏の居城名島城に入った。その後、新たな本拠地として那珂郡福崎の地に城を築き、城下町を建設、「福岡」と改称した。黒田氏の故地である備前国邑久《おく》郡福岡（現岡山県瀬戸内市長船《おさふね》町）による命名であった。長政とともに父如水も福岡城に入った。

城下町福岡は、新たに整備された武家地を中心とする福岡と、古くからの町人地で再整備された博多の二部構成となった点に大きな特徴がある。黒田氏は城下町福岡を中心として、遠賀・鞍手・嘉麻・穂波・宗像・糟屋・上座《じょうざ》・下座《げざ》・那珂・席田《むしろだ》・御笠・夜須・早良・怡土《いと》・志摩の十五郡、筑前国のほぼ一国を治める大大名であり、福岡藩は金沢・薩摩・仙台・和歌山・熊本に次ぐ大藩であった。

元和九（一六二三）年、長政が亡くなると、長政の長男で二代藩主となった黒田忠之は弟長興《ながおき》（長政三男）に秋月藩五万石、高正（長政四男）に東蓮《とうれん》寺《じ》藩四万石を分知した。秋月藩は廃藩置県まで続いたが、東蓮寺藩は直方藩と改称した後、延宝五（一六七七）年、三代藩主の長寛《ながひろ》が本藩三代藩主光之の後継となったため、領地を本藩に返した。後に長寛は本藩の四代藩主綱政となった。ところが元禄元（一六八八）年、光之四男長清《ながきよ》が五万石を分知され、直方藩が再興された。しかし長清の嫡子長好《ながよし》が本藩の五代藩主宣政の養嗣子となり、享保五（一七二〇）年に長清の死去に伴い廃藩となって、領地は本藩に還付された。長好は後に本藩六代藩主継高となる。

元和九年、二代藩主に忠之が就任、寛永九（一六三二）年の「黒田騒動」を乗り越えて治政が確立されていく。以降三代藩主光之、四代藩主綱政（直方藩より）、五代藩主宣政（綱政二男）、

■黒田家歴代藩主と在任期間

1	黒田 長政《ながまさ》	1600－1623年
2	黒田 忠之《ただゆき》	1623－1654年
3	黒田 光之《みつゆき》	1654－1688年
4	黒田 綱政《つなまさ》	1688－1711年
5	黒田 宣政《のぶまさ》	1711－1719年
6	黒田 継高《つぐたか》	1719－1769年
7	黒田 治之《はるゆき》	1769－1781年
8	黒田 治高《はるたか》	1782年
9	黒田 斉隆《なりたか》	1782－1795年
10	黒田 斉清《なりきよ》	1795－1834年
11	黒田 長溥《ながひろ》	1834－1869年
12	黒田 長知《ながとも》	1869－1871年

（藩知事を含む）

「正保福博惣図」（正保３〔1646〕年。福岡市博物館蔵）。博多を含む福岡城下を描いたもので、中央左寄りの堀に囲まれた部分が城である

六代藩主継高（光之三男、直方藩より）、七代藩主治之（一橋宗尹《むねただ》五男）、八代藩主治高（多度津《たどつ》藩主京極高慶《きょうごくたかよし》七男）、九代藩主斉隆（一橋治済《はるさだ》三男）、十代藩主斉清（斉隆嫡男）と続いた。

六代藩主継高の治世は五十年の長期を誇ったが、その後七代藩主治之から九代藩主斉隆まで血筋の異なる他家から藩主となっている。しかしいずれも幼少・病弱により不在がちとなり、秋月藩八代藩主黒田長舒《ながのぶ》、九代藩主黒田長韶《ながつぐ》による後見と、家老・中老を中心とする執政が続いた。

この間、六代継高は明和五（一七六八）年、城内本丸に初代長政を祀る聖《せい》照宮《しょうぐう》を、安永二（一七七三）年にはその父如水を祀る水鏡宮を勧進した。自らの代で如水・長政以来の血筋が途絶えてしまうことを自覚した継高が藩祖父子の祭祀を確立・強化することにより、家臣統制と領内治政の安定を図ったといえる。

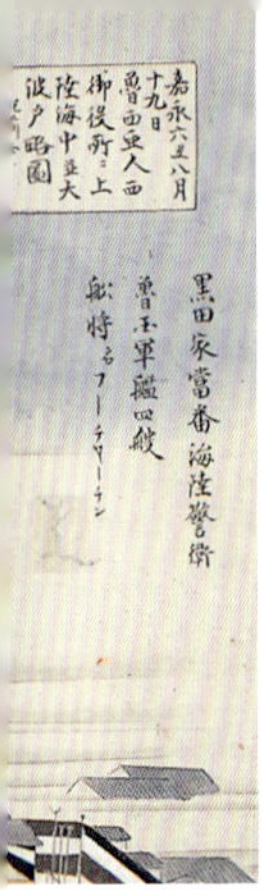

黒田長溥の襲封と黒船来航

黒田長溥（福岡市博物館蔵）

十代藩主黒田斉清には男子がなく、文政五（一八二二）年に薩摩藩主島津重豪《しげひで》の十三男を娘純姫《すみひめ》の婿養子に迎えた。黒田斉溥《なりひろ》、後の黒田長溥である（以下長溥で統一する）。天保五（一八三四）年十一月六日、斉清が隠居して長溥が家督を相続し、第十一代藩主となった。

この代替わりに際して、福岡藩は切手を大量に発行し家臣や領民に貸し与えて借財を返済させ、再生産を維持しようとする「御家中 幷《ならびに》郡町浦御救仕《おすくいし》組《くみ》」を実施した。一方で領内商人より永納銀を徴収し、大坂借銀の元利支払いを停止するなど商業資本には負担を強制した。

しかし隠居後の斉清の邸宅建設、長溥の家督相続の御礼など財政支出の拡大は不可避であった。また藩財政を担当する「御当用方」ではなく「御救方」が仕組の実施を担ったため、藩財政の二重性が生じた。斉清のもとで家老の久野外記《げき》が責任者となり、眼科医の白水養禎《しろうずようてい》の意見を採用して実施された改革は天保七年には失敗が明らかとなり、かえって藩財政運営の不安定化をもたらした。

藩主長溥と国家老は国元・江戸双方の支出を削減して財政再建を目指したが、江戸の斉清の政治権力の前に貫徹できずに挫折した。天保十二年には「御家中借財道付方仕組《みちつけかたしくみ》」が実施され

左＝「福岡藩精煉所跡」碑（福岡市博多区中洲）
下＝大鵬丸の図（『明治維新当時諸藩艦船図』所収、東京大学駒場図書館蔵）

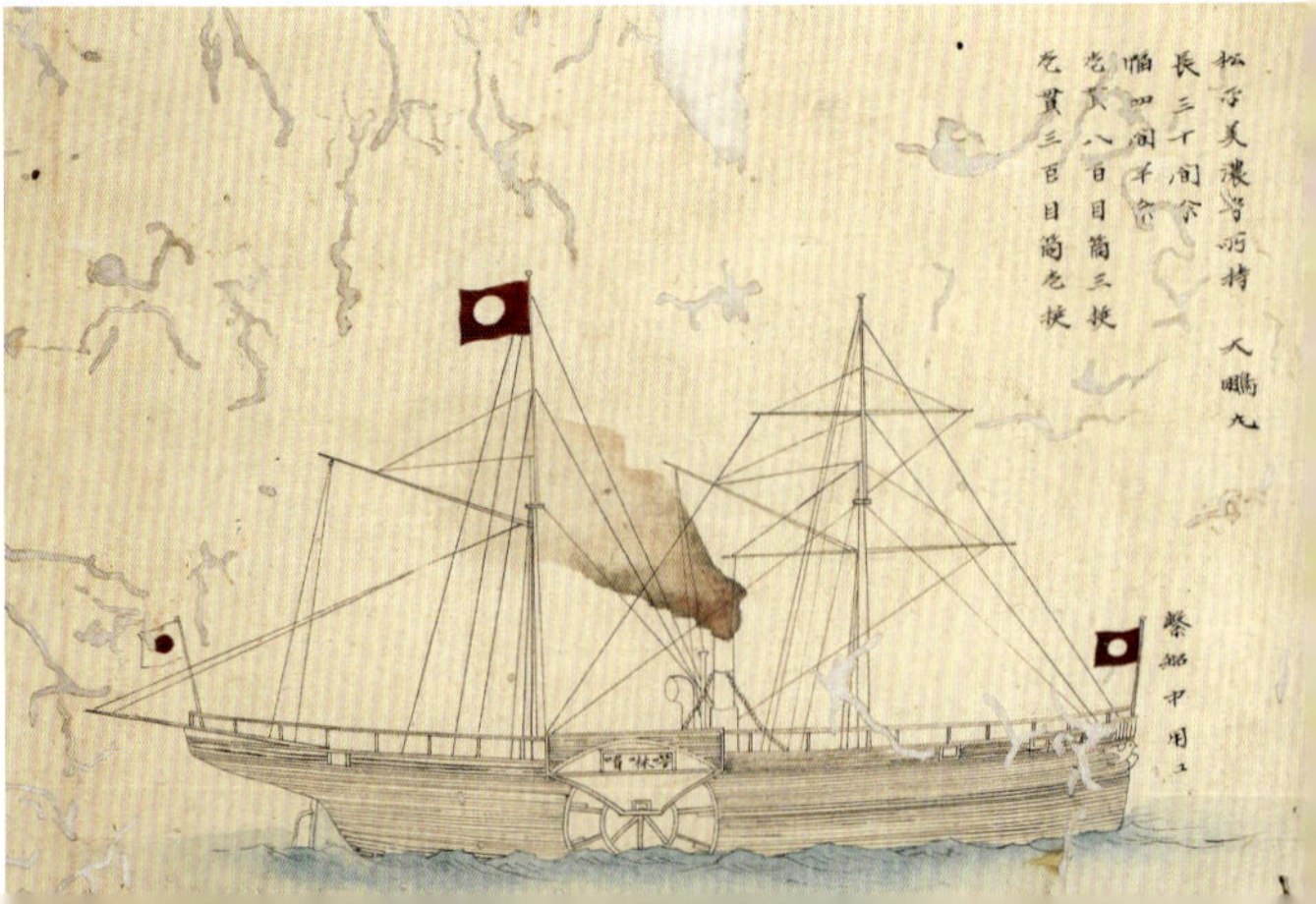

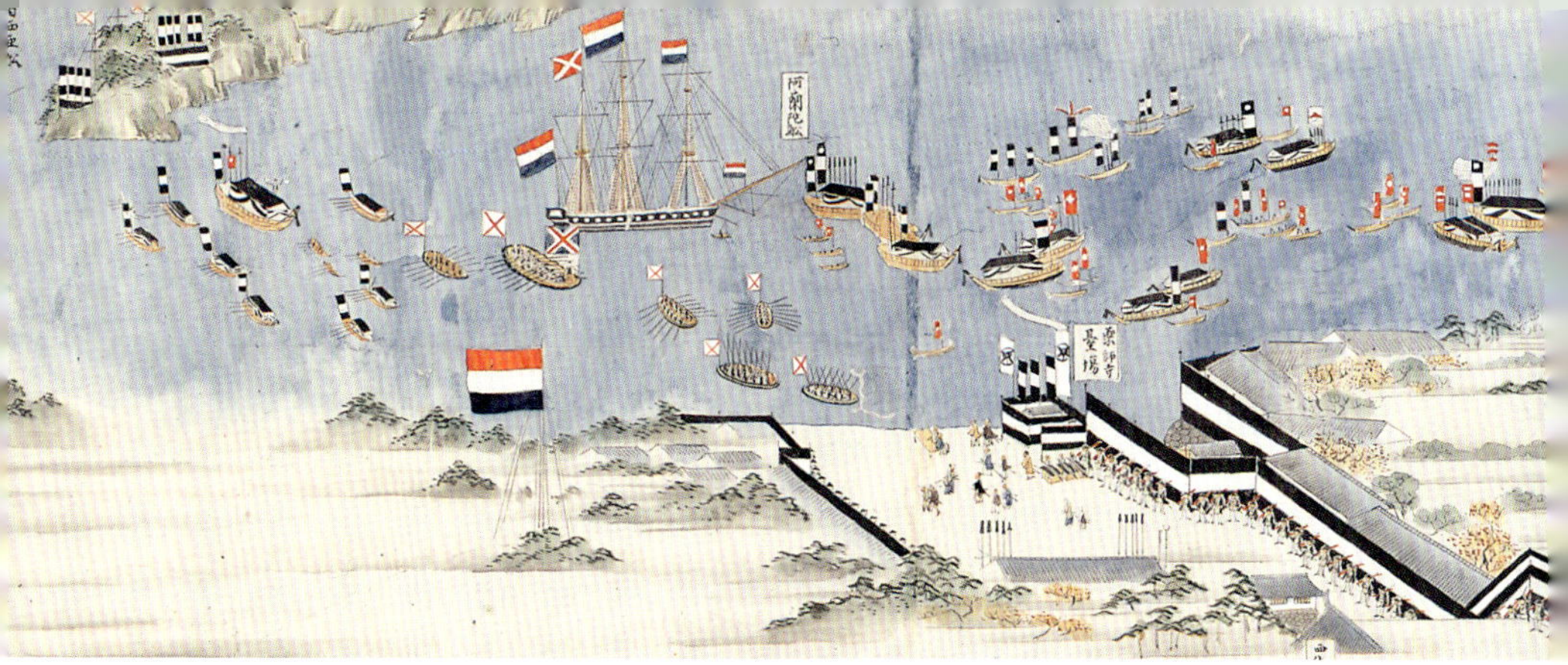

「嘉永六年プチャーチン来航警備図巻」（部分。福岡市博物館蔵）。ペリーの浦賀来航に続き、ロシアのプチャーチンが長崎に来航した。福岡藩と佐賀藩は隔年交替で長崎警備を担当しており、この年は福岡藩が警備に当たっていた

たが、再び失敗に終わった。翌天保十三年九月、長溥は親政を宣言した。長溥は実父島津重豪や養父黒田斉清と同様に「蘭癖大名」と呼ばれるべき存在で、親政宣言後の弘化四（一八四七）年、東中洲の一角に精錬所を建設し、その後藩士に砲術・医学・西洋科学を伝習させた。文久二（一八六二）年には蒸気船一艘（大鵬丸《たいほうまる》）、慶応元（一八六五）年汽船二艘（環瀛丸《かんえいまる》・蒼隼《そうしゅん》丸《まる》）を購入、慶応三年医学校「賛生《さんせい》館《かん》」を創設した。また同年、平賀磯三郎（後に義質《よしただ》）、井上良一、松下嘉一郎（直美）、本間英一郎、船越慶次らを洋行・留学させている。

このような長溥であったから、嘉永六（一八五三）年六月三日にペリー率いるアメリカ合衆国海軍東インド艦隊の艦船四隻が浦賀に来航して開国を要求、老中阿部正弘が広く幕臣や諸大名から意見を求めた際に「開国」を主張する意見書を提出した（嘉永六年七月十七日、十二月十五日、嘉永七年一月二十二日）。開国を主張したのは、薩摩藩主の島津斉彬《なりあきら》、中津藩主の奥平昌《まさ》高《たか》、宇和島藩主の伊達宗城《むねなり》など少数であった。島津斉彬は長溥にとっては二歳年長の大甥であり、斉彬や伊達宗城、老中阿部正弘らとともに、長溥はいわゆる「開明派」の大名グループを構成することになった。

黒船来航の際に広く意見を求めたことは幕府の権威の低下を印象づけ、相対的に京都・朝廷の権威上昇をもたらした。安政三（一八五六）年七月にアメリカの総領事ハリスが下田に来航して通商開始を要求すると、安政五年六月に日米修好通商条約が締結されたが、その際幕府は朝廷に条約締結方針を伝えて許可を求め拒絶されていた。同年四月に彦根藩主の井伊直弼が大老に就任し、朝廷の勅許を得ないまま条約に調印した。井伊大老は翌安政六年にかけて反対勢力を徹底弾圧したが（安政

の大獄）、逆に不満や反発が高まり、安政七年三月、江戸城桜田門外で暗殺された。それはさらに幕府権威の失墜を印象づけた。

「尊王攘夷」と「公武合体」

井伊政権が倒されたことは、勅許を得ない不平等条約の調印が否定されたことを意味した。したがって条約の破棄こそポスト井伊の共通の課題であって、それが「攘夷」であった。

ポスト井伊の政局は「尊王攘夷」派と「公武合体」派の対立を軸に語られるが、本来両者は矛盾するわけではない。条約の相手国である欧米列強との武力対決、戦争を辞さずに条約の破棄を求めるか。公武合体によって挙国一致を実現し、外交交渉を重視して武力衝突を回避し、国力充実を優先して将来の条約改正を目指すか。その違いであった。

孝明天皇はあくまで公武合体を支持し、開明派の大名が中心となって推進したが、幕府は朝廷に内々に約していた条約破棄・改正を展望する攘夷の姿勢を確立できなかった。逆に攘夷は尊王と結合して幕府批判となり、京都を中心に勢いを増大した。しびれを切らした孝明天皇も幕府に条約破棄＝攘夷の実施を迫った。ここに攘夷が国是のようになって、公武合体派は佐幕派・因循派と呼ばれて尊王攘夷派から攻撃され、両者の対抗関係が浮き彫りとなって、政治的争点を形成するに至った。

万延元（一八六〇）年、「桜田門外の変」を受けて長溥は幕府に献策を行うべく参勤を決意したが、福岡藩の尊王攘夷派の指導者である月形洗蔵らはそれを阻止しようとした。翌文久元（一八六一）年、長溥は月形らに謹慎、さらに流罪・幽閉を命じた（辛酉《しんゆう》の獄）。

文久二年三月二十七日、黒田長溥は参勤交代のため福岡を出発、四月十三日に播磨国大蔵谷（現明石市）に到着した。しかし福岡藩出身で急進的尊王攘夷派の平野国臣《くにおみ》が長溥に書面を提出し、尊王攘夷の指導者となることを勧めると、長溥はこのまま江戸に東上するのは危険と判断し福岡に引き返した。世に言う「大蔵谷回駕《かいが》事件」で、福岡藩における尊王攘夷派の台頭と拡大を示す事件であった。

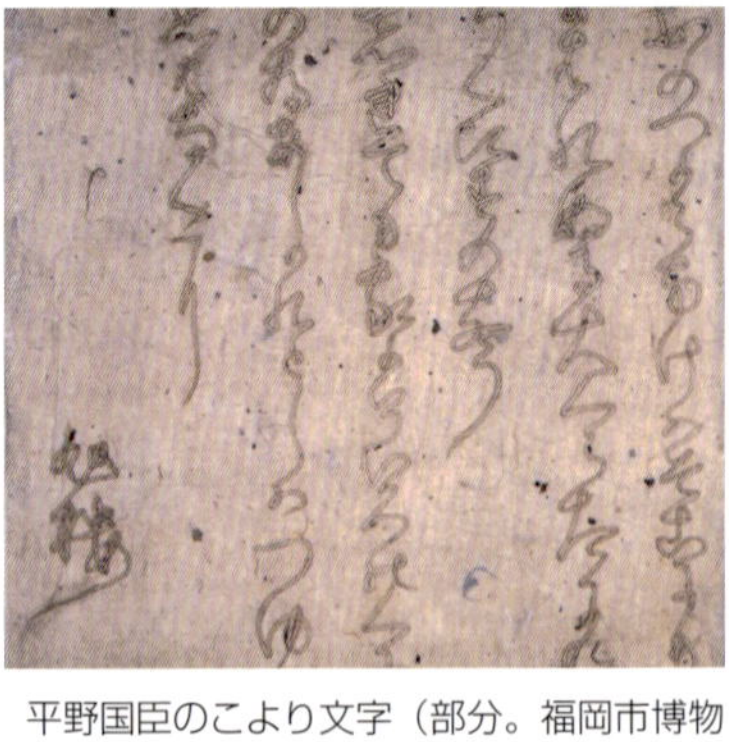

平野国臣のこより文字（部分。福岡市博物館蔵）。獄中では筆や硯が使えないため、こよりを作り米粒で紙に貼って文字とした

折柄長溥の実家、薩摩藩の事実上の藩主である島津久光が四月十六日に上

黒田長知（福岡市博物館蔵）

京、幕政改革の意見書を提出した。六月には江戸に入り一橋慶喜の将軍後継職、松平春嶽《しゅんがく》の政事総裁職任命を実現して、八月江戸を出発したところで「生麦事件」が起こった。

　その頃、長溥は右大臣二条斉敬《なりゆき》より公武周旋の内勅を受け、九月二十八日に福岡を出発し、十月十八日に京都に到着、二十六日に京都を出発し、江戸に入った。長溥は過激な攘夷を排して、公武合体と武備充実を優先し、その上での攘夷実行を主張して公武周旋活動を行った。しかし十四代将軍徳川家茂が上京を余儀なくされ、孝明天皇が行幸して攘夷を祈願し、このような勢いに押されて、翌文久三年四月二十日、幕府は朝廷に対し五月十日を期限として攘夷の実行を誓った。公武周旋活動の挫折を感じた長溥は三月十七日帰国するよりなかった。

　攘夷実行の期限である五月十日、長州藩は関門海峡を通過するアメリカの商船を砲撃、二十三日フランスの軍艦、二十六日にはオランダの軍艦を砲撃した。しかし六月一日にアメリカの軍艦が長州藩の砲台を砲撃、六月五日にはフランスの軍艦が長州藩の砲台を占拠した。報復を受けたのである（翌元治元年八月下関戦争に至る）。長州藩の攘夷実行に対して対岸の小倉藩は幕府の命を待って加勢せず、両藩の対立が生じた。

　その際に両藩の応援に関する幕府と朝廷の命令が相反していたため、対応に苦慮した福岡藩は、世子の黒田慶賛《よしすけ》（津藩主藤堂高猷《たかゆき》三男、後に長知、以下長知で統一）が上京して公武周旋活動を再開することにした。七月二十二日、朝廷に長知の上京を内奏し、八月六日に許された。しかし、かえって藩内の尊王攘夷派が藩主父子の攘夷実行と解して活性化した。そこで九月二十三日、長溥は尊王攘夷を宣言し、藩内一致・統制の維持を確認せざるを得なかった。また福岡藩単独の公武周旋は困難と判断し、熊本・薩摩藩など九州諸藩に協力を要請した。長知は九月二十六日、ようやく出発した。

京都の政変と福岡藩の長州周旋

　この間の京都では一部の過激な尊王攘夷派の公家が長州藩士などと結び、孝明天皇の意を超えた行動をとるようになっていた。そこで文久三（一八六三）年八月十八日、孝明天皇の意を受けた薩摩藩・会津藩などはこれら尊王攘夷派を京都から追放・一掃して、秩序と指示系統の回復を図った。「八月

長州藩の前田砲台を占領したイギリス軍（横浜開港資料館蔵）

十八日の政変」である。
　長知が上京したのは八月十八日の政変後のことで、十月十九日に京都に到着した時点では公武合体派が主導権を把握していた。このような情勢の変化のもとで福岡藩が行った公武周旋活動は、具体的には長州藩に対する寛大な処置によって国内の一致を目指すというものであった。それは長溥の本来の主張と一致するものであったが、同時に長州藩士の働きかけに呼応した福岡藩の尊王攘夷派の要求するところでもあった。しかし長州藩追放後の京都では実現は難しく、福岡藩の公武周旋活動は不調に終わった。長知は翌元治元（一八六四）年四月四日に京都を発ち、二十一日に小郡宿《おごおり》（現山口市）で長州藩主毛利敬親《たかちか》と会談、二十六日に帰国した。

　長州藩は追放処分解除を求めて働きかけたが成功せず、長州藩の軍勢は上京し、元治元年七月十九日に蛤御門を守衛する会津・桑名両藩の軍勢と激戦となった。薩摩藩の軍勢が会桑両藩を応援し、長州藩の軍勢は総崩れとなった。「禁門（蛤御門）の変」である。

　七月二十三日に長州藩征討の勅命が降り、幕府は長州藩の江戸・大坂屋敷を破却、八月二十二日には毛利敬親・定広《さだひろ》父子の官位を剥奪した。また西国諸藩には長州藩の征討のため出兵が命ぜられた。さらに八月五日に長州藩はイギリス・フランス・オランダ・アメリカの四カ国連合艦隊によって下関を占拠されて関門海峡の封鎖を解除され、十四日、講和を結ぶよりほかなかった。

　禁門の変により「朝敵」となったこと、欧米列強に屈するかたちで講和を結んだことによって、長州藩は尊王攘夷の総本山としての地位を失うことになり、各地の尊王攘夷派に衝撃を与えた。福岡藩の尊王攘夷派はあくまで長州藩を支えることでしか自らの存在を維持できなかった。長溥としても長州征討は国内一致を図るために回避されなければならなかった。こうして福岡藩は内部に思惑の相違を抱え込みながら、藩を挙げて長州藩に対する寛大な処分と長州征討の中止を征長総督（名古屋藩主徳川慶勝）や副総督（福井藩主松平茂昭《もちあき》）に対して働きかけていくことになった。

　福岡藩の長州周旋活動は、長州藩で幕府周旋を委任されていた岩国吉川《きっかわ》家（当主吉川経幹《つねまさ》）に対して、藩士喜多岡勇平を交渉役に進められた。しかし九州諸藩の協力を得られず単独で行うことになった結果、朝廷・幕府・諸藩から「長州同気」の疑いをかけられることになった、長溥は動揺し、周旋活動は停止する。そこで喜多岡は薩摩藩と岩国吉川家の交渉を斡旋したが、結果として長州周旋の主導権を薩摩藩に奪われた。長州藩は禁門の変を主導した三家老などの処分を行い、謝罪恭順の姿勢を示し、征長軍の長州藩攻撃はひとまず猶予された。

東久世通禧（ひがしくぜみちとみ）（左）と三条実美（2点とも国立国会図書館デジタル化資料より）。彼らをはじめとする五卿は太宰府の延寿王院（本章扉写真）に滞在した

三条実美所用の陣笠と柄杓（ともに太宰府天満宮蔵）

　このような状況の中で、長溥の動揺も軽減され、福岡藩は長州周旋活動を再開した。長州征討中止・解兵には、八月十八日の政変で京都を追われ、長州藩領に逃れていた三条実美《さねとみ》以下五卿の長州藩領外への移転が最大の争点であり、福岡藩は征長総督より五卿移転の周旋を一任されることになった。五卿移転実現に向けた説得・交渉は難航したが、月形洗蔵や早川養敬《ようけい》（勇）など福岡藩の急進的な尊王攘夷派が交渉役となることによって進展した。

　月形や早川の交渉は五卿全員を福岡藩に預ける方向でまとまりかけたが、逆に福岡藩が長州藩と通じて五卿を独占するのではないかと疑われることになった。長溥は再び動揺して交渉撤退さえ考えるに至ったが、月形や早川は長州藩処分の軽重を見極めるため五卿に移転延期を要請した。しかし結局、五卿全員の福岡藩受入・太宰府移転が実現することになり、十二月二十七日に長州征討は中止・解兵された。翌元治二年正月十四日、五卿は長府功山寺を出て、二月二十三日太宰府に入った。

乙丑の獄

　第一次長州征討において福岡藩は内部に大きな矛盾・緊張を抱えながらも長州周旋に努めて成果を挙げた。しかし長州藩では元治元（一八六四）年十二月十六日に高杉晋作が奇兵隊を率いて決起し、藩論を「武備恭順」に導き、翌元治二年三月十七日に決定させた。一方幕府も征長総督による長州征討中止の判断は長州藩に譲歩的に過ぎると批判的だった。長州藩の「武備恭順」の藩論決定が明らかになっていくと、幕府の態度も硬化し、四月には長州再征の方針が示された。将軍徳川家茂は閏《うるう》五月二十二日に上洛して長州再征を奏上、九月二十一日に勅許を受けた。こうして福岡藩の長州周旋の成果が否定されると、藩内の矛盾が顕在化することになった。

　公武合体により幕藩体制を維持・強化しようとする藩主長溥と、尊王攘夷を大義名分に藩勢の拡張を推し進めようとする過激派。長溥は藩主の意向を軽視し独断専行しがちな過激派に対して嫌悪を強め、過激派は藩主を阻害要因として否定的に位置づけた。両者の緊張関係は藩執行部をも二分し、後に「正義派」対「因循派」と呼ばれる家老相互の対立が強まった。

　争点となったのは、第一に長州周旋に功績のあった加藤司書を家老に抜擢したことである。これは大老黒田播磨

上＝『旧稀集』より加藤司書切腹の図
下＝『望東尼姫島書簡集』より獄中図。乙丑の獄で姫島（糸島市）に流された望東尼が自らの獄中生活を描いたもの（以上２点、福岡市博物館蔵）

一整の主導によるもので、元治二年二月十一日に藩主の反対を押し切って実現した。他方で浦上信濃正質・小川讃岐氏善・野村東馬祐允など保守派（因循派）が罷免・退職となり、藩政から排された。

　第二に藩論（藩政の基本方針）の確定問題である。三月四日、改革派（正義派）家老は世子長知に対して「書取」を提出した。内容は幕府・朝廷に嫌疑を受けることがあっても左右されず、対内的には藩政の一致強化と藩勢の拡張を目指し、対外的には他藩との連携を進めるというもので、四月十七日に作成された「定書」にまとめられた。藩主父子は基本的には了承していたが、「定書」というかたちで明文化され、藩内にどこまで周知するかが争点となると抵抗を強めた。その結果、藩主父子の藩政放棄か家老の総退陣か、対立が深刻化した。結局定書は改訂されることになり、幕府・朝廷の嫌疑に左右されないという規定は削除、逆に過激な行動を戒める規定が追加された。

　しかし長溥の家老に対する不満は解消されず、五月二十三日に加藤司書は罷免され、六月二十日に長溥は「御直書」を示して、従来の公武合体を藩論として確認し、過激な尊王攘夷派に対して断固たる措置をとることを宣言した。それは京都における徳川慶喜の朝廷掌握（公武合体の実現と解された）と幕府の長州再征に呼応した判断でもあった。

　尊王攘夷派の側に立つ改革派家老が確立を目指した藩論は「転覆」した。改革派家老矢野相模幸賢《ゆきやす》や黒田播磨は隠居、保守派家老が復活する。十月には尊王攘夷派の最終処分が決定した。加藤司書以下七名が切腹、月形洗蔵ほか十四名が斬罪、野村望東尼ほか二十五名が流罪、矢野相模・早川養敬ら八名が宅牢に処罰された。「乙丑《いっちゅう》の獄」である。ここに改革派の家老と過激な尊王攘夷派は一掃されたのである。

第二次長州戦争小倉口の戦い

　幕府は諸藩に長州出兵を命じ、芸州口・石見口・大島口・小倉口の「四境」に兵力を配置した。小倉口の征長総督は唐津藩世子で老中の小笠原長行《ながみち》

『旧稀集』より黒田美作出陣の図（福岡市博物館蔵）。
第二次長州征討時の出陣の様子

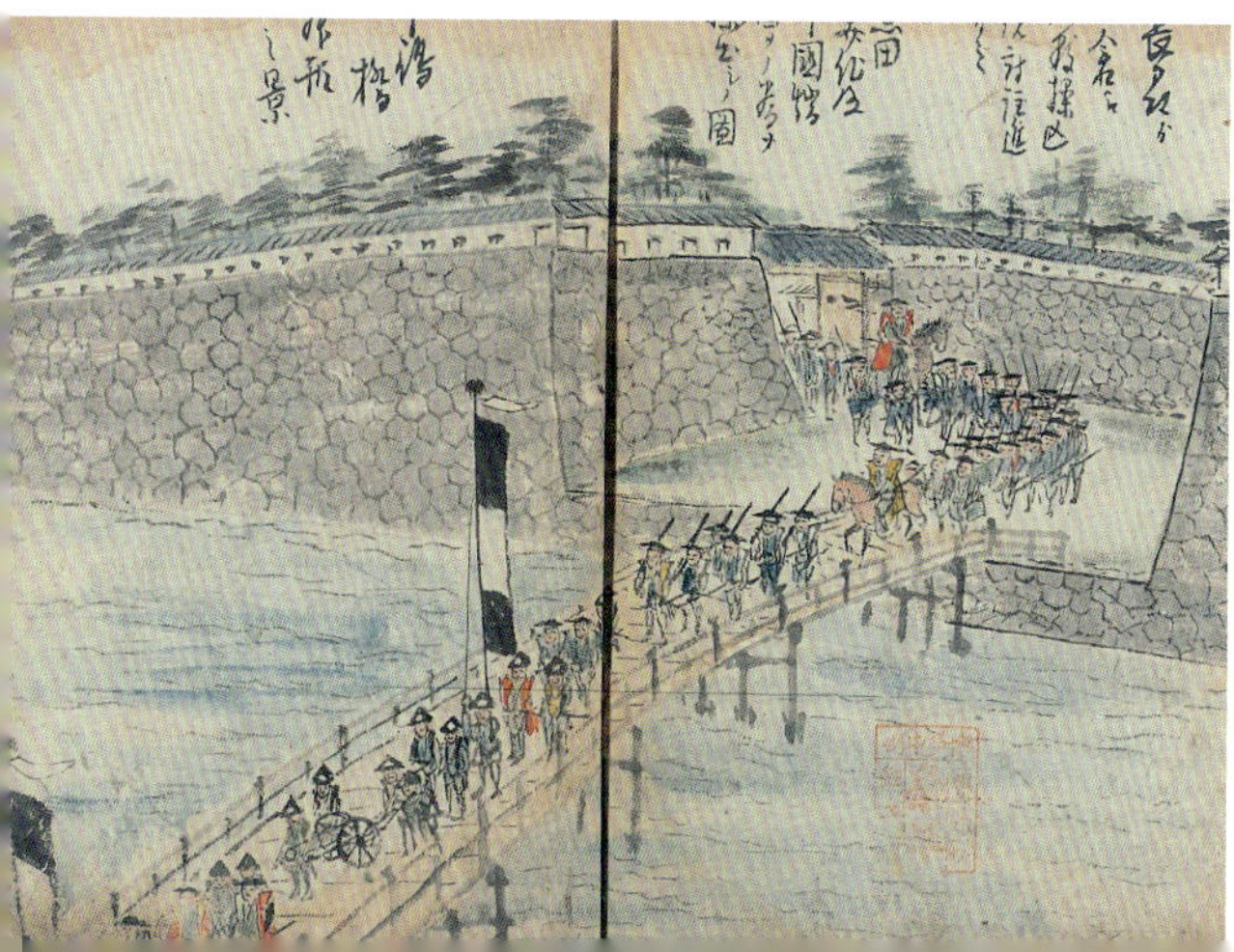

である。小笠原総督は「下関口討手」の「一之先」として熊本・柳川・小倉三藩、「二之先」として福岡・佐賀両藩（ほかに岡・島原両藩が「応援」）を、また「萩口之討手」の「一之先」として薩摩藩、「二之先」として久留米藩を動員したが、薩摩藩は出兵を拒否した。

　福岡藩は黒田美作《みまさか》を総督に任じ、黒田美作は六月二日に福岡を出発して、遠賀郡底井野村《そこいの》（現中間市）に本営を置き、黒崎・大蔵・枝光・中原・戸畑・若松の各地にも派兵した。総勢約三五〇〇人に及んだ。

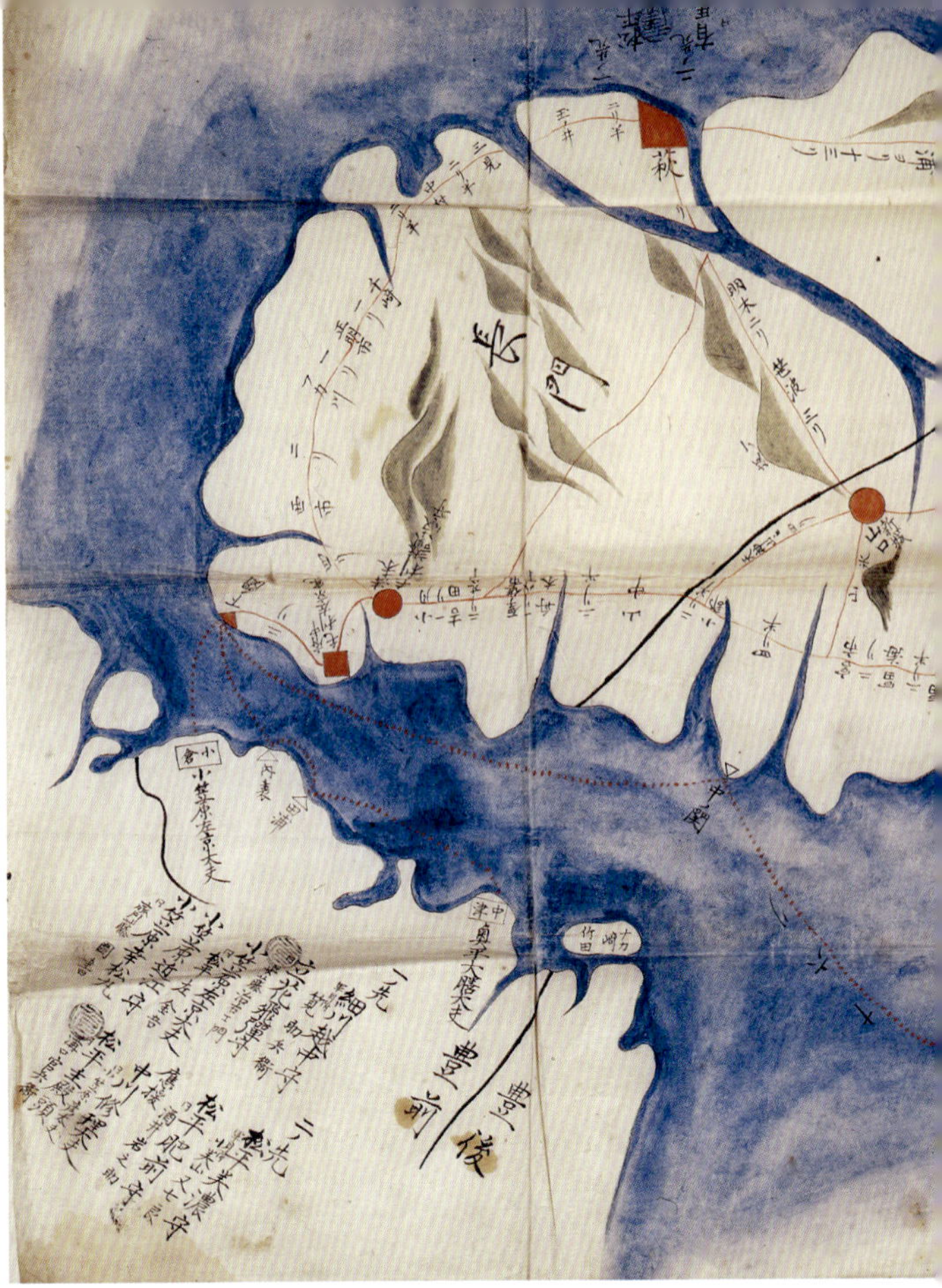

「第二次征長役の図」より小倉口の部分（福岡市博物館蔵）。
「二ノ先」として「松平美濃守」（黒田長溥）の名が見える

　六月十七日、長州藩軍が豊前企救《きく》郡田野浦（現北九州市門司区）を奇襲して勝利、七月三日には企救郡大里《だいり》を攻撃し連勝したが、幕府や諸藩の軍勢は参戦せず、小倉藩軍がほぼ単独で戦った。七月二十七日、長州藩軍は企救郡赤坂（現北九州市小倉北区）を攻撃したが、この時は熊本藩軍も長州藩軍に対抗することとなり、長州藩軍は引き揚げざるを得なかった。

　諸藩の軍勢が参戦しないことに加えて、将軍徳川家茂が死去した（七月二十日）との報を聞いた小笠原総督は小倉から脱走、それを知った熊本藩や諸藩の軍勢も一斉に退却した。孤軍奮闘の姿となった小倉藩は八月一日、小倉城を自焼して企救郡境の田川郡香春《かわら》に撤退した。小倉藩の隣りの福岡藩にも多数の避難者が逃げ込み、対応を余儀なくされた。長州藩軍と小倉藩軍の戦闘は以後しばらく続いた。

　「二之先」の福岡藩は小笠原総督か

ら応援出兵を要請され、六月十九日に加藤半左衛門を大将として約一五〇〇人を遠賀郡芦屋町に派遣したが、それ以上の参戦には応じなかった。その際の理由として福岡藩は太宰府の五卿守衛の任務を挙げた。実際に六月四日には林丹後が約二千人を率いて御笠郡下大利村（現大野城市）に、二十日には立花吉右衛門が約二千人を率いて御笠郡武蔵村（現筑紫野市）に出張し、太宰府を守衛している。

幕府の長州再征（第二次長州征討）に勅許が与えられると、太宰府にある五卿の存在が再び争点となった。幕府は目付小林甚六郎を福岡藩に派遣して、五卿の引き渡しと大坂護送を命じたが、薩摩藩の尽力もあって中止となった。

王政復古と「藩難」

その後、十五代将軍に就任した徳川慶喜は慶応三（一八六七）年十月に「大政奉還」の上書を提出したが、十二月九日、倒幕派の主導によって「王政復古の大号令」が出された。翌慶応四年正月三日、薩摩・長州両藩などの軍勢と幕府軍が鳥羽・伏見の戦いで激突、幕府軍は敗れ、徳川慶喜は脱走し江戸に戻った。明治新政府が成り、慶喜の追討令が出され、官位が剥奪された。江戸城総攻撃は回避されたが、新政府軍は抵抗する東北諸藩を征討した。

「乙丑の獄」で尊王攘夷派を弾圧した福岡藩は苦しい立場に立たされた。五卿は慶応三年十二月十九日に太宰府を発ち京都に戻った。慶応四年正月十三日に家老の久野将監《しょうげん》が大坂へ向かったが、厳しい視線にさらされてなすすべもなく福岡に帰らざるを得なかった。二月二十八日、浦上信濃・野村東馬・久野将監の保守派三家老を免職し、三月一日には大人事異動を行い尊王攘夷派を釈放・再登用した。三家老は四月八日に切腹した。福岡藩は明治新政府に従うことを決め、藩軍を次々と上京させた。戊辰戦争では江戸周辺さらに東北での戦闘に参加した。従軍者数は二三七〇人、そのうち六十六名の戦死者、八十四名の負傷者を出した。

長溥は上京を命ぜられたが病気のため果たせず、代わりに世子長知が上京した（二月十日出発、十七日到着）。長溥は閏四月五日に隠居を願い出たが許されず、五月十日に再び上京の命を受け、しばらく猶予された後、十月四日に福岡を出発、大坂で静養した後二十日に京都に入った。しかし体調は優れず、長知に交代した。結局明治二（一八六九）年二月三日に長溥は隠居願を再提出、認められて長知が家督を継いだ。

贋札・贋金事件と廃藩処分

戊辰戦争によってさらに財政が悪化した諸藩では、明治新政府が新たに発行した「太政官札」の偽造が広く行われた。福岡藩では、元一之銃士（旧馬廻組）の山本一心（兵右衛門）の発案を権大参事 郡成己《こおりなるみ》が採用、博多川端町紅屋善右衛門宅に「通商局」を設置して「通商札」を製造する裏で、城内二の丸高櫓で太政官札を贋造し、三の丸東部の旧野村家屋敷では一分銀など硬貨の贋造が行われた。明治新政府は明治三（一八七〇）年七月二十日、一斉に摘発し、翌四年七月二日に藩知事黒田長知は免職となり、東京麻生の中屋敷で閉門に処せられた。元大参事の立花増実《ますみ》以下矢野安雄・小河愛四郎・徳永織人《おりひと》・三隅伝八の五名が斬罪に処せられた。七月十一日、有栖《ありす》川宮熾《がわのみやたる》仁《ひと》親王が新藩知事として福岡城内に入り、福岡藩は事実上廃藩となった。王政復古に伴う「戊辰の藩難」に続き、「庚午《こうご》の藩難」と評された。

　三日後の七月十四日、全国一斉に廃藩置県が断行された。十八日には隠居していた黒田長溥や長知の家族が城中を退去した。その際に長溥は障子をすべて張り替えるなど館を一掃して城を引き渡したという。こうして福岡藩は廃藩となり、福岡県が誕生した。明治九年に小倉県（豊前）と三潴《みずま》県（筑後）の大部分が福岡県に統合され、現在の福岡県が成立するに至る。

右＝錦絵「当世武勇伝」（福岡市博物館編・霊山顕彰会福岡県支部発行『福岡県明治維新史料展』〔1994年〕より）。戊辰戦争で旧幕府軍との奮戦の末に戦死した福岡藩士小室弥四郎を描いたもの
下＝「版籍奉還聞届書」（福岡市博物館蔵）。長知（黒田少将）が領地と領民を朝廷に返還することを認めた文書

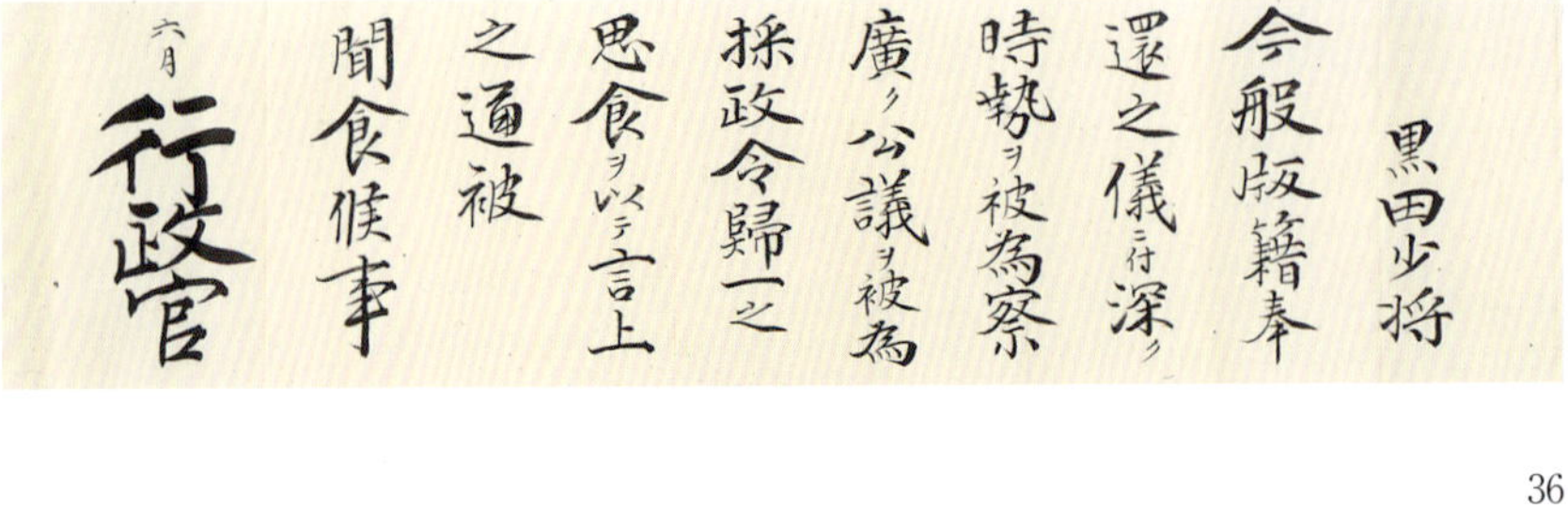
黒田少将
今般版籍奉還之儀ニ付深ク時勢ヲ被為察廣ク公議ヲ被為採政令歸一之思食ヲ以テ言上之通被聞食候事
六月　行政官

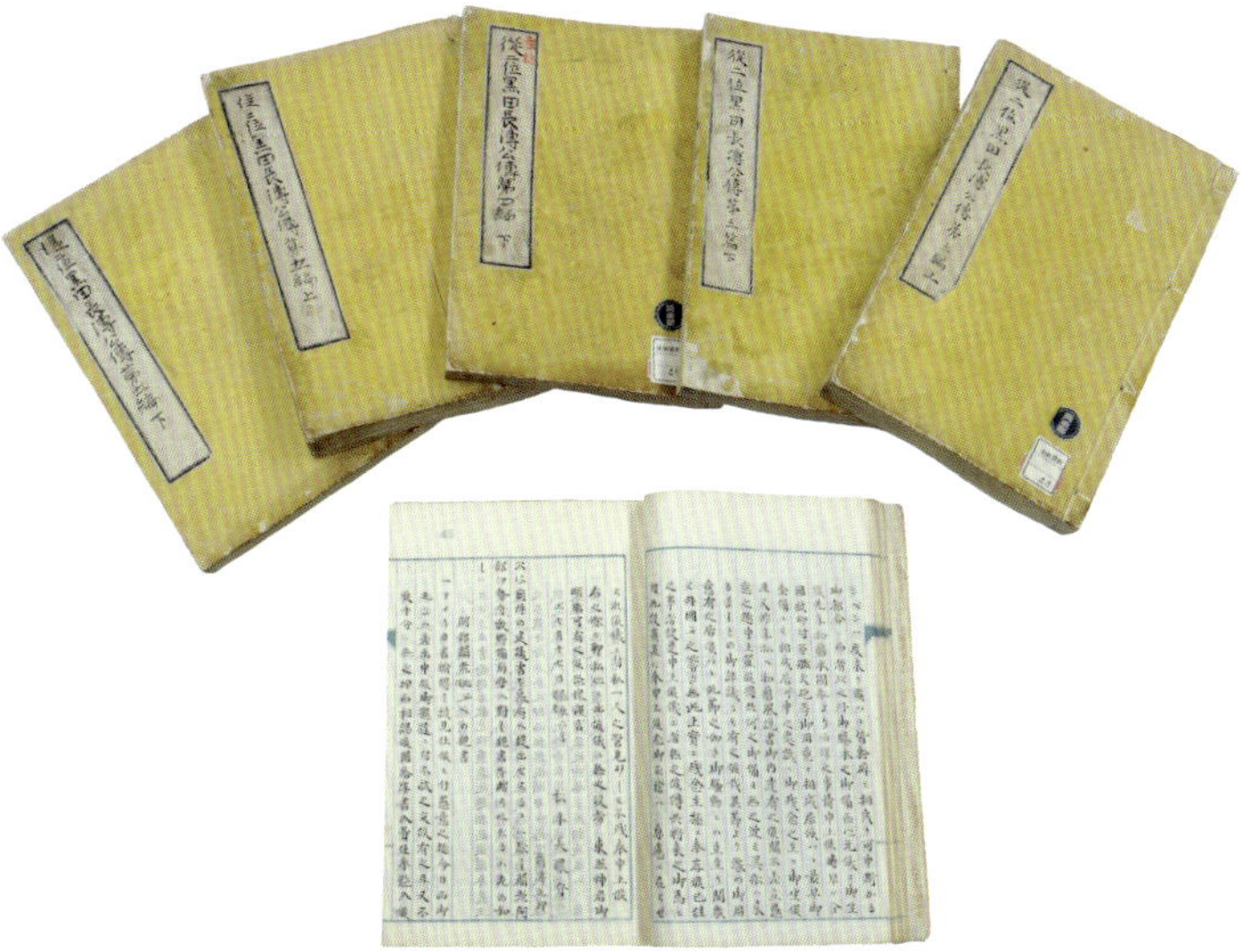
江島茂逸『従二位黒田長溥公伝』（福岡県立図書館蔵、岩永豊氏撮影）

福岡藩における維新の記憶

廃藩置県後間もなくより、幕末維新期に非業の死を遂げた人々の慰霊と顕彰、また幕末維新史の編纂が開始された。明治二十年代には幕末維新期に活躍した武家や公家の世代交代があって、資料の収集を踏まえた編纂事業が本格化した。さらに日清・日露戦争の勝利の後、明治末期から大正時代になり近代化の達成が意識されると、明治維新は「栄光の明治」の出発点として位置づけられ、我が藩がいかに貢献したかという観点で記憶され、語られた。

福岡藩の場合、「征長解兵」「五卿送迎」「薩長和解」といった福岡藩の果たした役割を明治維新の「起源」として強調する「維新起源」の物語が生み出された。この物語は「乙丑の獄」によって福岡藩の功を無にし、明治維新に乗り遅れたとする「痛恨」の記憶を論理的に解消し、旧福岡藩黒田家を統合し、薩長藩閥へのコンプレックスを克服しようとする意味を持った。

そのような物語を確立したのが、明治初期の長野誠であり、長野の後を継いだ江島茂逸《しげとし》だった。江島は『荒津潟落葉之錦』で「維新起源」の物語を体系化し、三条実美の死後（明治二十四〔一八九一〕年二月十八日）、「故三条公太宰府に於る遺事」の新聞連載を経て『維新起原《（ママ）》太宰府紀念編』を執筆・刊行した。同書は関係者の序文や賛が寄せられて福岡藩の「正史」というべき位置を獲得したといえる。このような実績に基づき、江島は黒田家から黒田長溥の伝記である『従二位黒田長溥公伝』の編集を委託された（香月恕経《ゆきつね》の後任）。同書は幕末の藩主黒田長溥の評伝であり、長溥の顕彰を目的とした書である。それと同時に福岡藩の幕末維新史の集大成というべき大書であって、特に様々な史料が引用されていることから、現在もなお福岡藩幕末維新史研究の基本資料としての位置を保持している。

〔日比野〕

今も歴史研究で活用される数多の著作

伊藤常足《いとう つねたり》

生没年　一七七四―一八五八

伊藤家は筑前国鞍手郡古門《ふるもん》村（現鞍手町）の古物《ふるもの》神社の神官を代々務めた。常足は伊藤常成の二男として生まれ、亀井南冥《なんめい》に儒学を、青柳種信《たねのぶ》に国学を学んだ。国学者としては本居宣長の孫弟子ということになる。実際に常足は伊勢参宮の旅を行った際、帰路松坂で宣長一門の国学者と交流している。

常足最大の学問的業績は『太宰管内《だざいかんない》志《し》』全八十二巻であろう。三十八年という歳月をかけて、天保十二（一八四一）年に完成させている。同書は貝原益軒《えきけん》の『筑前国続風土記』、加藤一純《いちじゅん》の『筑前国続風土記附録』、師の青柳種信の『筑前国続風土記拾遺』に続く筑前国地誌の集大成である。それと同時に大宰府政庁管内つまり九州全体に対象を広げた、まさに意欲作である。常足は『太宰管内志』などの著作を福岡藩主黒田長溥《ながひろ》に献上している。

常足は筑前国神職惣司で糸島郡桜井大宮司の浦毎保《つねやす》の要請を受けて桜井村で講義を行った。また常足の提唱によって、同所に書籍を集めた「桜井文庫」と神道・国学を教える「仰古《おうこ》館」が設立された。

その他の著書として『太宰府徴《ちょう》』三巻、『筑前准風土記』三巻、『百社起源』五巻、『百社起源続』二十巻、『屠《と》兒考《にこう》』、『駅鈴備考《えきれいびこう》』などがある。

古門神社神職伊藤家には「伊藤常足遺品一括」が伝来しており、鞍手町歴史民俗博物館に寄託されて、福岡県指定文化財となっている。その中には常足と常満・直江の三代にわたる日記『家事雑記』（天保二―安政四〈一八五七〉年の二十四冊・二十五年分）があり、鞍手町教育委員会により翻刻されている。村における神社と神職の役割、伊藤家の人事往来や経済状況など、江戸後期から幕末に至る福岡藩の農村生活を示す好個の記録資料となっている。

〔日比野〕

伊藤常足旧宅（鞍手町古門。鞍手町歴史民俗博物館提供）

革新的な歌風を興した幕末期の代表的歌人

大隈言道《おおくま　ことみち》

生没年　一七九八―一八六八
号　池萍堂（萍堂）・篠廼舎・観水居など

大隈言道像（個人蔵、福岡市博物館提供）

大隈言道は、寛政十（一七九八）年、福岡城下・薬院（現福岡市中央区）にあった安学橋の側で商家を営んでいた大隈言朝の第四子として生まれた。文化二（一八〇五）年に父言朝、翌三年に兄言愛が相次いで亡くなったため、わずか九歳で家業を継ぐこととなった。一方、父が亡くなった頃には、福岡藩の書家で歌人でもあった二川相近《ふたがわすけちか》について書や和歌などを学んだ。

家業の傍ら三十五歳頃から従来とは異なる独自の歌風を模索するようになり、天保七（一八三六）年、三十九歳の時に家業を弟言則《ことのり》に譲り、歌道に専念した。この時、隠棲した今泉（現福岡市中央区）の居宅を「池萍《ちひょう》堂《どう》」「ささのや」と名付けた。

言道は多くの弟子をとり、福岡に限らず芦屋や飯塚・久留米・鳥栖・田代などに赴き歌の指導にあたった。幕末の女流歌人として知られる野村望《ぼう》東尼《とうに》も言道の門下である。

天保十年、言道は豊後国日田の私塾「咸宜園《かんぎえん》」に入門し広瀬淡窓《たんそう》に師事した。わずか数カ月の入門であったが、淡窓とは後年も交流を深めた。

安政四（一八五七）年、言道は歌集を出版するため大坂に上った。大坂では歌集出版に向け奔走する一方で「適塾」の緒方洪庵《こうあん》とも交流をもった。大坂滞在七年目の文久三（一八六三）年に歌集『草径集《そうけいしゅう》』を上梓。慶長三（一八六七）年、言道は福岡に戻ったが体調を崩し、翌年七月に亡くなった。

なお、福岡市中央区警固の香正寺《こうしょうじ》に墓所と、言道が愛用した筆を埋めた敗筆塚があり、今泉の隠棲地は「ささのやの園」として整備され、歌碑・文学碑が建てられている。

［髙山］

祖父と父譲りの学識と大胆な書画

亀井少琹《かめい しょうきん》

生没年　一七九八－一八五七
名　友

福岡藩の儒学者亀井昭陽《しょうよう》の長女、亀井南冥《なんめい》の孫。幼少期より利発さが際立っていたといわれる。

文化三（一八〇六）年、秋月藩八代藩主黒田長舒《ながのぶ》が太宰府天満宮で行った書画会「西都雅集」に行書一行を出品して高く評価された。文化六年、日田の広瀬淡窓《たんそう》は師の亀井昭陽を訪れた際、少琹を称し「幼ヨリ経史ニ通ジ詩画ヲ善クシ名誉アリ」と賞賛した。文化十二年、詩集『窈窕稿《ようちょうこう》乙亥《きがい》』を著した。

翌文化十三年、昭陽の弟子三苫源吾（雷首）と結婚、亀井姓を名乗って分家した。亀井雷首は今宿（現福岡市西区）で医業と家塾を経営し、少琹が補佐した。また父昭陽の著述の助手を務めることも多かった。天保七（一八三六）年に昭陽が亡くなると、父の著作の書写に取り組んだ。

文政元（一八一八）年、頼山陽が亀井家を訪問した際に少琹は「竹画」を描き、山陽が賛を寄せた。文政六年には長崎奉行が福岡藩に対して少琹の文人画二作の指名依頼がなされている。

少琹は祖父・父譲りの学識に基礎づけられた詩、力強い書、巧みな画によって詩文書画一体の独自な作品を多く残した。秋月藩の原古処《こしょ》の娘原采蘋《さいひん》と並んで才識名声を謳われた。能古島の能古博物館には少琹の多くの作品が伝わっている。

［日比野］

亀井少琹画・仙厓賛「竹図」（能古博物館蔵）。賛は「女子進退は竹に於て焉（これ）を見（あらわ）す」とある

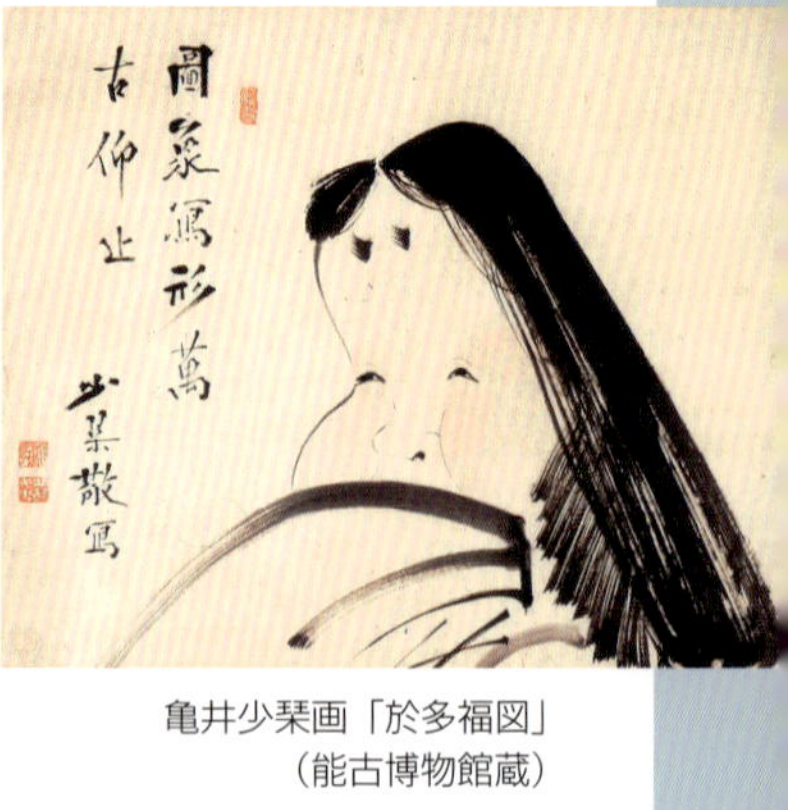

亀井少琹画「於多福図」（能古博物館蔵）

生涯の大半を遊歴の中に過ごした女流漢詩人

原《はら》 采蘋《さいひん》

生没年　一七九八－一八五九
実名　原猷（みち）
号　采蘋・霞窓

寛政十（一七九八）年四月、秋月藩の儒学者原古処《こしよ》の娘として生まれる。古処は、寛政十二年以降、秋月藩の藩校「稽古館」の教授を務めていたが、文化九（一八一二）年六月、江戸において職を解かれ、同十一年九月に隠居した。以降、古処は秋月の私塾「古処山堂」や甘木の詩塾「天城詩社」で指導にあたったが、采蘋は自ら漢詩や漢学を学ぶとともに父を助けた。また、古処に従って各地を旅し、文人墨客と交流を深めた。

文政八（一八二五）年正月、采蘋は古処の強い勧めもあり江戸へ遊学に向かうも、翌九年に古処が重病となったため看病のために帰国した。同十年正月に古処が亡くなると、采蘋は古処の詩集出版のため再び旅に出た。京では頼山陽や梁川星巌《やながわせいがん》、江戸では松崎慊《こう》堂《どう》らの支援や指導を受けた。采蘋は同十一年以降、二十年にわたり江戸に滞在し詩作に励んだ。

嘉永元（一八四八）年、采蘋は母親の看病のために帰国。以後、母とともに下座《げざ》郡屋永村（現朝倉市）、次いで御笠郡山家《やまえ》（現筑紫野市）に移り住み、私塾「宜宜堂《ぎぎどう》」を開いた。

同五年六月に母親が亡くなり三年間喪に服した後、再び古処の詩集出版のため肥前や肥後、薩摩などへ旅に出た。安政六年八月、東上途中の長門国萩（現山口県萩市）で病にかかり、同十月、古処の詩集出版を果たせぬまま亡くなった。享年六十二。

［高山］

吉嗣梅仙画・原采蘋賛「美人画」
（福岡市博物館蔵）

人物列伝

草莽の志士たちを支え続けた勤王歌人

野村望東尼《のむらぼうとうに》

生没年　一八〇六―一八六七

野村望東尼は、文化三（一八〇六）年九月、福岡藩士浦野重右衛門の次女として御厩後《おうまやのうしろ》（現福岡市中央区）に生まれた。文政五（一八二二）年に福岡藩士郡《こおり》甚右衛門に嫁いだが半年ほどで離縁し、同十二年、福岡藩士野村貞《さだ》貫《つら》と再婚した。

扇面和歌（福岡市博物館蔵）。慶応元年 2 月、望東尼は太宰府に滞在中の五卿を訪ねた。その際に贈った和歌が認められた扇子

望東尼は、福岡藩士で書家の二川《ふたがわ》相《すけ》近《ちか》に書や歌を学び、相近が病気のため家塾を閉めると、天保三（一八三二）年からは歌人大隈言道《ことみち》の門下に入った。弘化二（一八四五）年、夫の貞貫が隠居すると平尾の山荘（現福岡市中央区）に夫婦共に移り住み、安政六（一八五九）年七月に貞貫が亡くなると、翌月に得度剃髪した。

文久元（一八六一）年十一月、望東尼は福岡を発ち、四年前から大坂に滞在していた大隈言道を訪ねた。その後、京都に赴き、翌二年五月まで滞在したが、この間、島津久光の上洛や寺田屋事件など、騒然とする京都市中の様子を見聞きした。また、福岡藩御用達の商人で尊王攘夷派と交流のあった馬場文英と知り合い、次第に政治に強い関心を持つようになった。福岡へ戻った望東尼は、平野国臣《くにおみ》や高杉晋作など、福岡藩内外を問わず尊王攘夷派の人々と交流を深めた。

慶応元（一八六五）年六月、望東尼は福岡藩内の尊王攘夷派弾圧（乙丑《いっちゅう》の獄）に連座し孫の野村助作とともに自宅謹慎を命じられ、同十月姫島（現糸島市）へ島流しとなったが、翌二年九月、高杉晋作の意を受けた福岡藩士藤四郎らによって姫島から救出され、下関の豪商白石正一郎宅に預けられた。同三年四月には毛利家から二人扶持が与えられ、九月には三田尻に居を移すが病気にかかり、十一月六日、六十二歳で亡くなった。［高山］

野村望東尼像（福岡市博物館蔵）

尊王攘夷派を引き上げた改革派の大老

黒田播磨《くろだはりま》

生没年　一八一八－一八八五
諱　徳蔵・一整・溥整・一葦
通称　元八郎・半之丞・三左衛門
号　暁心

文政元（一八一八）年十一月、福岡藩大老・黒田一定（清定）の子として福岡城三の丸の三奈木《みなぎ》黒田家の屋敷で生まれる。翌二年十二月、加藤内匠《たくみ》徳裕の養子となり半之丞徳蔵と称し、天保八（一八三七）年九月に家督を継いだ。三奈木黒田家の養嗣子で義兄の黒田淡路一修が廃嫡になると、翌九年正月、実家に復帰し一定の嗣子となって三左衛門一整と称した。同十一年四月に家督を継いで家老となり、弘化元（一八四四）年八月以降、播磨と称した。

福岡藩尊王攘夷派の加藤司書は義弟にあたり、播磨が三奈木黒田家に復帰した後に加藤家の家督を継いだ。また、同じく尊王攘夷派の建部武彦には実妹・田鶴子が嫁していた。このような姻戚関係もあって、播磨は家老中で尊王攘夷派に近い立場にあり、自ら「正義派」と称する政治勢力に属し、司書をはじめとする尊王攘夷派を様々な役職に推挙し、藩政に参画させようと画策した。

また、元治元（一八六四）年の第一次長州征討の際は、尊王攘夷派と連携し、長州藩の恭順と征討軍の解兵を実現するための周旋活動を積極的に行った。一方で藩主黒田長溥《ながひろ》とは、安政四（一八五七）－五年の西洋軍法の導入や役人人事、前記の周旋活動など、藩政の運営をめぐって度々対立した。

慶応元（一八六五）年、尊王攘夷派が処分された「乙丑の獄《いっちゅう》」に際して播磨も蟄居を命じられたが、明治元（一八六八）年二月に許され藩政に復帰し、同二年二月に隠居した。

〔高山〕

「上屋敷惣絵図」（三奈木黒田家文書。九州大学附属図書館付設記録資料館九州文化史資料部門蔵）。福岡城三の丸にあった三奈木黒田家の屋敷図

幕長間の周旋活動に奔走

建部《たてべ》武彦《たけひこ》

文政三（一八二〇）年、福岡藩士建部孫左衛門自福の嫡男として生まれる。弘化二（一八四五）年正月、家督を継ぎ知行高七百石を与えられ、大組に加えられた。以降、使番・陸士頭・無足頭を務め、嘉永六（一八五三）年に御用聞となり、安政四（一八五七）年に役を辞すも文久三（一八六三）年に再び御用聞に任じられた。

同年八月、「八月十八日の政変」により長州藩や三条実美《さねとみ》ら尊王攘夷派の公卿が京都から追われると、公武周旋及び長州藩の宥免のために熊本・薩摩へ使者として派遣され、さらに世子黒田長知《ながとも》に従って京都や長州藩へ赴き周旋活動を援《たす》けた。

元治元（一八六四）年七月に起きた「禁門の変」後、第一次長州征討に際して福岡藩の尊王攘夷派は、国内戦争を回避するため、長州藩に謝罪恭順と薩長和解を求める周旋活動を行った。武彦も征討軍の解兵のため、加藤司書や薩摩藩の西郷隆盛らとともに、長州藩と征討軍総督徳川慶勝の間を周旋した。

また、この年の七月以降、福岡藩の尊王攘夷派は有事に備えるため、鞍手郡犬鳴谷《いぬなきだに》村（現宮若市）に藩主の別邸である犬鳴谷御別館の建設を進めた。この地に知行地を有していた武彦は普請担当者としてその任にあたった。

翌慶応元（一八六五）年四月、幕府が再度の長州征討を決めると周旋活動にあたった福岡藩の立場が危うくなり、五月以降、藩内の尊王攘夷派に対する弾圧が始まった（乙丑《いっちゅう》の獄）。武彦は衣非茂記《えびしげき》らと加藤司書らの救出を試みたが自らも自宅禁固となり、同十月二十六日に安国寺（福岡市中央区）で切腹を命じられた。

〔高山〕

生没年　一八二〇－一八六五
諱　自強
通称　源兵衛・孫左衛門・武彦

犬鳴谷御別館跡（宮若市犬鳴）。有事の際に藩主をかくまうために築かれた

優れた歌人でもあった勤王倒幕の先覚者

平野国臣

ひらの　くにおみ

生没年　一八二八－一八六四
通称　次郎
変名　都甲楯彦・宮崎司・草香江水際など

平野国臣像（部分。福岡市博物館蔵）

平野国臣は、文政十一（一八二八）年三月、福岡藩の足軽平野吉郎右衛門の次男として福岡地行下町（現福岡市中央区）に生まれた。天保十二（一八四一）年、小金丸彦六の養子となり、弘化二（一八四五）年に普請方手附、同年冬－嘉永元（一八四八）年に江戸藩邸詰を務め、同四年には宗像大社沖津宮普請のため宗像郡大島（現宗像市）に赴任した。

同六年－安政元（一八五四）年には再び江戸に派遣され、この間、ペリーの来航を現地で経験。翌二年、長崎に派遣されるが帰国後に職を辞し、同四年には養家を離れて実家に戻り平野姓に復した。

同五年八月、脱藩して上京。九月には一旦福岡に帰国するも、「安政の大獄」が起きたため熊本や筑後に逃れ、十月には京都から逃れて来た僧月照《げっしょう》とともに薩摩へ向かった。その後、再び京都に上り、連島《つらじま》（岡山県倉敷市）や下関などで潜伏生活を過ごした。

文久二（一八六二）年二月、薩摩藩の島津久光を擁して挙兵する計画を立て上京。『回天三策』を朝廷に献上し、西国諸藩の尊王攘夷派との挙兵も計画した。同年四月、大蔵谷（現兵庫県明石市）で藩主黒田長溥の参勤を取り止めさせ帰国する途中、下関で脱藩の罪で捕らえられ、藩の牢獄に入れられた。獄中では筆と墨の使用は許されなかったが、こよりを用いて『神武必勝論』などの著作や多くの和歌を著した。

翌三年三月に罪を赦され上京、八月には学習院へ出仕した。その後、「八月十八日の政変」で朝廷内の尊王攘夷派が一掃され政局が一変すると、京を離れて三田尻（現山口県防府市）に向かった。

同年十月、八月十八日の政変で京から追放された公卿の一人、沢宣嘉《のぶよし》を擁して幕府の生野代官所を襲撃（生野の変）するも失敗。城崎（現兵庫県豊岡市）で捕らえられ、京都六角の獄に入れられた。翌元治元（一八六四）年七月二十日、「禁門の変」に際して斬首され、三十七歳で亡くなった。［髙山］

月形洗蔵《つきがたせんぞう》

藩政を批判して幽閉、後に薩長融和に尽力

生没年　一八二八―一八六五
諱　詳
字　伯安
初名　駒之助
号　格菴・運甓洞

朱子学者月形深蔵の長男として筑前国早良郡追回新屋敷（現福岡市中央区六本松）に生まれる。祖父月形質《すなお》、叔父に長野誠、従弟に月形潔がいる。福岡藩士魚住明誠《めいせい》に経学を、叔父長野誠に兵学を学ぶ。嘉永三（一八五〇）年に家督を相続、大島（現宗像市）の定番を務めたが辞職し、尊王攘夷運動に身を投じた。

万延元（一八六〇）年五月、藩主の黒田長溥《ながひろ》が参勤交代を行うに際し、中止して尊王攘夷の実現のために藩政改革を断行すべきと論じた建白書を提出、八月には藩の汚職を批判する建言を行った。そのため十一月に捕縛され、翌文久元（一八六一）年、家督を没収されて御笠郡古賀村（現筑紫野市古賀）に幽閉された（同地には「月形洗蔵幽閉の地」碑が建っている）。

「月形洗蔵幽閉の地」碑（筑紫野市古賀）

文久三年六月、加藤司書の進言によって帰宅を許されたが、なお蟄居。翌元治元（一八六四）年五月、ようやく赦《ゆる》されて復帰した。第一次長州征討戦争において福岡藩は征討中止を目指し、藩を挙げて長州周旋に努めたが、月形は五卿を説得して長州藩外（太宰府）への移転を実現し、征討中止に貢献した。また、この間に薩長両藩の融和に向けて奔走した。

しかし幕府が長州再征討を決定すると、反対勢力が復権して藩論が一変し、慶応元（一八六五）年六月、身柄を親類に預けられた後、十月二十三日に処刑された。いわゆる「乙丑《いっちゅう》の獄」で亡くなった二十一人（切腹七人、斬罪十四人）の一人。墓は月形家菩提寺で黒田家ともゆかり深い大凉山少林寺（福岡市中央区天神）にある。

［日比野］

福岡藩における尊王攘夷派の領袖

加藤《かとう》司書《ししょ》

生没年　一八三〇－一八六五
名　三太郎、後に徳成

加藤氏はもと摂津伊丹の豪族で、荒木村重によって幽閉されていた黒田孝高を救出した加藤重徳を先祖とし、代々福岡藩の中老を務めた。加藤司書徳《のり》成《しげ》は加藤徳裕の子として上の橋堀端（現福岡市中央区大手門）に生まれる。

天保十一（一八四〇）年に義兄徳蔵が実家に戻り三奈木《みなぎ》黒田家の家督を継いだため、十一歳の司書が加藤家の家督二八〇〇石を継いだ。嘉永六（一八五三）年七月、ロシアのプチャーチンが長崎に来航した際、長崎警備を務めていた福岡藩は藩士約五百人を付けて司書を派遣した。司書は幕府外国奉行川路聖謨《としあきら》を援《たす》けて、水のみを与えて退去させたという。

元治元（一八六四）年、第一次長州征討戦争で、福岡藩は藩主黒田長溥のもとで長州周旋に務めた。司書は広島の征長総督本陣に派遣されて内戦の不可を訴え、長州征討の中止に尽くした。その功績が評価され、翌元治二年二月に家老に昇進した。藩内には昇進に賛否両論あったが、藩主父子の反対を押し切って、司書のもと義兄で大老の黒田播磨一整の主導で実現した。しかし司書などの改革派と保守派の家老間対立が強まり、藩主の改革派に対する不信・不満が増大することにもなった。

政権を把握した改革派はさらに自立的な方向での藩政の拡張と他藩との連携強化を骨子とする藩論の確定を目指した。しかし、かえって幕府・朝廷の意向を重視する藩主長《なが》溥《ひろ》の怒りを買う結果となり、五月二十三日に司書は家老を罷免された。幕府が長州再征討を決定したことにより、司書などの征長中止の功績が否定されたかたちになって保守派が復権した。改革派や尊王攘夷派はさらに弾圧されることになって（乙丑《いっちゅう》の獄）、司書は同年十月二十五日に天福寺（福岡市博多区冷泉町、昭和五十八年に城南区南片江へ移転）で切腹した。

［日比野］

加藤司書の歌碑（福岡市中央区・西公園）。「皇御国（すめらみくに）の武士（もののふ）はいかなる事をか勤むべき　只（ただ）身にもてる赤心（まごころ）を君と親とに尽すまで」と刻まれている

後の玄洋社社員を育てた男装の女傑

高場《たかば》 乱《おさむ》

生没年 一八三一－一八九一
幼名 養命
諱 元陽
通称 小刀
号 仙芝・空華堂

天保二（一八三一）年、高場流の眼科医であった高場正山の末子として博多瓦町（現福岡市博多区）に生まれる。

幼少期より男児として育てられ、同十二年、十一歳にして藩から帯刀を許され、父の家業を継いだ。

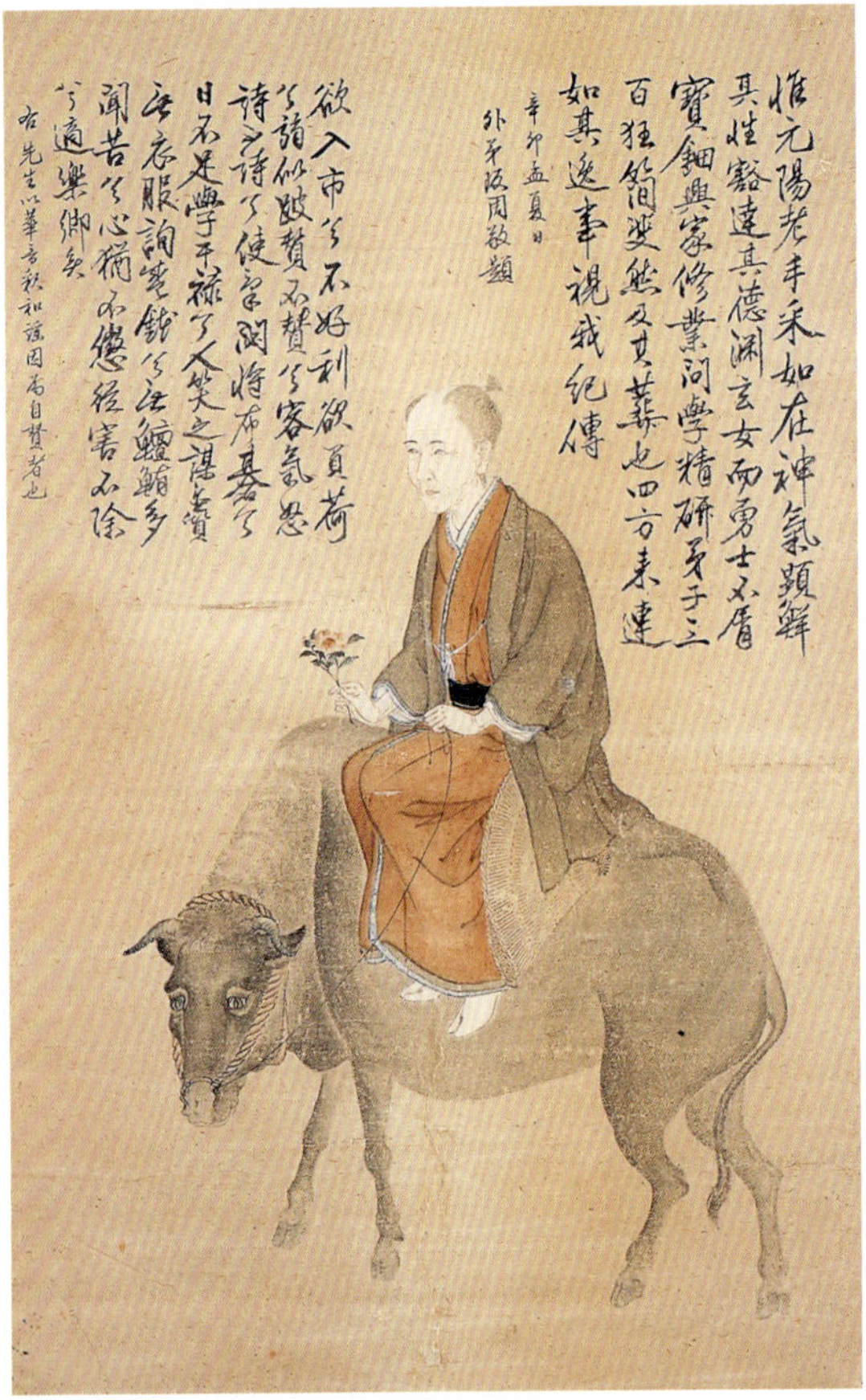

高場乱像（一般社団法人玄洋社記念館蔵）

飯田太仲、中村北海について漢籍を学び、後に亀井暘洲《ようしゅう》（亀井南冥《なんめい》の孫、昭陽《しょうよう》の長男）の門に入り学問を修めた乱は、医業の傍ら私塾「興志《こうし》塾（人参畑塾）」を開いた。門下には向陽社、のちに玄洋社で活躍した頭山満《とうやまみつる》、平岡浩太郎、箱田六輔、進藤喜平太、来島《くるしま》恒喜《つねき》らがおり、明治十（一八七七）年三月に起きた「福岡の変」を主導した武部小四郎や越智彦四郎も興志塾で学んだ。

福岡の変には多くの門下生が参加していたため、乱も関与を疑われて拘束され尋問を受けたが、潔白を主張し後に釈放された。明治二十四年三月、病没。医師でありながら一切の治療を拒んだと伝えられている。

なお、興志塾のあった福岡市博多区博多駅前四丁目（グリーンビル前）に頭山満が「人参畑塾趾」と揮毫した石碑が建っている。また、崇福寺（福岡市博多区）の玄洋社墓地には頭山、来島と並んで墓が建っている。［高山］

早川《はやかわ》 勇《いさむ》

新政府に出仕し、郷土の育英事業にも尽力

生没年 一八三二―一八九九
通称 早川養敬
号 春波

早川勇の七言絶句（個人蔵、福岡市総合図書館提供）。下関での西郷・高杉会談について詠んだもの

筑前国遠賀郡虫生津《むしょうづ》村（現遠賀町）の農家嶺直平の三男として生まれる。同郡中底井野《なかそこいの》村（現中間市）の「迎旭堂」に入塾、さらに福岡に出て、藩医板垣養永《ようえい》に医学を、月形猗嵐《きらん》に儒学を学んだ。その後江戸に出て佐藤一斉の塾に入り、藤森弘庵（天山）や大橋訥《とつ》庵《あん》の知遇を得た。帰福後は藩医鷹取養《よう》巴《は》に寄寓し、平野国臣《くにおみ》や月形洗蔵などに兄事した。宗像郡吉留《よしどめ》村（現宗像市）の医師早川元瑞《げんずい》の後を継いで医者となったが、医業は門人に任せて福岡藩や諸藩の士と交流を続け、尊王攘夷運動に活発に参加した。

万延元（一八六〇）年の「桜田門外の変」の後、福岡藩でも尊王攘夷運動が過激さを増したが、かえって藩主黒田長溥《ながひろ》の忌諱に触れて、文久元（一八六一）年、多くの藩士が処罰された。その際藩士ではない早川は難を逃れた。

第一次長州征討戦争において、福岡藩は藩主長溥以下藩を挙げて長州周旋活動に取り組んだが、早川は加藤司書・建部武彦・喜多岡勇平など福岡藩士や薩摩藩の西郷隆盛などのもとで、月形洗蔵とともに奔走した。五卿の太宰府移転に際しては送迎の大役を務めた。

長州再征討によって福岡藩は分裂し、長溥はさらに激化する尊王攘夷派を弾圧した。慶応元（一八六五）年の「乙《いっ》丑《ちゅう》の獄」で、盟友の月形は処刑され、早川も入牢に処された。

その後、王政復古によって赦《ゆる》され、三条実美《さねとみ》の知遇もあり明治新政府に出仕、奈良府判事などを歴任し、元老院大書記官に進んだ。明治三（一八七〇）年の贋札・贋金事件では、福岡藩では数少ない新政府出仕者として奔走した。晩年は「宗像会」を設立するなど郷土の育英事業に力を尽くした。

早川は明治維新を生き残った一人として福岡藩における明治維新の語り部となった。江島茂逸《しげとし》の史書において早川に対する聞き取りや早川による原稿の校訂は大きな意味を持った。その最たる例が、元治元（一八六四）年十二月十二日の西郷隆盛と高杉晋作の下関対帆楼《たいはんろう》での会見である。現在史実として疑問視されているが、実は江島が早川から聞き取った話であった。［日比野］

「明治維新の策源地」太宰府

五卿、太宰府へ

幕末、古都太宰府の地は、突如として歴史の表舞台に登場した。「五卿」の太宰府移転である。五卿とは、後の太政大臣の三条実美《さねとみ》をはじめ、三条西季知《すえとも》、東久世《ひがしくぜ》通禧《みちとみ》、壬生《みぶ》基修《もとなが》、四条隆《たか》謌《うた》ら尊王攘夷派の五人の公卿を指す。

彼らに錦小路《にしきこうじ》頼徳《よりのり》と沢宣嘉《のぶよし》を加えた七卿は、尊王攘夷派の長州藩の政治工作に加担し、文久三（一八六三）年、「八月十八日の政変」で京都を追放され、長州へと落ち延びた。いわゆる「七卿落ち」である。のちに沢宣嘉は「生野《いくの》の変」参加のため一行を離れ、錦小路頼徳は病没し、五卿となる。

彼らは、福岡藩の加藤司書や月形洗蔵、西郷隆盛らの調停・周旋もあり、慶応元（一八六五）年二月に筑前福岡藩領の太宰府・延寿《えんじゅ》王院《おういん》へと移る。そして王政復古の後に帰京するまでの約三年間を太宰府の地で過ごした。

筑紫野市湯町の三条実美歌碑「ゆのはらに　あそふあしたつ　こととはむ　なれこそしらめ　ちよのいにしへ」。王政復古を目指す心情を、湯の原（二日市温泉）に遊ぶ鶴に託して詠んだ

太宰府での五卿は福岡・薩摩・熊本・久留米・佐賀五藩へのお預けの身分で、その五藩の藩士たちが警備を担当した。その間、彼らのもとには、随行の元土佐藩士中岡慎太郎や土方久元《ひじかたひさもと》、久留米藩尊王攘夷派の首班であった水野正名《まさな》らに加え、西郷隆盛、坂本龍馬、野村望東尼《ぼうとうに》、長州藩士桂小五郎（木戸考允）や小田村素太郎《もとたろう》（楫取素彦《かとりもとひこ》）など多くの志士が訪れて情報を交換したため、後に太宰府は「明治維新の策源地」とも称された。

五卿の足跡

五卿が滞在した延寿王院（現在は太

太宰府天満宮参道の「松屋　喫茶維新の庵」と、その庭園に建つ月照の歌碑

宰府天満宮宮司邸）には五卿謫居《たつきょ》の間があり、庭に「五卿遺蹟」の碑が建立されている。太宰府滞在中の五卿は、都府楼《とふろう》跡や宝満山、武蔵温泉（現在の二日市温泉）など近郊の名所・旧跡や宇美・飯塚・内野・山家《やまえ》・松崎・四三《しそ》嶋《じま》（現筑前町）など様々な地を訪れ、地域の有力者と親しく交流し、政治的・資金的な協力を要請したという。また安楽寺天満宮（太宰府天満宮）別当で三条実美の父実万《さねつむ》と従兄弟の大鳥居信全《しんぜん》や温泉奉行の松尾光昌（山太夫）、太宰府の絵師吉嗣梅仙《よしつぐばいせん》、萱島鶴栖《かやしまかくせい》など地域の文化人とも盛んに交流した。

太宰府天満宮の門前町には、日田屋（幕府関係者定宿）、大野屋（長州藩定宿）、松屋（薩摩藩定宿）などの旅館街跡が残る。松屋の幕末期の主人栗原孫兵衛（順平）は安楽寺天満宮の「和魂漢才」碑建立の世話人を務めるなど熱心な勤王家であり、志士たちの世話役でもあった。同家には五卿らが世話になった謝意を記した「英華帖」をはじめ、西郷隆盛や大久保利通、平野国《くに》臣《おみ》など幕末志士の関係資料やゆかりの品が伝わっている。庭園には、西郷隆盛と入水したことで知られる勤王僧月《げっ》照《しょう》をかくまった逸話に因み、「言の葉の花をあるじに旅寝するこの松かげは千代もわすれじ」の歌碑がある。

また、通古賀の医師で勤王家の陶山《すやま》一貫《いっかん》は、三条実美の父実万と旧知の仲であったことから、五卿は陶山家を訪れ親交を深めた。陶山家の旧宅庭園には三条実美が感謝の印に植えた「三条公御手植松」と顕彰碑が残る。［竹川］

「三条公御手植松」（2代目）

吉田松陰が「寂寥（せきりょう）の山駅」と評した旧内野宿（木下陽一氏撮影）。今も古い町並みが残る

幕末の志士が旅した長崎街道・筑前六宿

長崎街道を歩いた吉田松陰

長崎街道筑前六宿は、九州の幹線道路であり、参勤交代の大名行列や旅人などが行き交った。また、途中山家《やまえ》宿（現筑紫野市）から薩摩街道や秋月・甘木・太宰府方面へも分岐しており、薩摩藩の西郷隆盛・大久保利通・小松帯刀《たてわき》や、坂本龍馬、越後長岡藩の河井継之助《つぎのすけ》など多くの志士たちも往来した。

長州藩の兵学者で松下村塾でも知られる吉田松陰（寅次郎）は、嘉永三（一八五〇）年、兵学や海防などの見聞を広めるため平戸や長崎、肥後熊本などへ遊学した際に長崎街道筑前六宿を通過している。門司大里《だいり》に上陸し、小倉城下・黒崎宿・木屋瀬宿（以上、現北九州市）から飯塚宿・内野宿（以上、現飯塚市）、冷水《ひやみず》峠を越えて山家宿・原田《はるだ》宿（以上、現筑紫野市）を経由し長崎方面へと向かった。

松陰の『西遊日記』には、廃城となった黒崎城の跡や、間《あい》の宿《しゅく》小竹（現小竹町）で「小竹車」と呼ばれる三百斤（約一八〇キロ）の石炭を運ぶ運搬車を見たことなどが記されており、筑前の宿駅に設置された築地塀《ついじべい》の構口《かまえぐち》について、有事の際に役立つ「女墻《ひめがき》」と評している。また、日記に付属の漢詩文集「西遊詩文」の中で、内野や冷水峠周辺の自然や景色について「杖底天邊萬畳山、眼明遠近最高山」との賛辞を記している。

博多往還を往来した野村望東尼

平野国臣《くにおみ》や高杉晋作ら多くの志士と交流のあった歌人で勤王家の野村望東《ぼうとう》尼《に》は、歌の師大隈言道《ことみち》が滞在していた飯塚宿を度々訪れている。福岡城下から博多往還（篠栗街道、花瀬街道とも）を通り八木山《やきやま》峠を越え、野村家の知行地であった相田《あいだ》村（現飯塚市）を経由して飯塚宿へと向かった。

大隈言道は、飯塚の産土神曩《のう》（納）祖《そ》八幡宮の近くにあった、弟子の古川直道の別荘「宝月楼《ほうげつろう》」に滞在していた。言道はここを拠点に古川をはじめ曩祖八幡宮の宮司青柳直雄、森崎屋（酒造家・問屋場《といやば》）の小林重治ら飯塚の歌人・商人と交遊し、歌の指導を行った。

明治３（1870）年に青柳直雄ら飯塚宿の人々が建立した「和魂漢才碑」（曩祖八幡宮境内）

望東尼の歌集『向陵集』には和歌だけでなく、歌を詠んだ場所やシチュエーションなどが記されており、彼女の飯塚行きの足跡や行動を窺い知ることができる。八木山峠を通りかかった際には、山中の松の倒木に、万延元（一八六〇）年の「桜田門外の変」にも参加した薩摩藩脱藩浪士有村次左衛門の歌「いはかねのくたけてさめよ　もののふの国のためとて　おもひきるたち」が記してあるのを偶然見つけ、その志に感嘆して歌を詠んでいる。

【竹川】

野村望東尼も歩いた八木山峠の石坂（明神坂）。黒田如水が開いたとされ、如水・長政父子が祀られている

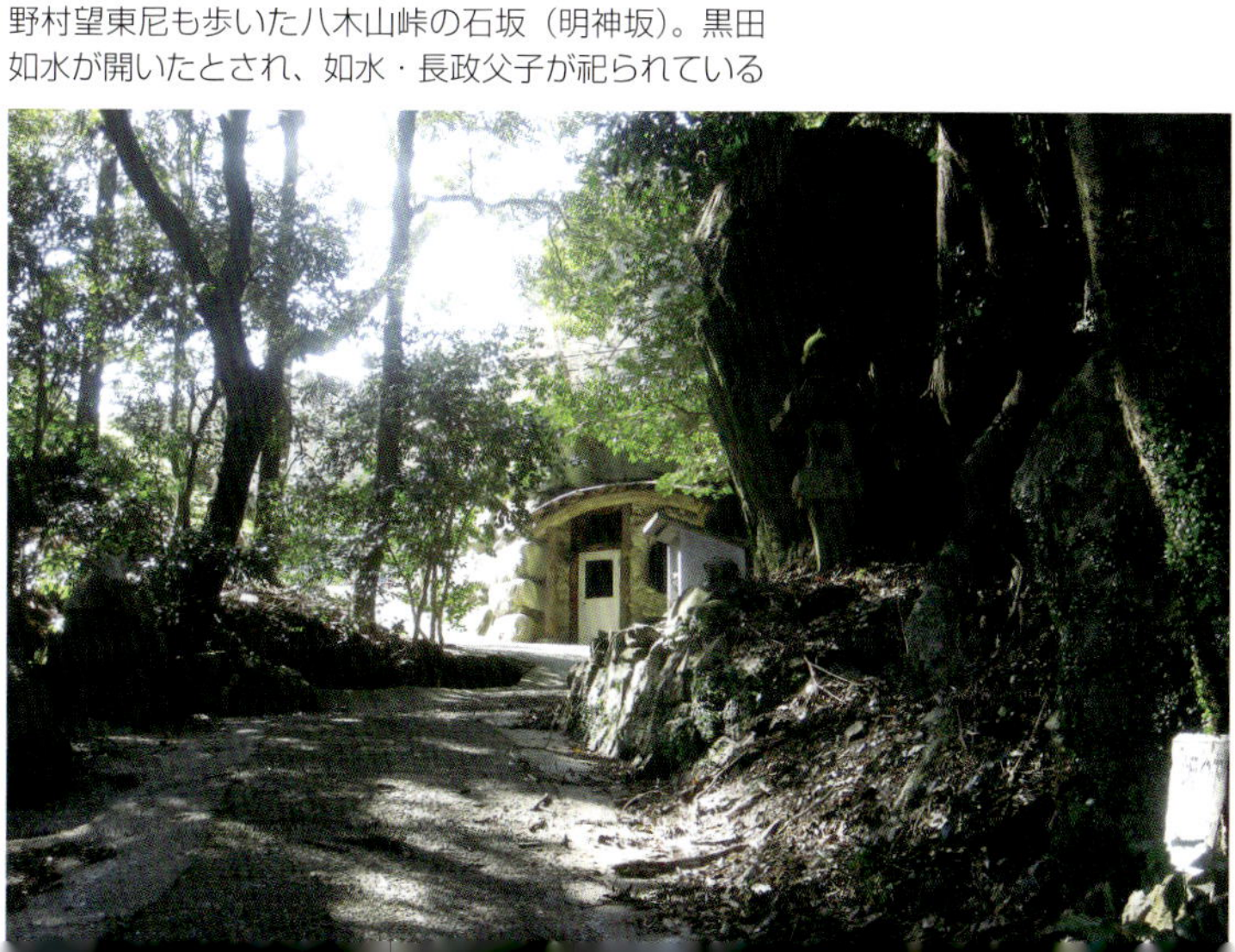

筑前の小京都・秋月に刻まれた維新の記憶

元和九（一六二三）年、黒田長政の三男長興《ながおき》に夜須《やす》・下座《げざ》・嘉麻《かま》の三郡五万石が分知され、秋月藩が成立した。

旧秋月城の黒門。現在は歴代の秋月藩主を祀る垂裕（すいよう）神社の神門となっている

幕末期の秋月藩主は、十代黒田長元、十一代長義、十二代長徳と続き、長徳の代に明治維新を迎え廃藩となった。その後、一時期秋月県も設置されたが、福岡県に編入された。

八代藩主長舒《ながのぶ》、九代藩主長韶《ながつぐ》の時代には藩校「稽古館」を中心に学問が奨励され、亀井南冥《なんめい》の弟子でもある儒学者原古処《こしょ》、その娘で漢詩人の原采蘋《さいひん》、種痘の創始者である医師緒方春朔《しゅんさく》など、多くの人材を輩出した。

秋月藩の勤王志士

戸原卯橋《うきつ》（継明《つぐあき》）と海賀宮門《かいがみやと》（直《なお》求《もと》）は、秋月藩における代表的な勤王志士である。

戸原卯橋は天保六（一八三五）年、代々秋月藩の医家（御納戸医師）を務める家に生まれた。文久二（一八六二）年、島津久光が京都警備を名目に上京するや、戸原は福岡藩出身の平野国臣《くにおみ》らとともに決起しようとしたが、「寺田屋事件」により同志は壊滅し、連座の嫌疑を受けて国元で謹慎処分となった。翌年脱藩し、「生野の変」の挙兵に加わったが、敗れて自害した。京都霊山護国神社の福岡藩招魂場に墓がある。

海賀宮門は天保五年生まれ。福岡藩や久留米藩などの尊王攘夷派と交わり、

左から中村主計、海賀直求（宮門）、千葉郁太郎の墓碑（日向市観光協会提供）。宮崎県指定史跡

文久元年、藩政を批判した嫌疑で嘉麻郡屛《へい》村宇土浦に幽閉される。翌年脱藩して大坂方面に向かい、「寺田屋事件」に連座して捕らえられた。中心人物の田中河内介父子（船上で殺害）、千葉郁太郎《いくたろう》、中村主計らと海路で薩摩へ護送される途中、文久二年五月に日向細《ほそ》島《しま》港の小島（高島）で殺害された。現在もこの地には三士の墓碑がひっそりと佇み、地元では「黒田の家臣」の島として語り継がれている。

明治維新後の秋月

明治政府によりかつての政治体制が一新されると、佐賀の乱や西南戦争など、各地で旧士族による反乱が相次いだ。秋月でも明治九（一八七六）年、熊本の「神風連《しんぷうれん》の乱」に呼応して、宮崎車之助や戸波半九郎らの旧士族約四百名が結集して「秋月の乱」が起こったが、乃木希典《のぎまれすけ》率いる政府軍（小倉鎮台）に鎮圧された。

また慶応四（一八六八）年に秋月藩執政の臼井亘理《わたり》と妻が対立派により暗殺され、明治十三年になって息子の臼井六郎が仇討ちを果たした事件は、日本史上の「最後の仇討ち」として著名である。

＊

現在、秋月には秋月城跡や旧城下町の古い町並みが残り、「筑前の小京都」と呼ばれている。また、旧秋月藩主家や旧家臣団の子孫など秋月藩ゆかりの人々により「秋陽会」が結成され、秋月藩士の伝統や誇りを今に伝えている。

［竹川］

戸波半九郎の屋敷跡（秋月郷土館内）

小倉藩

豊前市薬師寺・蔵春園跡（川原敏明氏撮影）。
蔵春園は文政７（1824）年、恒遠醒窓によって開設された漢学私塾

小倉藩の概要

小倉藩は豊前国小倉に藩庁を置いた藩である。

慶長五（一六〇〇）年、関ヶ原の戦いで西軍に属した小倉城主毛利勝信（森吉成《よしなり》）・勝永（吉政）父子は所領を没収され、土佐国に流罪となった。

その後、豊前国に入った細川忠興《ただおき》は当初中津城を拠点としたが、慶長七年一月、小倉の城と城下町の大掛かりな工事を始めた。同年十一月中旬に一応完成し、同月下旬、忠興は小倉城に移り、細川小倉藩が誕生した。

寛永九（一六三二）年、肥後国熊本藩主加藤忠広《ただひろ》が改易され、細川氏は豊前国から加藤氏の旧領肥後国に国替えとなった。小倉には播磨国明石藩主小笠原忠真《ただざね》が十五万石を与えられ入部した。これは、九州に初めて大身の譜代大名が配置されたという点で、徳川幕府の九州統治における画期であった。

小笠原家は甲斐源氏の加賀美遠光《かがみとおみつ》の次男長清《ながきよ》が、甲斐国巨《こ》摩《ま》郡小笠原（現山梨県北杜《ほくと》市明野《あけの》町）に住んだのに始まる。長清は源頼朝に従い信濃国に所領を得た。その後、小笠原貞慶《さだよし》の頃に徳川家家臣となり、貞慶の子秀政は天正十七（一五八九）年八月、豊臣秀吉の命により徳川家康の長男信康《のぶやす》（岡崎三郎）の息女福姫（峯高院《ほうこういん》）を正室に迎えた。これにより小笠原・徳川両家の血縁関係が結ばれ、以後小笠原家は徳川の譜代大名としての道を歩むことになった。

小倉藩小笠原家の記録『御当家正伝記』には「豊前国ハ九州の要《かなめ》の国成《なる》ニ依而《よって》右近（小笠原忠真）様を被召置《めしおかれ》候」「九州大名衆ハ、右近様ハ九州御目付と何《いずれ》も思召《おぼしめす》なり」とある。また、福岡藩の筆頭家老三奈木《みなぎ》黒田家の初代当主黒田一成《かずなり》（美作《みまさか》）の伝記『黒田一成公略伝　智』（文化八（一八一一）年成立）には、寛永十五年二月の島原の乱鎮圧の場面で、「小笠原右近大夫（忠真）殿ハ其比《そのころ》九州の探題職なり」と記されている。このように、小倉藩小笠原家は自他共に「幕府の九州における目付」と認識されていたようである。そのような藩の成立事情が、幕末小倉藩の動向に大きな影響を及ぼした。

■小笠原家歴代藩主と在任期間

1	小笠原 忠真《ただざね》	1632－1667年
2	小笠原 忠雄《ただお》	1667－1725年
3	小笠原 忠基《ただもと》	1725－1752年
4	小笠原 忠総《ただふさ》	1752－1790年
5	小笠原 忠苗《ただみつ》	1791－1804年
6	小笠原 忠固《ただかた》	1804－1843年
7	小笠原 忠徴《ただあきら》	1843－1856年
8	小笠原 忠嘉《ただひろ》	1856－1860年
9	小笠原 忠幹《ただよし》	1860－1865年
10	小笠原 忠忱《ただのぶ》	1867－1871年

（藩知事を含む）

白黒騒動

　幕末の小倉藩の動向を語る上で重要なのが、小倉藩六代藩主小笠原忠固の時代、文化十一（一八一四）年に起こった御家騒動「白黒《しろくろ》騒動」である。小笠原家の家中が二派に分かれ、小倉の城（＝白）に籠もった一派（藩主小笠原忠固・家老小笠原出雲《いずも》ら）と、脱藩し筑前国福岡藩領黒崎（＝黒／現北九州市八幡西区）に退去した一派（家老小宮四郎左衛門・伊藤衛守《えいしゅ》・小笠原蔵《くろ》人《うど》・二木《ふたつぎ》勘右衛門ら）が争ったため「白黒騒動」と呼ばれる。

二代目歌川広重筆『諸国名所百景』より「豊前小倉領海岸景」（個人蔵）。手向山（現小倉北区赤坂）にある「宮本墓」「小倉碑文」と呼ばれる宮本武蔵の顕彰碑や、彼と佐々木小次郎が決闘を行った巌流（柳）島、小倉城天守などが描かれている

　この御家騒動の発端は、藩主忠固が江戸城中での詰所溜《たまり》の間詰め、少将任官を望み、家老小笠原出雲に幕閣への昇進運動を行わせたことである。この運動には藩庫から莫大な金銀が支出され、そのため藩財政は逼迫した。当初、小笠原出雲は多額の費用を理由に反対したが、小宮四郎左衛門ら四人の家老は忠固に賛同し、小笠原出雲を説得して江戸での昇進運動を始めさせた。結局この運動はうまく運ばず、国元の藩内家中では反対派が多くを占めるようになり、小宮はじめ四人の家老は反対派に取り込まれるかたちで小笠原出雲の一派と対決した。

　その結果、小宮ら四家老はその職を免ぜられ、登城を差し止められた。それに憤激した四家老とその一派は大挙して脱藩、筑前国黒崎に立ち退いた。これに驚いた忠固は、両派に属さず中立を保っていた中老の小笠原監物《けんもつ》・島村十左衛門（貫龍《つらたか》）、小姓の西田庄三郎（直養《なおかい》）らを黒崎に派遣し、帰藩す

７代藩主小笠原忠徴像（左）と８代忠嘉像（福聚寺蔵、北九州市立自然史・歴史博物館寄託）

るよう説得させた。最終的に文政二（一八一九）、三年、両派はそれぞれ家禄減石、隠居などの処分を受けた。

　この御家騒動は小笠原家の本貫地信濃以来の旧臣の家柄同士の派閥抗争であったが、その仲裁に活躍したのが、初代藩主忠真に召し抱えられた新参の家柄の藩士、島村十左衛門（志津摩《しづま》の父）、西田庄三郎（直養）らであった。このことにより彼ら新参の家柄が藩内で台頭し、幕末の小倉藩の藩政改革を家老島村志津摩、郡代河野四郎（小倉召し抱えの家柄）らが主導することになった。また、「白黒騒動」で失脚した小宮家などの旧臣の家柄の人々（小宮民部など）の巻き返しが、幕末小倉藩の派閥抗争の火種となった。

幕末の小倉藩主たち

　天保九（一八三八）年十二月、小倉藩六代藩主小笠原忠固は念願の少将任官を果たした。ただ、これは忠固が文化元（一八〇四）年七月に藩主となり、同四年三月侍従に任ぜられ、以来三十年侍従であったことによる「定期叙《じょ》爵《しゃく》」であった。小倉藩歴代十人の藩主の中で少将まで昇進したのは忠固一人である。忠固は天保十四年五月十二日に病のため江戸の小倉藩邸で亡くなり、同年九月三日、忠固の次男忠徴が家督を相続して七代藩主となった。

　なお、忠固晩年の天保八年一月四日、火災により小倉城天守・本丸御殿などが焼失したが、天守は財政難のため再建されなかった。つまり、慶応二（一八六六）年の小倉城自焼の時、天守はなかったのである。

　七代藩主忠徴は、嘉永五（一八五二）年、島村志津摩を家老に抜擢し、藩政改革を行わせた。嘉永六年にはペリー率いる「黒船」四隻が浦賀に来航した。翌年一月に再来航した際、小倉藩は、同じく有力な譜代大名である信

「ペリー提督・横浜上陸の図」（横浜開港資料館蔵）。画面左に、白地に赤の三階菱紋（小倉藩小笠原家の家紋）が入った旗が描かれている

濃国松代《まつしろ》藩（真田家）とともに横浜警備にあたった。

安政三（一八五六）年五月十二日、忠徴は江戸の小倉藩邸で亡くなったが、それは同年七月十二日まで伏せられた。忠徴が亡くなった時、世子忠嘉は国元小倉にいたため、急ぎ江戸に向かった。喪が伏せられたのは、忠嘉の到着を待ち、幕閣との家督相続に関する折衝が終わるまでの時間稼ぎだったようである。同年八月二十九日、忠嘉は小倉藩八代藩主となった。忠嘉はもともと支藩の小倉新田《しんでん》藩主であったが、嘉永七年六月、忠徴の養子となっていた。

万延元（一八六〇）年六月九日、忠嘉は江戸から国元に帰国したが、二十三日には領内に「殿様御不例《ごふれい》（病気）」ということが伝えられた。二十五日、忠嘉は亡くなり、その喪は伏せられたまま藩士が急ぎ江戸に向かった。数え年で二十二歳であった忠嘉に跡継ぎはおらず、一族の中から後継者を選び、幕府に願い出る工作が行われたようである。この時、幕閣で小倉藩に力添えしたのが、和宮降《かずのみやこう》嫁《か》など公武合体を推進した老中久世《くぜ》広《ひろ》周《ちか》である。十月二十六日、忠嘉の喪が発せられ、最終的に播磨国安志《あんじ》藩主であった小笠原貞幹が急養子となり、十一月六日、小倉藩九代藩主となって忠幹と改名した。

忠幹は安志藩一万石の藩主であった。それが宗家である小倉藩を継ぐにあたっては、安志一万石は幕府に収公されるのが一般的であった。だが、鎌倉時代から続く甲斐源氏の名門であり、藩祖は大坂夏の陣で壮絶な戦死を遂げた小笠原忠脩《ただなが》であったため、忠幹の長男幸松丸《こうまつまる》（貞孚《さだざね》）が安志藩を継ぐことを

9代藩主小笠原忠幹像（左）と10代忠忱像（福聚寺蔵、北九州市立自然史・歴史博物館寄託）

許された。

文久元（一八六一）年九月、九代藩主忠幹は百世姫《ももよひめ》（百代姫）を正室に迎えた。百世姫は七代藩主忠徴の息女であった。ただ、八代藩主忠嘉の義理の姉に当たるためか、小倉藩小笠原一門の小笠原五郎三郎の伯母というかたちで幕府には届け出たという。同年十二月、忠幹は「四品《しほん》」（従四位下）に叙位され、大膳大夫に任じられた。

文久元年十一月、忠幹は島村志津摩を勝手方家老（財政担当の家老）に再任した。だが文久二年十一月二日、忠幹の弟で御政事掛（藩主の政治顧問）として藩政に参画し、島村とは対立関係にあった小笠原敬次郎の意向で、島村は家老職を罷免された。それと入れ替わり同月十日に小宮民部が家老に再任され、十五日には勝手方家老となった。七代藩主忠徴は島村を重用したが、忠幹は島村よりも小宮を重用し、二度の加増に加え、「民部」の名乗りを許した。この忠幹の代の文久三年五月、長州藩の攘夷実行から小倉藩は長州藩と対立することになるが、これは後述する。

元治元（一八六四）年五月、忠幹は侍従に任じられ、八月には左京大夫となった。慶応元（一八六五）年九月六日、忠幹は小倉城で亡くなったが、幕府との対決姿勢を示す長州藩の問題もあり、その死は伏せられた。そのためこれ以後も「小笠原左京大夫」の名で幕府や小倉藩家中・領民に届書や触書が出された。長州藩との戦争終結後の慶応三年六月二十五日、忠幹の次男豊《とよ》千代丸《ちよまる》が忠忱と名乗り小倉藩十代藩主となって、ようやくその死が公表された。

幕末の小倉藩では、忠徴・忠嘉・忠幹の三代の藩主が急死・早世した。藩政は家老・中老などの重臣が合議して執り行うとはいえ、短期間に藩主の交代が続き、慶応二年の第二次長州戦争の時には実質藩主不在であったことが、藩内における派閥抗争を惹起し、小倉藩の命運を定めたといえよう。

島村志津摩と河野四郎主導の藩政改革

七代藩主忠徴の代の嘉永五（一八五二）年七月、島村志津摩は家老となった。嘉永七年に勝手方家老となると本格的に藩政改革に着手したが、それは郡代河野四郎の補佐によるところが大きかったという。その内容は小倉藩領内の産業の振興を図るものであった。「製産掛」（製産方とも）を設け、①石炭採掘、②養蚕・製糸の奨励、③小倉織・小倉縮《ちぢみ》の増産、④製茶の奨励、⑤金採掘、⑥製蠟《せいろう》、⑦運輸、⑧学校の運営などを行った。

①は田川郡内の石炭採掘で、特に河原弓削田《ゆげた》村（現田川市）を中心に行われた。

②は田川郡落合村（現添田町）内で桑を栽培させた。さらに、上野国（現群馬県）から安兵衛、信濃国（現長野県）から弥一郎という人物を招聘し、養蚕技術を藩領内で指導させた。

③は小倉織と呼ばれる、小倉で大正末年まで生産された木綿織物に関するものである。小倉藩領の大庄屋中村平左衛門の日記には、安政三（一八五六）年、出雲国（現島根県）に「糸引稽古」「糸引機織《はたおり》の稽古」のため行事《ぎょうじ》村（現行橋市）の「たね」という女性が派遣されたとある。帰国した「たね」は村々に赴き、婦女子に糸引の技術を伝授した。「たね」は島村志津摩・河野四郎の内室にも招かれるほどであった。

④は田川郡内の村々で茶の栽培をさせ、同郡枡田《ますだ》（益田）村（現添田町）に製茶所を設け、「益田茶」として売り出した。

⑤は企救《きく》郡呼野《よぶの》（現北九州市小倉南区）で、江戸時代初期の細川小倉藩時代に盛んだった金山採掘を再開させ、島村自ら川での砂金採取も行わせた。「金山御引請」となっている。

⑥は蠟燭《ろうそく》の原料である櫨《はぜ》を栽培させた。万延元（一八六〇）年から小倉藩は下総国関宿《せきやど》藩（現千葉県野田市に藩庁を置く）に櫨栽培・接《つ》ぎ木の巧者を派遣している。当時の関宿藩主久世広周は、九代藩主忠幹が急養子として藩を相続する際、老中としてその実現に尽力した人物である。

⑦は小倉藩領から大坂に出荷する「豊前米」などの物産の運送のため「豊国丸」という千石積の船を建造し、製産掛の御用船とすることであった。

⑧は文武学校の奨励金として金千両を用意し、人材の育成に取り組んだ。

また島村は嘉永七年、小倉藩領内「六郡諸帳面吟味《しょちょうめんぎんみ》」を行った。これは島村と郡代河野四郎の発案であった。嘉永二年から同六年までの五カ年の諸帳面を取り上げ、島村の役宅で取り調べを行うというもので、全く異例のことであった。調査は同七年七月二十四日から始まり、主たる目的は大庄屋・庄屋による村方諸算用に不正がないか否かを検査することであったようである。取り調べが進み、六郡いずれも収支計算に誤りがあること、大庄屋・庄屋の責任による村方諸入用米銀の出入勘定に不正があったことが明らかになった。この調査を契機として、翌安政二（一八五五）年には各郡大庄屋・庄屋の大規模な更迭・異動が行われた。

さらに島村は自ら大坂に赴き、豪商から藩債十万両を募り、それを洋銃・軍艦購入の代金にあてたという。

島村は生涯で三度家老に就任しているが、以上述べた藩政改革はほとんどが第一期に行われたものである。だが、藩内には島村の政策に対する不満や派閥抗争があり、改革の成果が出ないうちに島村は家老職を辞することになり、長州藩との対立・戦争の時代に突入していった。

長州藩の攘夷実行と朝陽丸事件

長州藩は攘夷期日とされた文久三（一八六三）年五月十日、関門海峡で外国船砲撃を決行した。一方、関門海峡を隔てた対岸の小倉藩は、幕府から砲撃の命が下っていないことを理由にこれを静観した。そのため長州藩は小倉藩に度々使者を送り、「小倉藩が外国船を砲撃できないのであれば、砲台を借用したい」と申し入れた。

この対応に苦慮した小倉藩は六月十五日、郡代河野四郎、勘定奉行大八木三郎右衛門を使者として幕府に伺いを立てた。それと前後して、長州藩から約三百名が田野浦《たのうら》（現北九州市門司区）に押し掛け、小倉藩の砲台を占拠した。小倉藩領の大庄屋小森承之助《しょうのすけ》の日記、文久三年八月二十七日条には「此節《このせつ》田野浦へ参り候《そうろう》長藩士頭《かしら》ハ高杉晋作と申《もうす》人也」とある。

七月七日、河野四郎は江戸城で老中に面会し、幕府から外国船砲撃詰問のため使番中根一之丞《いちのじょう》らを長州藩に派遣することを伝えられた。幕府役人と河野・大八木が乗船した幕府軍艦朝陽《ちょうよう》

関門海峡に向けて置かれた長州砲のレプリカ（下関市・みもすそ川公園）

丸《まる》が七月二十三日正午頃、周防《すおう》灘に達したところ、長州藩の台場の者たちはそれに気づき、朝陽丸を砲撃した。そして二十五日、長州側から抜刀した数十人が朝陽丸に乗り込み、河野四郎の身柄引き渡しを要求した。そのため、河野・大八木は自刃した。

　同年八月に入り、事態は思わぬ方向に進んだ。まず、幕府は小倉藩領田野浦を占拠している長州勢を退去させるべく、福岡藩黒田家・広島藩浅野家・中津藩奥平家に対し小倉藩に加勢するよう通達した。同月二十九日、田野浦を占拠していた長州勢は俄かに引き払いを開始し、九月三日には引き揚げを完了した。これは前月の八月十八日、三条実美《さねとみ》をはじめとする長州派（尊王攘夷派）公卿七名と長州藩兵が京都を追われたことによるものであった。小倉藩は自力で長州藩の圧力に対抗することはできなかったが、京都での政変によって窮地を脱した。

河野四郎の墓（北九州市小倉北区・福聚寺）

小倉藩小笠原家の分家

　幕末の小倉藩小笠原家の命運を決定づけた要因の一つに同家の本家・分家関係がある。

　小倉藩初代藩主小笠原忠真の兄忠脩は慶長二十（一六一五）年の大坂夏の陣で討ち死にしたため、その遺児長次《ながつぐ》は小笠原家嫡流から外れた。寛永九（一六三二）年、忠真が小倉藩主となった時、長次は豊前国中津藩主（八万石）となったが、二代後の長胤《ながたね》の代に幕府の命で領地半減とされた。さらに四代後の長邕《ながさと》は嗣子なくして没したため、忠脩系小笠原家は一時断絶した。ただ、忠脩をはじめとする先祖の功労により、長邕の弟長興《ながおき》に播磨国安志（現兵庫県姫路市）一万石が与えられた。

　小倉藩五代藩主小笠原忠苗は安志からの養子で、それ以降も六代忠固、九代忠幹は安志から小倉に養子入りした。幕末の安志藩主小笠原幸松丸《こうまつまる》（貞孚《さだざね》）は小倉藩九代藩主忠幹の長男で、十代藩主豊千代丸（忠忱）の実兄であった。このことから長州戦争の際、安志藩は小倉新田藩（一万石）とともに小倉藩を全面的に支えた。

　それと対照的なのが唐津藩小笠原家（六万石）である。同家は忠真の弟忠《ただ》知《とも》（秀政三男）を祖とする。忠知の孫小笠原長重《ながしげ》は老中となるなど幕政に参与する家であった。幕末の唐津藩主は小笠原長国《ながくに》であるが、その世子長行《ながみち》は老中、第二次長州戦争小倉口総督を務めた。ただ、歴代藩主が幕府の要職に就き、本家の小倉藩よりも幕府第一の家であり、本家との関係性も希薄となっていた。結果的に長行は、第二次長州戦争のさなかの慶応二（一八六六）年七月末、十四代将軍徳川家茂が大坂城で病没したとの報を受けると小倉を脱出した。結果、小倉藩一藩が長州藩と対峙することとなるのである。

小笠原長行所用の兜
（唐津市教育委員会蔵）

第二次長州戦争小倉口の戦い

勤王（尊王）と佐幕、両派の明暗を分けたのが第二次長州戦争であった。

元治元（一八六四）年七月の「禁門（蛤《はまぐり》御門《ごもん》）の変」で朝敵とされた長州藩は、同年長州征討を受けた（第一次長州戦争）。総督徳川慶勝は広島に、副総督の福井藩主松平茂昭《もちあき》は小倉に本営を置き、総勢十五万を数える軍勢が長州藩境を囲んだ。その間、長州藩内では尊王攘夷派の勢力が衰え、佐幕派が藩政を掌握した。佐幕派の藩庁は謝罪恭順の姿勢を示し、征長総督府の意向を受けて、禁門の変の直接の指揮者であった三家老（益田・福原・国司《くにし》）に自刃を命じ、その首級を総督府に提出した。こうして第一次長州戦争では戦闘は起こらず、長州藩の降伏により幕府軍は撤兵した。

だが、同年十二月の高杉晋作らのクーデター（功山寺《こうざんじ》挙兵）の後、長州藩が再び幕府との対決姿勢を示すと、幕府は第二次長州征討に乗り出した。これを長州藩側では「四境《しきょう》戦争」と呼ぶ。四境の一つが小倉口であった。

慶応二（一八六六）年、長州戦争小倉口の戦いは六月十七日、長州勢の小倉藩領田野浦奇襲から始まった。島村志津摩率いる一番備《ぞなえ》及び小笠原織衛《おりえ》率いる六番備が応戦したが、長州勢の勢いに抗しがたく大里《だいり》（現北九州市門司区）に後退した。この戦いで幕府の軍目付《いくさめつけ》斎藤図書《ずしょ》は、長州勢が打つ大砲の音を聞くと山に逃げ出したという。幕府の長州征討でありながら、小倉口の戦いは長州勢の先制攻撃で始まり、幕府直属の軍勢は戦いを放棄する有り様であった。

六月二十四、二十五日、イギリス公使パークスとフランス公使ロッシュがそれぞれ小倉を訪れ、幕府軍小倉口総

上＝「九州小倉合戦図」（部分。北九州市立自然史・歴史博物館蔵）
左＝小倉口の戦いで戦死した小倉藩士香野栄助が着用していた小倉織袴（個人蔵、北九州市立自然史・歴史博物館寄託）

小倉勢先手の腰印（こしじるし）。赤地に金の三階菱紋（小倉藩小笠原家の家紋）があしらわれている。腰印とは腰に差して敵味方の識別に用いる印のこと（北九州市立自然史・歴史博物館蔵）

督の小笠原長行と会見した。フランスは幕府を支援し、一方イギリスはこの年一月に薩摩藩と同盟を結んだ長州藩を密かに支援していた。この会見が小倉口の戦いに及ぼした影響はそれほど大きくはないが、長州戦争がフランスとイギリスとの代理戦争の意味合いもあったことを示す出来事であった。

七月三日、長州勢の奇兵隊・報国隊・正名《せいめい》団が陸路、大里に侵攻した。海からは長州藩の丙寅丸《へいいんまる》などが大里の小倉側陣地を砲撃した。小倉勢は前月の戦いよりはよく戦ったが、結局長州勢の侵攻を防ぐことはできず、大里から後退した。一方、長州勢も戦闘継続の力はなく、大里を放火し、夕方には下関に引き揚げた。

六月十七日の田野浦、七月三日の大里、二回の戦闘は幕府側の敗北であった。それは九州諸藩・幕府直属の軍勢が戦闘に参加せず、小倉藩とその分家の安志藩・小倉新田藩の軍勢のみで応戦したためであった。

七月二十七日、戦いは夜明けから始まった。長州勢は奇兵隊・報国隊などが主力であった。小倉側の大里の防衛線は破られ、小倉勢は後退し、赤坂・鳥越（現北九州市小倉北区）の難所で長州勢の進撃を阻むことにした。後退する小倉勢を追って勢いに乗った長州勢は赤坂・鳥越に殺到したが、熊本藩の軍勢の反撃により敗北を喫した。この戦闘では小倉藩の軍艦飛龍丸も活躍し、長州勢の側面に艦砲射撃を加えたが、幕府海軍の戦意は乏しかった。

『豊国名所』に描かれた鳥越（北九州市立自然史・歴史博物館蔵）

九州諸藩の中で唯一熊本藩細川家だけが小倉藩小笠原家を支援したのには理由があった。小倉勢が熊本勢の陣地に逃げ込み、戦闘に巻き込まれたということもあるが、それ以上に重要なのは両家の「両敬《りょうけい》」関係である。「両敬」とは、もともと武家が会見や書札《しょさつ》礼《れい》などで双方同等の敬礼を払うという意味だが、江戸時代においては大名（藩）・旗本・公家の家同士の関係性を示すものであった。この「両敬」関係は婚姻などをきっかけとして結ばれたが、それは婚姻から二百年以後も継続することがあった。
慶長十三（一六〇八）年、細川忠利《ただとし》（当時の細川小倉藩初代藩主忠興の三男で、のちの熊本藩初代藩主）は小笠原秀政（小笠原小倉藩初代藩主忠真の父）の息女千代姫（保寿院《ほじゅいん》）を正室に迎えた。二人の間には熊本藩二代藩主となる細川光尚《みつなお》が生まれたが、光尚は

「飛龍丸図」（北九州まちづくり応援団蔵）

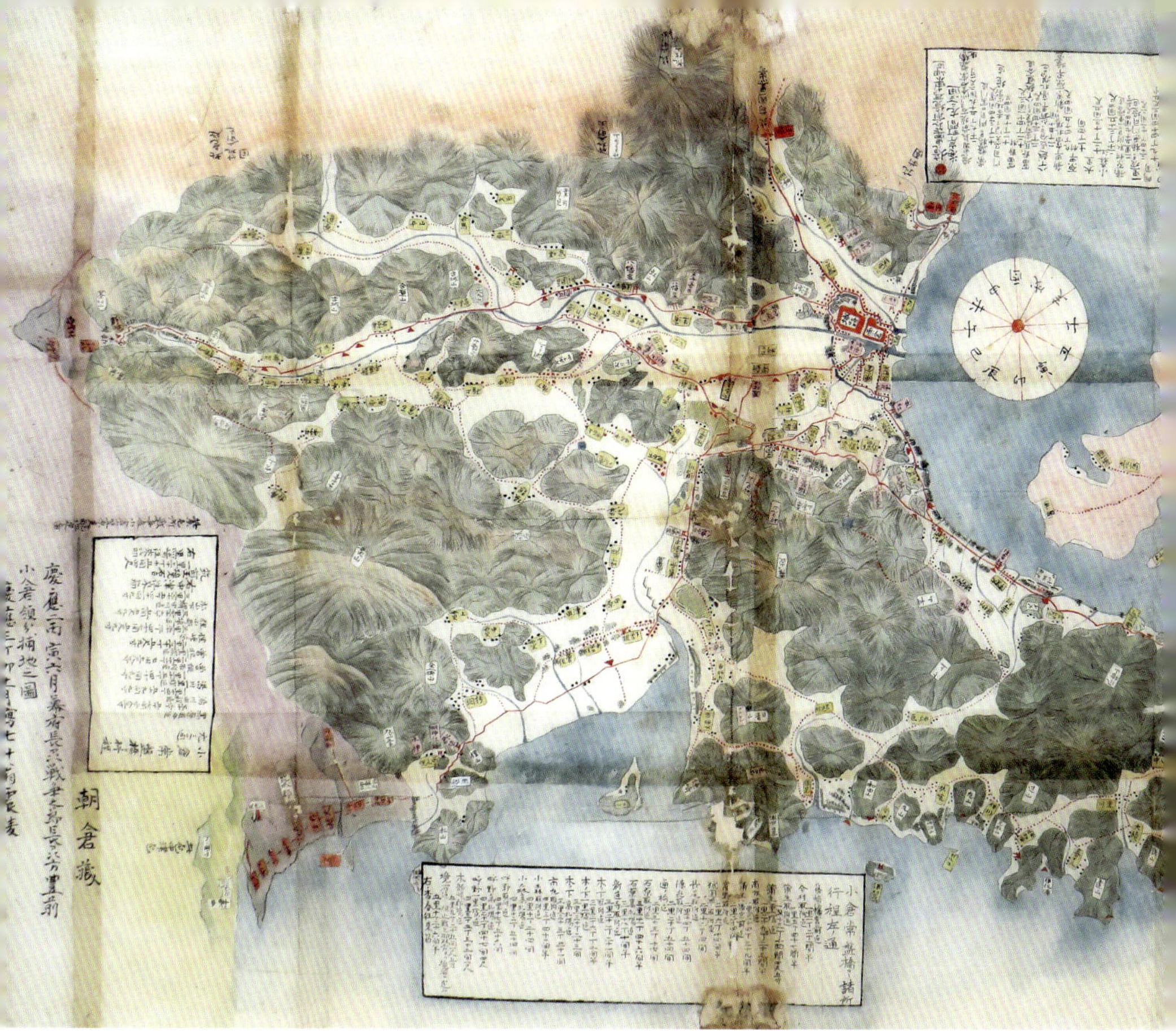

上＝「小倉藩領分捕之図」（部分。北九州市立自然史・歴史博物館蔵）。長州勢は最終的に小倉藩領のうち、小倉城下を含む企救郡を占領（分捕）した。本図は慶応3（1867）年12月に写されたもの。長州藩がその占領地域を把握するために作成したと考えられる

慶安二（一六四九）年十二月二十六日に三十一歳で亡くなり、後には七歳の六丸《ろくまる》（三代藩主綱利《つなとし》）が遺された。肥後国は西国の要衝であるため、幼少の六丸には任せることができないという幕閣の意見もあったが、六丸の大伯父小笠原忠真が後見役を務めるということで、細川家は肥後国熊本を幕府から安堵された。そのような経緯があって小笠原・細川両家は「両敬」関係を結んだ。

この「両敬」関係により、熊本藩一藩だけが小倉藩を援護した。だが、小倉藩は同族の思いもよらぬ行動により、小倉を立ち退く羽目になった。それは幕府軍小倉口総督で唐津藩世子の小笠原長行の突然の小倉脱出であった。十四代将軍徳川家茂が七月二十日、大坂城で急逝したとの密報を受け、長行は幕府軍鑑富士山丸で小倉を脱出し、長崎に逃れた。このことはすぐ小倉に出兵していた各藩に知れ渡り、各藩の軍

勢は雪崩を打って帰国した。その結果、小倉藩のみが長州藩と戦うことになった。

　七月三十日、小笠原長行の脱走を知った小倉藩では、小倉新田藩主小笠原貞正、安志藩主小笠原幸松丸（貞孚）、家老の小宮民部・原主殿《とのも》・小笠原甲斐《かい》、士《さむらい》大将の島村志津摩・小笠原織衛らが城内に集まり、幕府目付の松平左金《さきん》吾《ご》・平山謙次郎に対し、「この状況で小倉藩一藩が防戦するのは難しい。ついては幕府を代表する松平・平山両人に城を受け取ってもらいたい」と願い出た。当惑した二人は小倉城を放棄し、要害の地に撤退することを認める旨の書付を小倉藩の面々に渡した後、天領の豊後国日田に去ってしまった。幕府から居城放棄を認める言質を取った後、小倉藩重役たちは軍議を行い、赤坂・鳥越を固めていた軍勢は城下の出入口である門司口・中津口・香春口に後退し防戦することに決した。

　八月一日、小倉藩及び小倉新田・安志両藩の軍勢だけが小倉を守備する状況となったが、長州勢はまだその情報を摑んでおらず、小倉に攻めて来ることはなかった。この日の朝、幼君小笠原豊千代丸（忠忱）をはじめ、故小笠原忠幹夫人貞順院《ていじゅんいん》らの一行は田川郡に向けて小倉を後にした。その後、一行は秋月街道を通って肥後国熊本藩細川家領まで落ち延びた。これも小倉藩と熊本藩の「両敬」関係によるものであった。

　同日、小宮民部・原主殿は城の近隣を固めている部隊を指揮するため、小倉城大坂門の外まで出て待機していた。そこで小宮は、熊本藩士竹崎律次郎から、長州勢に小倉の状況を探知される前に小倉城を自焼し、要害の地に後退するべきとの提案を受けた。小宮はこの提案を受け入れることを決断し、小宮の屋敷から火が上がるのを合図として城内に火が放たれた。

　この時、東台場を守備していた島村志津摩のもとには城自焼を知らせる使番が手違いのためか到着していなかった。そこに小倉藩大目付の志津野織《しづのおり》右衛門《えもん》が駆け付け、城自焼、全軍田川郡に撤退の旨を伝えた。そのため島村は殿《しんがり》を務めて田川郡内に撤退した。

　八月二日、田川郡採銅所《さいどうしょ》で軍議が行われ、企救郡と田川郡の郡境金辺《きべ》峠を

小倉勢の最後の砦となった金辺峠に建つ島村志津摩の顕彰碑

島村志津摩率いる一番備が固めることなどが決められた。企救郡と京都《みやこ》郡の郡境狸山《たぬきやま》には家老小宮民部自らが出陣し、長州勢の侵攻を防いだ。

小倉藩兵の奥羽（東北）出兵

慶応二（一八六六）年八月一日の小倉城自焼後、小倉藩は田川郡を拠点に長州勢と戦った。同年十月、小倉藩は香春《かわら》御茶屋《おちゃや》（現田川郡香春町）を仮藩庁としたが、小倉城を含む企救郡の回復は難しく、長州藩との停戦交渉に入った。交渉は条件をめぐって難航したが、翌慶応三年一月、長州藩領の周防国小郡《おごおり》（現山口市）で小倉藩代表生駒《いこま》主税《ちから》ら四名と長州藩代表広沢兵助（真《さね》臣《おみ》）・小田村素太郎《もとたろう》（楫取素彦《かとりもとひこ》）との間で停戦協定が結ばれた。同年三月、小倉藩は香春を正式な藩庁と定めた。

同年十月、十五代将軍徳川慶喜は大政を朝廷に奉還し、十二月に「王政復古の大号令」が発せられた。翌年一月、鳥羽・伏見の戦いが勃発し、薩摩藩・長州藩などを中心とする新政府軍が旧幕府軍に勝利すると、小倉藩も新政府の命令に従うことになった。

長州戦争で最後まで長州勢と戦った小倉藩について、長州奇兵隊の事実上の指揮官（軍監）で、後年内閣総理大臣となった山県有朋《やまがたありとも》（狂介）は、その回顧録『懐旧記事』において「徳川幕府に忠義を尽くし、義を重んじる藩」と称賛した。

だが時代の波に逆らうことはできず、明治元（一八六八）年から始まった戊辰戦争で、小倉藩は新政府軍として出兵する。この戦争での戦功により、藩主忠忱は企救郡を除く地の支配を保証された。そして明治二年六月、版籍を奉還し、忠忱は香春藩知事に任命された。明治三年一月には仲津郡錦原《にしきばる》（現京都郡みやこ町）に藩庁を移し、豊津藩と称した。そして同四年七月十四日の廃藩置県を迎えた。〔守友〕

旧香春藩庁（御茶屋）の門。香春小学校敷地内に移設保存されている

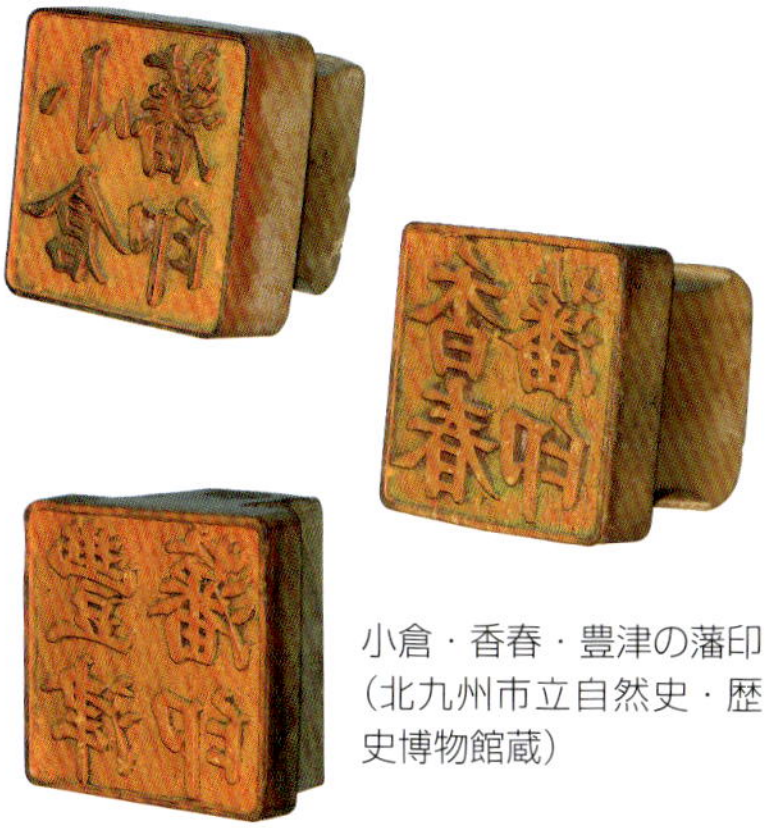

小倉・香春・豊津の藩印（北九州市立自然史・歴史博物館蔵）

中村平左衛門《なかむらへいざえもん》

小倉藩の地方支配に貢献した気骨ある大庄屋

生没年　一七九三－一八六七
通称　半治・半治郎・平左衛門・平三郎・平右衛門
諱　柔嘉・維則・維良

平左衛門は豊前国企救《きく》郡菜園場《さえんば》村（現北九州市小倉北区）で生まれた。文化五（一八〇八）年、十六歳で企救郡勘定役（人馬方）に就任する。文政五（一八二二）年、小森手永《てなが》（手永とは小倉藩の行政区画）の大庄屋に任命された。

文政十年五月、富野手永の大庄屋に転任したが、同年八月には津田手永大庄屋への転任を命じられた。平左衛門は災害が起きている同年の状況を理由に辞退を願い出た。だが、請けなければ筋奉行（郡《こおり》奉行）・代官・山奉行の三役が辞職するとの意向を示したため、やむを得ず転任の命を請けた。平左衛門は日記に「手永替等有之候義《これありそうろうぎ》ハ、実ニ歎敷《なげかわしき》次第」であり、「扨々《さてさて》素人計《ばかり》の御役人」としか言いようがないと、歯に衣を着せぬ不満を露わにしている。このように平左衛門は、単なる上意下達の大庄屋ではなかった。

天保六（一八三五）年、平左衛門は、干魃《かんばつ》に悩まされていた下曽根《しもそね》村（現小倉南区）のため大池を造成した。安政二（一八五五）年、平左衛門は京都《みやこ》郡の延永《のぶなが》・新津《あらつ》両手永の大庄屋に、平左衛門の子泰蔵は津田手永の大庄屋取《とり》計《はからい》に任命された。平左衛門の転任は、彼の手腕を期待されての、異例のことであった。

安政四年、高齢と病身を理由として延永・新津両手永の大庄屋退任が藩から認められ、年来の功績によって「格式大庄屋」の名目は引き続き許された。しかし同六年、平左衛門は城野手永の大庄屋として再び勤めることになった。このような再任用は異例で、これも彼の手腕を期待されてのことであった。文久元（一八六一）年七月、ようやく退任が認められ、隠居生活に入った。

平左衛門は文化八年から慶応二（一八六六）年まで五十六年間の日記を遺している。その内容は毎日の出来事を綿密に記し、当時の政治・治安・租税・凶荒救恤《きょうこうきゅうじゅつ》・習俗・行楽・宗教・交通・産業・土木・金融などのあらゆる面について知ることができると同時に、幕末期の小倉藩の政治動向と、それに対応する人々の様相が具体的に把握できる貴重な史料である。昭和三十八年、福岡県有形民俗文化財に指定された。この日記は、北九州市立歴史博物館（現同自然史・歴史博物館）から全十巻で活字刊行されている。

［守友］

中村平左衛門の墓（北九州市小倉南区津田）

歌や武技にも秀でた小倉藩きっての国学者

西田直養《にしだなおかい》

生没年　一七九三―一八六五
通称　庄三郎
号　筱舎（ささのや）

西田直養と柿本人麻呂を祀る幸彦社
（北九州市小倉南区・蒲生八幡神社境内）

西田直養は高橋唯之丞《ただのじょう》（元義《もとよし》）の四男。文化五（一八〇八）年、西田直《なお》享《たか》の養子となり家督を相続した。文化十一年の「白黒騒動」の際には、六代藩主小笠原忠固《ただかた》の書状を携え、筑前国黒崎（現北九州市八幡西区）の脱藩藩士らのもとに赴く大役を果たした。勘定奉行など藩の要職を歴任し、天保七（一八三六）年には小倉藩小笠原家の分家、小倉新田《しんでん》藩の家老となっている。同十年に京都留守居役、同十四年大坂留守居役兼任となり、この時期に多くの人々との交友が生まれたという。嘉永元（一八四八）年に御用人格となるが、同二年、藩の役職を退いた。

直養は国学者・歌人としても著名である。幼少時から藩校思永《しえい》館の学頭石川彦岳《げんがく》（剛《ごう》）に師事し、藩の公用で江戸に出てからは儒学者大田（太田）錦《きん》城《じょう》のもとに入門した。幕末尊王攘夷運動に大きな影響を与えた国学者の平田篤胤《あつたね》、幕府右筆《ゆうひつ》で考証学者の屋代弘賢《ひろかた》などの当代一流の学者からも学んだという。和歌は古今調（『古今和歌集』にみられる特徴的な歌の詠みぶりや調子）の一派をなした村田春海《はるみ》門下で、小倉藩国学の祖といわれる秋山光彪《こうひょう》から手ほどきを受け、光彪らとともに「小倉六歌仙」と称された。さらに直養は武技にも秀で、槍を得意としたという。直養には多くの著作があり、中でも『金石年表』『筱舎《ささのや》漫筆《まんぴつ》』『神璽《しんじ》考《こう》』は著名である。

嘉永六年、直養はその手腕を買われて藩に再登用されたが、同七年に蟄居を命じられた。直養が大坂の銀主（上方の大名貸）との金談の任務にあたった際、小倉藩大坂蔵屋敷の諸役人の妨害にあって失敗し、その責めを負わされての処分であったという。

安政三（一八五六）年に蟄居を解かれた後は各地を巡り、著述にいそしんだ。慶応元（一八六五）年三月十八日に亡くなり、小倉の本立寺《ほんりゅうじ》（現在はみやこ町豊津に移転）に葬られた。小倉藩きっての国学者であったが、尊王攘夷運動を展開することはなかった。彼の一生から、小倉藩がいかに佐幕論で統一されていたかがわかる。［守友］

藩や県、そして明治政府をも動かしたその志

岩松《いわまつ》助左衛門《すけざえもん》

生没年　一八〇四－一八七二

助左衛門は小倉城下の東隣、長浜（現北九州市小倉北区）で誕生した。文政四（一八二一）年に長浜浦の庄屋となり、以来文久元（一八六一）年十二月までの四十一年間、同役を務めた。同月、格式子供役（子供役とは大庄屋の補佐役）、帯刀を許され、海上御用掛・難破船支配役となった。

海上御用掛・難破船支配役の重要な任務は、小倉沖（響《ひびき》灘）の難破船救助であった。響灘は、本州の西廻り航路、瀬戸内海航路、九州沿岸航路が結節する海上交通の要衝で多くの船が航行したが、暗礁が多い上に潮の流れが速いため事故が頻発した。船頭から特に恐れられたのが藍島《あいのしま》（「あいしま」とも。現小倉北区）沖の白洲であった。

そこで助左衛門は、白洲に灯明台（灯台）を建設することを計画した。藩からの許可は下りたものの、建設資金は助左衛門が自弁しなければならなかった。助左衛門は寄付を募るため、町絵師村田応成《おうせい》に白洲付近と灯籠台の完成予想図制作を依頼、その図を木版に彫り印刷して配った。この引札《ひきふだ》（チラシ）などの準備のため助左衛門は金二一五両を費やしたという。

この間、助左衛門の身辺では慶応元（一八六五）年に妻とみが亡くなり、世上では攘夷実行をめぐり小倉藩と長州藩が対立、さらに長州戦争が起こり、ついには長浜浦・小倉城下を含む豊前国企救《きく》郡は長州勢に占領された。だが、助左衛門は灯台建設を諦めず、明治元（一八六八）年に長州藩の企救郡代官佐藤寛作に建設願書を提出し許可を受けた。しかし、明治三年二月に企救郡は日田県の管轄となり、改めて日田県の許可を受けて建設の準備を進めた。

助左衛門は灯台の完成を見ることなく、明治五年四月二十五日、六十九歳で亡くなったが、明治政府がその計画を引き継ぎ、同六年、ついに白洲灯台は完成した。

［守友］

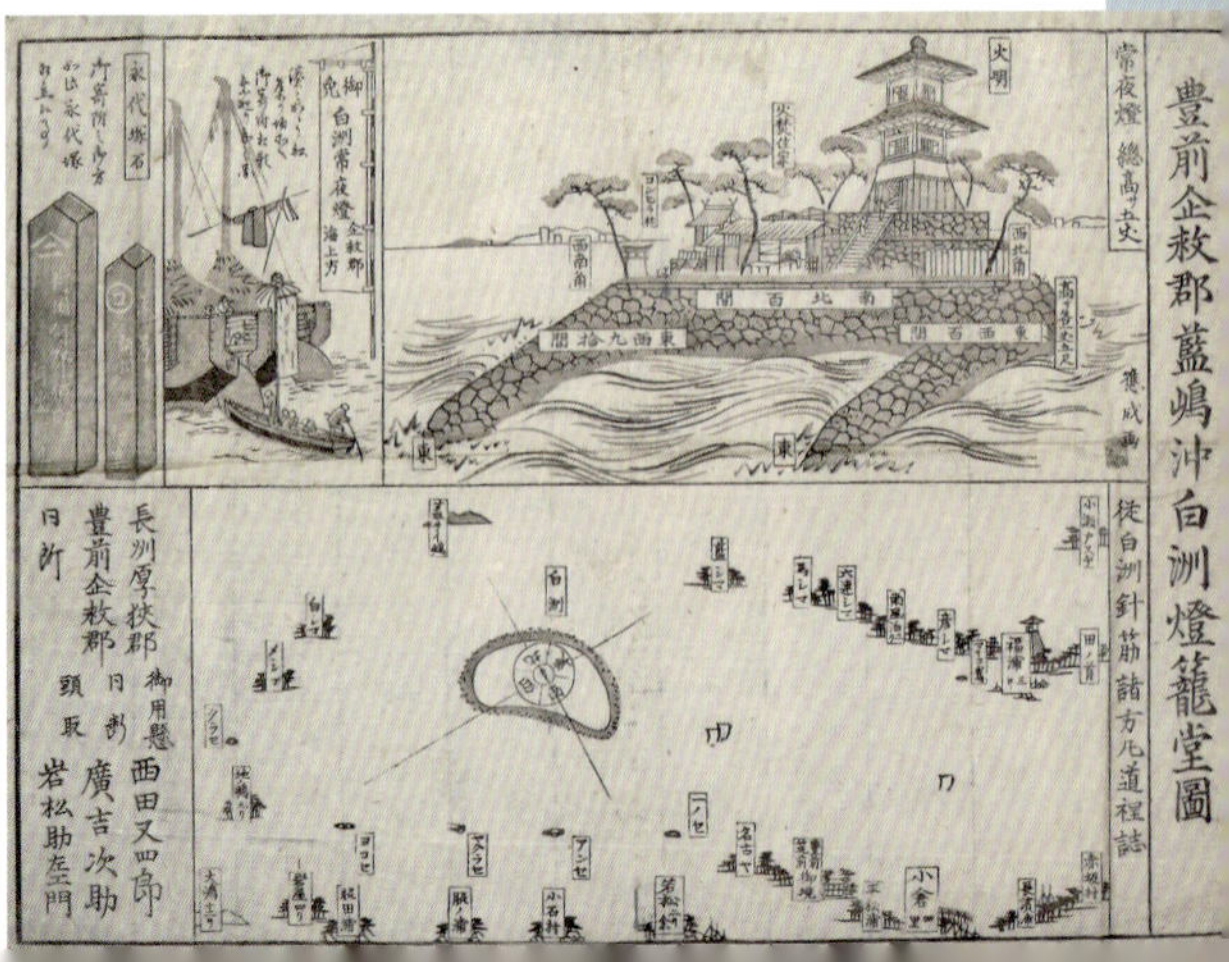

岩松助左衛門が作った引札（「豊前企救郡藍嶋沖白洲燈籠堂図」。北九州市立自然史・歴史博物館蔵）

病を乗り越え藩主を支えた能吏

岡《おか》 出衛《いずえ》

生没年 一八一二―一八八一

岡出衛の墓（みやこ町豊津・峯高寺）。墓石の形状や配置などは出衛の遺言にしたがっている

　小倉藩士岡出衛は、文化九（一八一二）年五月、小倉円応寺前の自宅で生まれた。初名を半五郎といい、十五歳で元服した後は、岡家（知行高二五〇石）を継ぐため剣術・槍術など武士としての修養を積んでいた。

　ところが、二十代後半から病が彼を襲う。太股の肉が「腐肉」になるなどの症状で、小倉城下の医師による治療も、別府への湯治も、一時的な緩和以上の効果はなかった。

　苦しむ彼を救ったのは、竹中謙随《けんずい》という医師である。謙随は築城《ついき》郡松丸《まつまる》村（現築上郡築上町）に住む華岡《はなおか》流の外療医であった。手術は嘉永五（一八五二）年四月に行われ、両足にできた「腐肉」が切除された。後年、出衛自身が「不思議也」と述懐したように、術後、この傷は痛むことなく、またその後の薬用によって、十年越しの病はついに完治したのであった。

　ようやく職務に専念できるようになった出衛は、嘉永七年一月から約四年半、小倉小笠原氏の親戚である播磨の安志《あんじ》小笠原藩（一万石。旧中津藩）に派遣され、家老席に列するなどして藩政運営にあたった。

　ちょうどこの時、安志藩の藩主であった小笠原棟幹《むねもと》（貞幹）は、小倉藩主小笠原忠嘉《ただひろ》が早世したことを受け、万延元（一八六〇）年十一月、嫡男に家督を譲って、自身は第九代小倉藩主に就いた（併せて忠幹《ただよし》と改名）。派遣を終え、小倉に帰郷していた出衛は、忠幹の藩主就任以降、用人役を命じられて五十石の足高を拝領し、また奥向きの御用掛や、新設された政事掛奉行職に登用されるなど、父祖の代にはなかった出格の扱いを受けている。これには、出衛自身の能力もさることながら、安志藩時代に築かれた、彼に対する藩主忠幹の強い信頼が、その背景にあったに違いない。

　慶応元（一八六五）年九月に忠幹が逝き、その後長州戦争の混乱を経て、豊津（現京都郡みやこ《みやこ》町）の藩庁近くに居を構えた出衛だが、晩年まで小笠原家の家令などを務め、その家政を支えている。

〔川本〕

才知に溢れ重用されるも凶刃に散る

喜田村《きたむら》脩蔵《しゅうぞう》

喜田村脩蔵は、文政二（一八一九）年に小倉藩士岩垂《いわだれ》角蔵の三男として生まれ、天保六（一八三五）年、同じ小倉藩士で近い親戚筋であった喜田村家の養子となり、その名跡を継いだ。

脩蔵は、藩校思永《しえい》館の学頭を務めた矢嶋伊濱《いひん》に学び、「矢嶋四天王」の一人に数えられるほど優秀な人物であったという。また、文久三（一八六三）年に起きた「朝陽丸事件」で有望な二人の藩士が失われた時も、藩内では「まだ喜田村脩蔵がいる」と励まし合うほどであったと後々まで喜田村家では伝えられていた（吉岡道子『岩垂家・喜田村家文書』二〇〇四年）。史料が少ないため知り得ないが、脩蔵が藩内で重用されたのは、ひとえに彼自身の才知に負うところが大きかったことは確かなようである。その経歴を抜粋すると次のとおり。

生没年　一八一九－一八六九

- 嘉永二（一八四九）年思永館助教
- 嘉永五（一八五二）年一月大目付
- 安政二（一八五五）年一月元〆《もとじめ》役、後に勘定奉行兼帯
- 文久二（一八六二）年四月支藩新田藩家老
- 慶応三（一八六七）年四月政事掛奉行職
- 慶応四（明治元）年三月思永館頭取（同年九月まで）、十二月香春藩（旧小倉藩）参政
- 明治二（一八六九）年一月育徳館（旧思永館）教授、十月公議人、十二月香春藩権大参事

脩蔵は明治二年十二月二十九日、東京において凶刃に倒れた。犯人をめぐっては「意見を異にする藩内の者」、あるいは「少壮の者に悪《にく》まれ」など諸説あるが詳細はわかっていない。

なお、喜田村脩蔵の次男邦彦《くにひこ》は、脩蔵の実家岩垂家の養子となり、藩校育徳館の分校大橋洋学校から工学寮、工部大学校へ進んで、後に日本電気株式会社（NEC）を興した。［川本］

喜田村脩蔵の知行宛行（あてがい）状（吉岡道子氏蔵）。弘化2（1845）年に7代藩主小笠原忠徴が発給したもの。知行宛行状とは、領地をあてがう際、主君が家臣に与える文書

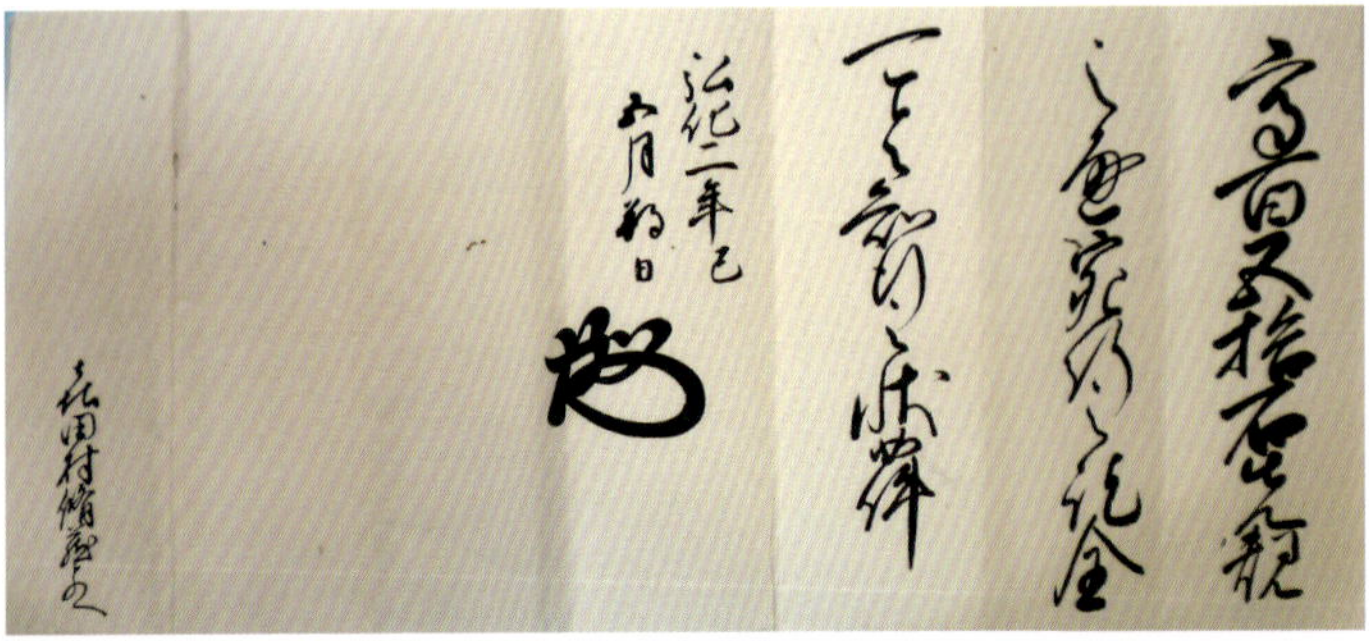

第二次長州戦争時、小倉城自焼を決断

小宮《こみや》民部《みんぶ》

生没年　一八二三―一八六九
諱　親懐
通称　四郎左衛門・民部

民部は秋山衛士助《えじのすけ》（光芳）の次男で小宮親泰《ちかやす》の養子となった。小宮家は戦国時代から小笠原家に仕え、小倉藩家中においても最古参の家柄であったが、文化十一（一八一四）年の「白黒騒動」で黒組に属したため、藩政の中枢部から一時期遠ざけられた。

民部は天保十一（一八四〇）年に小宮家を相続して中老となり、その後家老、勝手方家老（財政担当の家老）となるが、執政（筆頭家老）の島村志津《しづ》摩《ま》と対立して安政四（一八五七）年に勝手方を辞任し、同五年には家老職を罷免された。

しかし、島村志津摩が家老を罷免されると復職し、文久二（一八六二）年以降執政の地位にあり、同三年以降の外国船攻撃をめぐる長州藩との交渉にもあたった。慶応元（一八六五）年、九代藩主小笠原忠幹《ただよし》が没すると、その喪を伏し、幼君豊千代丸《とよちよまる》（忠忱《ただのぶ》）に代わって藩政を主導した。

慶応二年の第二次長州戦争において、幕府軍小倉口総督の小笠原長行《ながみち》が小倉を脱出すると、九州諸藩の軍勢は撤退し、小倉藩一藩で長州藩と戦わざるを得なくなった。民部は、小倉を含む企《き》救《く》郡での長州勢との戦争は継続不可能と判断した。さらに、堅固な小倉城を長州勢に奪われては後難になると考え、同年八月一日、自ら城に火を放ち、全軍挙げて田川郡に後退した。この小倉城自焼を家中で非難され、明治二（一八六九）年十一月、その責任を一身に背負って自刃したといわれる。

民部の小倉城自焼については、彼が勇将島村志津摩の政敵であったこともあり、財政手腕はあるものの戦略に疎く、誤った判断をしたという見方もある。しかし、民部は小倉城自焼後、すぐさま企救郡と田川郡の郡境である狸《たぬき》山《やま》を守備し、同じく金辺《きべ》峠を守備した島村志津摩と同様、長州勢を撃退する戦果を挙げている。

民部のこの働きについては顧みられることがほとんどないが、小倉城自焼が戦略に疎かったことによる失策とは必ずしも言い切れないことの証左であろう。

［守友］

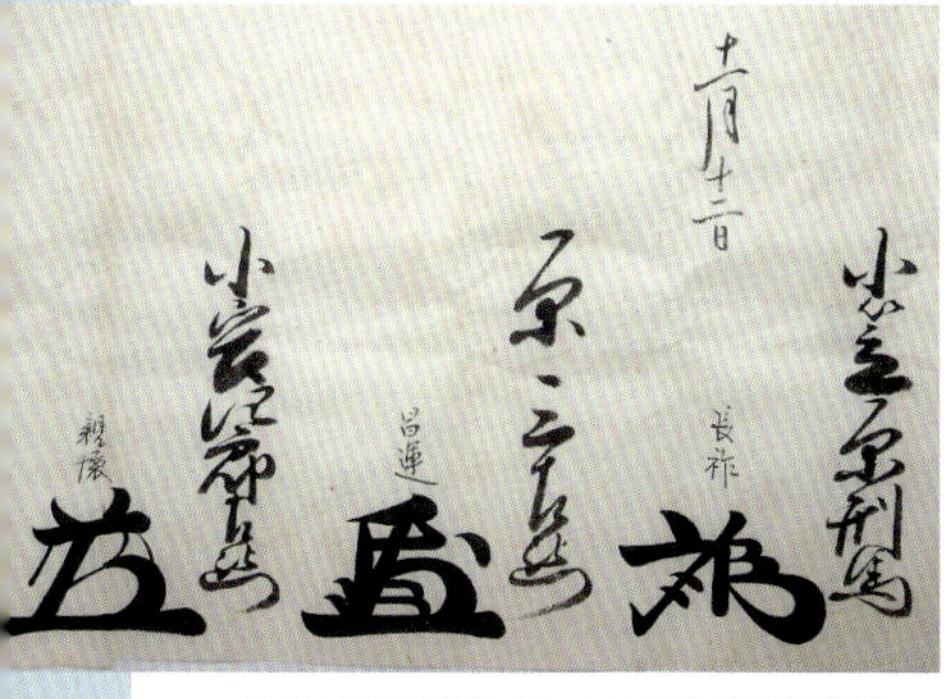

小宮民部の署名「小宮四郎左衛門親懐」と花押（左端。秋月黒田家文書。九州大学附属図書館付設記録資料館九州文化史資料部門蔵）

小笠原敬次郎《おがさわらけいじろう》

尊王攘夷を唱えた、小倉藩九代藩主の弟

生没年　一八二八－一八六三
諱　貞大・棟敬
号　敬斎

小笠原敬次郎は播磨国安志《あんじ》藩主小笠原長武《ながたけ》の三男で、小倉藩九代藩主小笠原忠幹《ただよし》の実弟である。嘉永元（一八四八）年、江戸に赴き、二本松藩校教授を経て幕府の昌平坂《しょうへいざか》学問所教授となった安積艮斎《あさかごんさい》、艮斎の師で朱子学を正学とする昌平坂学問所の教授でありながら陽明学に関心が強かった佐藤一斎、文久二（一八六二）年の老中安藤信正襲撃計画に参加した大橋訥庵《とつあん》に師事した。敬次郎は小笠原敬七郎（のちの唐津藩世子・老中の小笠原長行《ながみち》）とともに「笠家二敬《りゅうけにけい》」と称され、その才を讃えられた。

嘉永六年、ペリー率いる「黒船」四隻が浦賀に来航した。敬次郎は、通商よりも決戦を選び、最悪の場合は将軍自身が指揮をとるべきとの上申書を作成し、幕府や水戸藩の徳川斉昭《なりあき》に提出しようとしたが、激烈な文言のため受け入れられなかった。

万延元（一八六〇）年、小倉藩八代藩主忠嘉《ただひろ》は重病となったが跡継ぎがおらず、敬次郎を後継者にと考えた。しかし、敬次郎は兄で安志藩主の貞幹《さだよし》がいながら、小倉藩を相続することはできないと固辞したという。一説には、敬次郎自身の勤王思想のため、藩主となって幕府に仕えることを嫌ったともいわれる。最終的に兄の貞幹（忠幹と改名）が忠嘉の急養子となり、小倉藩九代藩主となった。

敬次郎は文久二年八月、「御政事御世話」（小倉藩の政治顧問）となった。翌三年五月、長州藩が外国船を砲撃して攘夷を実行し、対岸の小倉藩では外国船砲撃か否かで藩論が紛糾した。敬次郎は彼の師である大橋訥庵の影響を受けていたことから、小倉藩においても外国船砲撃を行うことを主張した。そのため、外国船が襲来したならば打ち払い、航行するだけならば打ち払いに及ばないという幕府の方針を第一とする家老の小宮民部と対立した。結局、敬次郎の意見はとり上げられなかった。

そうしたこともあって、敬次郎は政治顧問を辞して江戸に赴くことになったが、数日後の九月十日、弓の稽古中に弓の弦で動脈を切り、出血多量で亡くなった（掌の傷がもとで破傷風になり没したという説もある）。墓は小倉藩小笠原家の菩提寺・広寿山福聚寺《こうじゅさんふくじゅじ》にある。

［守友］

小笠原敬次郎の墓（北九州市小倉北区・福聚寺）

島村志津摩《しまむら しづま》

藩への忠誠と武人としての面目を貫いた勇将

生没年 一八三三－一八七六
諱 貫倫（つらとも）

島村家は小倉藩中老の家柄である。志津摩の父は十左衛門（貫寵《つらたか》）、母は長門《ながと》国長府藩家老迫田伊勢之助の息女クニ（珠光院《しゅこういん》）。天保十三（一八四二）年、家督を相続し、七代藩主小笠原忠《ただ》徴《あきら》に初めて拝謁した。この時、忠徴が藩内での自分の評判について尋ねたところ、志津摩は「最近、忠徴公は側室を迎えられ、政治に不熱心であると取り沙汰しております」と答えた。翌日、再登城の命があり忠徴に拝謁すると、「忠言は身に沁みてわかった。以後、共に藩政改革に勢いをつけたい」と言葉をかけられたという。

島村志津摩所用の采配（北九州市立自然史・歴史博物館蔵）

嘉永五（一八五二）年に家老、同七年に勝手方家老（財政担当の家老）となり、郡代河野四郎とともに藩政改革を行った。しかし、幕末の動乱や藩内の不満もあり、十分な成果を挙げないまま安政六（一八五九）年に家老職を退いた。これは同三年に志津摩を抜擢した藩主忠徴が亡くなったことも大きな原因であった。

文久元（一八六一）年に勝手方家老に復職したが、九代藩主忠幹《ただよし》の弟小笠原敬次郎が藩主の相談役として招かれると、志津摩と敬次郎は対立し、志津摩は家老職を辞した。

元治元（一八六四）年、長州征討令が発せられると、志津摩は小倉藩軍の一番備《ぞなえ》の士《さむらい》大将となった。慶応二（一八六六）年の長州戦争小倉口の戦いにおいて志津摩は小倉勢を率い、長州勢相手に奮戦する。小倉城自焼後、志津摩は殿《しんがり》を務めて金辺《きべ》峠に後退し、同年八月から十月にかけて、自身の配下や企救《きく》郡の農兵・郷筒《ごうづつ》（熟練の猟師）を率いて同所に立て籠もり長州勢と交戦した。当時の福岡城下の商人加瀬元将《もとまさ》の記録に「小倉之英雄嶋村静《しず》馬《ま》」とあり、志津摩が名声を博していたことがわかる。

同年十二月、再び家老に就任し、長州藩との戦いの終結に向け尽力した。同三年に家老職を辞したが、その後も藩の元老として重んじられた。明治二（一八六九）年、京都《みやこ》郡二崎《ふたざき》（現苅田町）に隠棲し、同九年八月に同地で亡くなった。

［守友］

幕末・明治期、小倉藩小笠原家の存続に貢献

平井小左衛門《ひらいこざえもん》

生没年　一八三七―一九〇八
諱　淳麿（すみまろ）

平井小左衛門（個人蔵）

小左衛門は二木《ふたつぎ》弥左衛門（貞信）の次男。安政四（一八五七）年五月、平井家の養子となり家督を相続した。

慶応二（一八六六）年の第二次長州戦争において、小左衛門は小倉勢の中でも数少ない洋銃隊「三十人組」を率いて奮戦した。

慶応四年二月、新政府は、長州戦争で幕府軍として戦った小倉藩にも、京都に兵を出すよう命じた。小左衛門は家老代として藩兵約二百人を率いて上京し、官軍第二陣として江戸に進軍した。江戸では江戸城二重橋外勘定所（現皇居二重橋）に宿陣し、その後、坂下門・金座の警備にあたった。同年閏《うるう》四月九日、東征大総督有栖川宮熾《ありすがわのみやたる》仁《ひと》親王から出羽国庄内藩追討の命が下り、小倉藩兵は佐賀藩兵とともに横浜から海路仙台に向かった。

五月二十八日、小倉藩兵は郡山《こおりやま》（現岩手県紫波《しわ》郡紫波町）に至り、小左衛門は奥羽鎮撫総督九条道孝《みちたか》から「菊御紋御旗」を与えられた。小倉藩兵は先鋒として薩摩・佐賀・長州藩兵とともに庄内藩領に攻め込んだ。小左衛門は参謀添役に任じられ、長州藩兵隊長桂太郎（のち内閣総理大臣）、薩摩藩兵隊長和田五左衛門とともに奥羽平定の新政府軍の軍事に参与した。同年十月一日、庄内藩が降伏し、東京に凱旋した。

明治二（一八六九）年一月、小左衛門は小倉藩（香春《かわら》藩）の執政となり、藩政を掌った。同年十月には藩大参事となる。明治四年の廃藩後、小倉県七等出仕となり、同八年に職を辞した。明治十二年、伯爵小笠原家（旧小倉藩小笠原家）の家令となり、二十七年間務めた。

明治三十二年、正五位に叙せられたが、この叙位内申書の草稿は桂太郎が記した。幕末、干戈《かんか》を交えた小倉藩の小左衛門を、長州藩の桂太郎がその叙位にあたり推挙していることは、山県《やまがた》有朋《ありとも》がその回顧録『懐旧記事』で小倉藩を「幕府に忠義を尽くした藩」と賞賛していることと同様、注目すべきであろう。

〔守友〕

本藩の幼君を支えた小倉新田藩主

小笠原《おがさわら》貞正《さだまさ》

生没年　一八四〇―一九〇六
通称　錦次郎
受領名　近江守

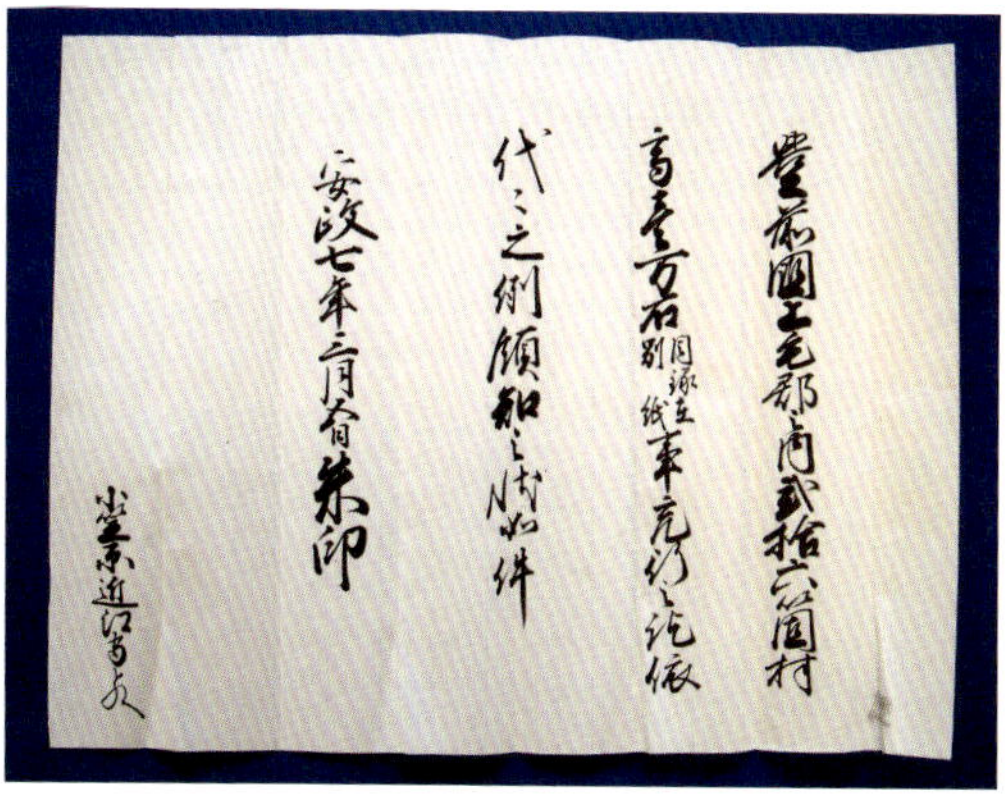

小笠原近江守（貞正）宛ての知行宛行状（写）
（福岡県立育徳館高等学校錦陵同窓会蔵）

小笠原貞正は幕末・明治初年の小倉藩の支藩、小倉新田《しんでん》藩（千束《ちづか》藩）藩主である。小笠原豊後守（信学）の次男で、小倉藩七代藩主忠徴《ただあきら》の一門小笠原監物《けんもつ》（長顒）の養子となった。安政三（一八五六）年六月、小倉新田藩八代藩主小笠原貞寧《さだやす》の養子となり家督を相続し、十三代将軍徳川家定に拝謁している。同年十二月、従五位下近江守叙任。

貞正は、十四代将軍家茂から安政七（一八六〇）年三月五日付の領知朱印状を与えられた。同年六月、国元に帰国を許され、八月に小倉に着船し、篠崎の館に入る。文久元（一八六一）年三月には小倉新田藩領を巡廻した。同年六月に参勤し、七月に大番頭に就任。文久三年四月には大坂警衛を命じられる。同年九月四日、長州勢が小倉藩領内田野浦に侵入したとの知らせを受け、大番頭役の辞任を願い出、受理される。貞正は大坂から乗船し、十六日、小倉に到着した。

元治元（一八六四）年八月、第一次長州征討において、小倉藩九代藩主忠《ただ》幹《よし》とともに小倉口の先鋒を命じられた。慶応二（一八六六）年五月、第二次長州征討にあたって再び先鋒を命じられるが、本藩藩主忠幹は前年九月に亡くなっており、その喪は伏せられていた。貞正は亡くなった忠幹の名代として陣頭指揮を執った。

小倉城自焼後、小倉藩と長州藩との和睦交渉の過程で、長州藩側から小倉藩世子豊千代丸《とよちよまる》（小笠原忠忱《ただのぶ》）の代わりに人質となるよう要求された。だが、小倉藩はこれを断固拒絶し、最終的に企救《きく》郡を長州藩に預けるという条件で、慶応三年一月二十二日、両藩は停戦協定を結んだ。

明治二（一八六九）年六月、版籍奉還により千束藩知事となり、同四年、廃藩置県によりこれを免ぜられた。同五年に隠居したが、後半生の事績は詳細不明である。　［守友］

小倉藩きっての開明派、維新後も官僚として活躍

石井省一郎《いしい しょういちろう（せいいちろう）》

生没年 一八四一―一九三〇
通称 治太郎・与一郎

石井省一郎は小倉藩士石井（碕田《さきた》）勝助の子で、維新後、明治政府の官僚となり、岩手県令・岩手県知事・茨城県知事・貴族院議員を務めた。小倉藩出身の文官として代表的な人物である。

省一郎は幼少から藩校思永館《しえいかん》で学んだ。元治元（一八六四）年の四カ国連合艦隊下関砲撃事件では長州藩に同情的であり、小倉藩きっての開明派であった。慶応二（一八六六）年、他藩応接掛に任命され、京都・大坂及び各地を駆け回った。同年十一月、京都滞在中であった省一郎は、当時香春《かわら》に移転していた藩庁から呼び戻され、松本恒助（正足《まさたり》）とともに下関に赴いて長州藩の前原彦太郎（一誠《いっせい》）・国貞直人（廉平）と小倉・長州両藩の停戦について会談した。

この会談の懸案事項は、停戦の条件として小倉藩世子豊千代丸《とよちよまる》（忠忱《ただのぶ》）を人質に出すことであった。だが、小倉藩九代藩主忠幹《ただよし》は前年に亡くなっており、世子とは名目上で実際は幼君であり、小倉藩としては絶対に受け入れがたい条件であった。これに代わる条件での停戦協定を結ぶため、小倉藩は長州シンパで知られる省一郎を起用したわけである。この会談では結論が出なかったものの、最終的には人質要求は撤回され、翌慶応三年一月、停戦協定が結ばれた。

同年十月、十五代将軍徳川慶喜が朝廷に政権返上を申し出る際、諸大名が京都に召集された。十代藩主忠忱は幼年であったため、藩主家一門で家老の小笠原内匠《たくみ》が藩主名代として上京することとなり、省一郎も同行した。翌年一月、鳥羽・伏見の戦いが起こると、省一郎は「小倉藩小笠原家は徳川譜代で、幕令を順守して長州藩と戦い、会津・桑名両藩と同様にみなされている。新政府からの疑いを解くには新政府軍に加わらなければならない」と主張、香春の藩庁に戻り、激論すること七日にして小倉藩の新政府軍参加が決まったという。

維新後は藩政改革に参画。明治二（一八六九）年五月、民部官出仕を命じられ、以来明治政府の官僚として活躍した。

〔守友〕

石井省一郎（時事通信社編輯局編『代表的人物及事業』〔1913年〕より）

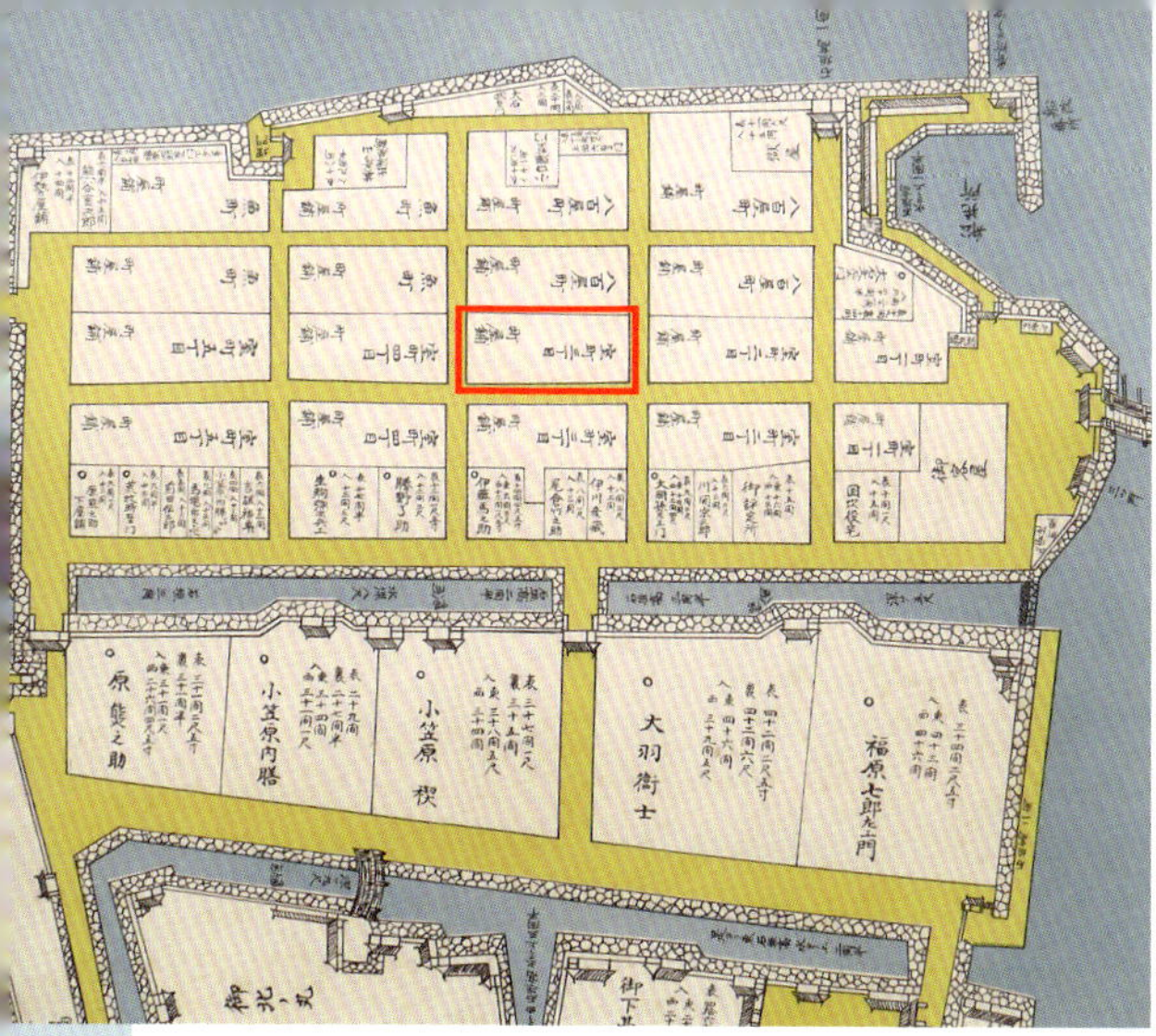

「小倉藩士屋敷絵図」（部分。北九州市立自然史・歴史博物館蔵）。赤枠内に村上銀右衛門の宅地があった

村上《むらかみ》銀右衛門《ぎんえもん》

薩摩藩の政治情報収集の一端を担った小倉商人

生没年　不詳

村上家は小倉城下第一級の商家であり、屋号を村屋といった。永禄・天正（一五五八－九二）の頃から小倉にあったという。寛文から元禄の頃（一六六一－一七〇四）に薩摩藩島津家御用を命じられた。同じ頃であろうか、熊本藩細川家の御用達にもなっている。

幕末期、小倉城下の北側で長崎街道が通る室町三丁目一帯（現小倉北区）は同家の宅地で、島津・細川両家の本陣として各々五十石ずつを与えられ、小倉藩からも「従士侍目通」の待遇を受けていた。安政三（一八五六）年の「東西御町役掛之者名前帳」には「町番寄格」とある。

銀右衛門は安政七年三月に起こった「桜田門外の変」の情報を薩摩藩に真っ先に伝えた人物である。井伊直弼《なおすけ》を討ち取ったのは薩摩脱藩の有村次左衛門であったため、同藩は幕府から関与の疑いをかけられていた。事件当時、参勤のため九州を北上していた薩摩藩主島津茂久《もちひさ》（忠義）は、筑後国松崎（現小郡市）で桜田門外の変の情報を銀右衛門から知らされた（三月十九日付「薩摩藩士中村善兵衛宛て村上銀右衛門書状」）。

銀右衛門がどのようにして情報を入手したかは不明であるが、恐らく江戸の同業者や村屋の使用人、事件後逮捕された水戸脱藩浪士が預けられた江戸の熊本藩邸の関係者のいずれかから入手したと推測される。この銀右衛門からの「注進」（速報）により、茂久は急病と偽り、参勤を取り止めて鹿児島に引き返した。銀右衛門の「注進」が薩摩藩の決断を促し、同藩の危機を救ったと評価できる。

その後も銀右衛門は文久三（一八六三）年八月までに計八回の「注進」を薩摩藩に行っており、譜代雄藩小笠原家お膝元の商人でありながら、薩摩藩の政治情報収集に一役買っていた。

［守友］

もう一つの「独断」
小祝替地と島村志津摩

山国川（左）と中津川（右）に挟まれた中央の中州が小祝。右岸奥に復元された中津城の天守が見える

小倉藩と中津藩の替地

慶応三（一八六七）年十月、幕府は小倉藩（便宜的に、藩庁移転で香春《かわら》藩と呼ぶべきところも小倉藩と仮称）と中津藩との藩境域における村替えを許可した。具体的には、中津城の間近に位置する高瀬川（現山国川・中津川）の中州で小倉藩の飛地である小祝《こいわい》（現大分県中津市）と、その北西に位置し、両藩の論地であった高浜（現築上郡吉富町）を中津藩が貰い受け、その代替地として、中津藩領直江《なおえ》村・土屋村・別府《びょう》村（同前）の一部を小倉藩が受け取るという内容であった。これは、中津藩にとって、当地に入部して以来、再三にわたって小倉藩に求めてきた宿願がついに叶ったものであり、逆に小倉藩にとっては、代々守ってきた替地拒否の姿勢を、幕末期に大転換したものであった。

中津藩は、慶応二年の中頃から、日田郡代や肥後藩を取り込みつつ、小倉藩に替地の働きかけを始め、同年九月に幕府へ歎願書を提出。それを受けた幕府の下問に対し、小倉藩は一旦断わったが、「長州との戦いで防戦一方、劣勢の小倉藩を支援する中津藩、それに肥後藩、幕府の説得もある。小倉藩は、万やむを得ず、替え地に応じなければならない状況であった」（『豊前市史』）という。そして、慶応三年三月から、中津において替地交渉が始まった。小倉側の交渉団は、郡代杉生《すぎお》募《つのる》を筆頭にした総勢二十九名であったが、彼らを迎えた中津藩は、大盤振る舞いでもてなし、多額の賄賂を贈ったという（同前書）。替地交渉は、基本的に中津側の要求に沿ってまとまり、同年六月に終わった。

「独断」と「内輪苦心」

これが事実なら、あまりにお粗末な展開なのだが、小祝替地の一件に関しては、近年、福岡県指定文化財「小笠原文庫」にある「小祝村御替地発端事件」の調査により、もう一度見直す必要が出てきている。この史料は、元々小祝替地の顛末を記した小倉藩の公的記録であるが、のちに（おそらく廃藩置県後）、中津藩との替地交渉の責任者であった杉生募本人が、本文行間に朱文字の長文を書き加えたものである。史料の存在は以前から知られていたが、朱文字部分の解読は行われていなかった。杉生の言によれば、替地の一件をめぐる、自身の「内輪苦心の次第」について、書けることの全てを朱書きしたのだという。

それによると、中津藩との替地は家老島村志津摩《しづま》が、日田で中津藩家老と会談し、勝手に決めてきたものだという。島村が替地に応じたのは、「中津藩は小倉藩に比べれば『小児ノ如キ藩』であり、小倉が大人になって付き合えば、また戦争が起きた時など大いに手助けになる」との考えからであった。杉生は反論したが、島村は耳を貸さず、それどころか、杉生に対し、代替地などを協議する中津藩との交渉役を命じたのである。後日、自身の意に反して交渉に赴く杉生に対し、島村がこのようなことを言ったという。「交渉の場で替地に反対するような自分の意見を絶対に言うな。代替地のことも、こちらの望みを言わず、先方の意に任せよ」と。

慶応元年九月に九代藩主小笠原忠幹《ただよし》が急逝し、継嗣・豊千代《とよちよ》丸《まる》（のちに忠忱《ただのぶ》）は、その時点でまだ四歳の幼児であった。長州戦争での小倉城自焼は、藩主のいない状況下で、家老小宮民部《みんぶ》がほぼ独断のかたちで行ったものといわれるが、小祝替地の場合も、杉生の言うことが事実ならば、家老の独断という点においては同じ出来事であった。

［川本］

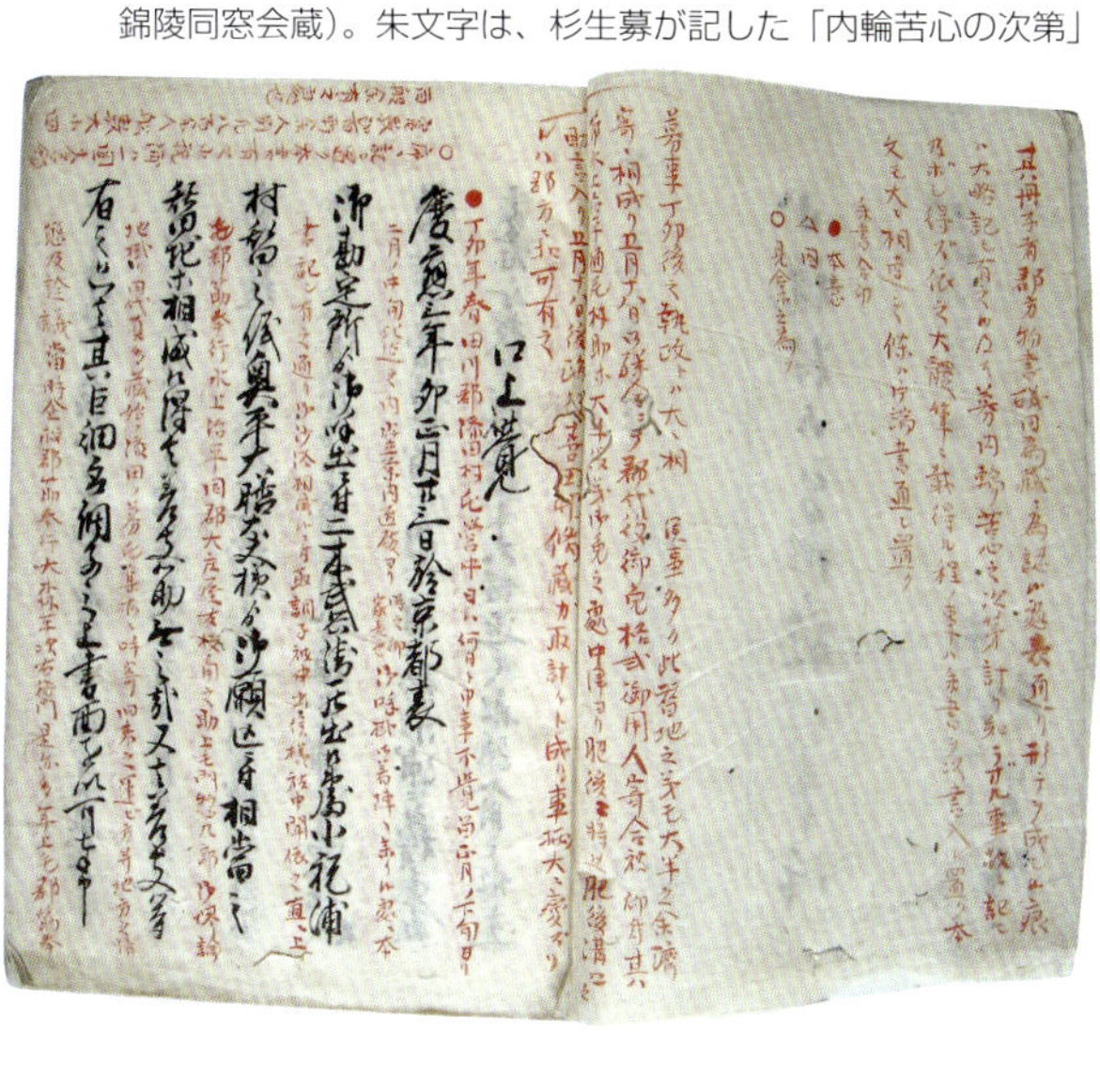

「小祝御替地発端事件」（小笠原文庫。福岡県立育徳館高等学校錦陵同窓会蔵）。朱文字は、杉生募が記した「内輪苦心の次第」

一山を挙げ勤王に尽くした 英彦山の山伏

英彦山神宮の奉幣殿。現在の建物は元和２（1616）年、当時の小倉藩主細川忠興により再建されたもの

「浪人六十人」の誤報

幕末、小倉藩はほぼ佐幕論で一貫していたが、その中で異彩を放つのが、同藩領内の英彦山山伏たちである。

文久三（一八六三）年十一月上旬、英彦山に「浪人六十人」が集まっているという知らせが小倉藩庁に入った。そのため同月十日、二木求馬《ふたつぎきゅうま》を士《さむらい》大将とする一隊（三百名とも五百名ともいわれる）が英彦山に派遣されたが、翌十一日、「浪人六十人」が英彦山に入ったというのは誤りで、「六十才計《ばか》りの老人」が英彦山に登ったことが「六十浪人」と記され、さらに「人」の字が書き加えられて「六十人の浪人が英彦山に入った」という誤報となったことが明らかになった。

　ただ、当時の英彦山はそのような噂が流れても不思議ではない情勢であった。そのため、二木求馬率いる一隊は

寛永14（1637）年に佐賀藩主鍋島勝茂が寄進した銅鳥居（かねのとりい）

英彦山に留まった。このことについて、小倉藩家老小宮四郎左衛門（のち民部）・原三左衛門・小笠原刑馬《ぎょうま》が十一月十二日付で秋月藩家老宛てに書状を送っている。それには「京都表より諸浪人取締方之儀、厳重相改《あいあらため》候様《そうろうよう》被仰出候処《おおせいだされそうろうところ》、当領英彦山は諸人入《いり》込《こみ》之場所ニ付《つき》、此砌為取締《このみぎりとりしまりのため》人数差《さし》越申候《こしもうしそうろう》」と記されている。

幕末に散った「義僧」たち

当時の英彦山座主《ざす》教有《きょうゆう》（高千穂《たかちほ》教有）の母は関白一条忠良《ただよし》の息女で、三条公修《きんおさ》（三条実美《さねとみ》の祖父）の養女であり、教有は尊王攘夷派公卿の代表ともいうべき三条実美と親戚であった。さらに、長州奇兵隊から英彦山への軍事訓練や資金援助申し出の噂があり、加えて文久三年の「八月十八日の政変」で三条実美をはじめとする七卿が京都から長州藩領へ落ち延びると、その警護のため英彦山の山伏七人が長州に派遣された。

そのようなことがあって、同年十一月二十二日、英彦山座主教有は小倉藩庁に呼び出された。教有の家族も小倉に連行・軟禁された。教有が英彦山に帰山を許されたのは元治元（一八六四）年十月であった。

また、政所坊《まんどころぼう》をはじめ長州藩に賛同する山伏十名が小倉に連行され、慶応二（一八六六）年八月一日、六名の山伏が小倉の牢で処刑された。英彦山中では現在も、この事件や元治元年の「禁門の変」に従軍した山伏たちを「義僧」として祀っている。

［守友］

英彦山神宮内の招魂社にある維新殉国志士の墓地。11人の義僧が祀られている

激動期の本藩を支えた小倉新田藩（千束藩）

幕府の要職を歴任

小倉新田《しんでん》藩は、小倉藩初代藩主小笠原忠真《ただざね》の四男真方《さねかた》が、寛文十一（一六七一）年、兄で小倉藩二代藩主の忠雄《ただお》（忠真三男）から一万石を分与されて成立した。

表向きは新田開発による一万石、実際は小倉本藩領内の築城《ついき》郡（のち上毛《こうげ》郡）内の村々の分与で、かつ小倉城下の篠崎（現小倉北区大手町）に居館があったという点で、独立性の低い内分分家のように位置づけられがちだが、貞享元（一六八四）年に五代将軍徳川綱吉から領知朱印状を拝領した別朱印《べつしゅいん》分家である。つまり内分分家の大名より将軍との主従関係が強い大名であった。

特筆すべき点は、四代藩主小笠原貞《さだ》温《あつ》が寛政二（一七九〇）年の大番頭就任を皮切りに、寛政十二年奏者番、文化二（一八〇五）年西丸若年寄、文化九年本丸若年寄と幕府要職を歴任したことである。五代藩主貞哲《さだとし》、九代藩主貞正は大番頭に就任している。このように、小倉新田藩小笠原家は江戸時代を通じて本家ならびに幕府と密接かつ良好な関係にあった。

自邸を焼いた最後の藩主

幕末期の小倉藩八代藩主忠嘉《ただひろ》は新田藩五代藩主貞哲の四男で、本藩に養子入りしている。

初代藩主真方は自領に陣屋（藩庁）を設けず、小倉城下の屋敷に住んだ。延享四（一七四七）年一月五日、二代藩主貞通《さだみち》は小倉「篠崎の館《やかた》」で亡くなったと史料にある。同時期には「篠崎の館」と呼ばれていたことがわかる。

宝暦年間（一七五一－六四）に描かれた「豊前小倉図」には、蟹喰口《かにはみぐち》門と木町口門に挟まれた一角に「近江守様御屋敷」と記されている。幕末期の小倉城下町について松井斌《たけ》二《じ》が著した『龍吟成夢《りゅうぎんせいむ》』には、蟹喰町へ出る坂の上にある冠木御門（蟹喰口門）の横に小笠原近江守の館があったと記されている。

小倉戦争（第二次長州戦争）のことが主題の『豊倉《ほうそう》記事』には、慶応二（一八六六）年八月一日、「小笠原近江守（貞正）も邸地を自焼し備《そなえ》人数一同

「豊前小倉図」（部分、上が北。北九州市立自然史・歴史博物館蔵）。当時の藩主は３代貞顕（さだあき）だが、彼は近江守には任官されていないため、絵図の近江守は２代藩主貞通のことと考えられる

田川郡へ相越され」とあり、長州戦争の時、貞正が自邸を焼き、家臣を連れて田川郡に移ったことがわかる。拠点の館を失った小倉新田藩が築いたのが俗に「旭《あさひ》城」（現豊前市千束《ちづか》）と呼ばれるもので、実態は軍事的な城というよりは政治的な藩庁（館・陣屋）であった。

明治二（一八六九）年六月、小笠原貞正は明治新政府から千束藩知事に任命された。江戸時代、藩名を「小倉新田」と称していたが、それをやめて「千束」と改名したためであった。千束とは領内地名に由来するといわれる。千束藩庁を置いた地域一帯には古墳が多く千塚原と呼ばれていたため、千塚を千束と改めたという説があるが、千塚（千束）は江戸時代の村名ではなく、藩名改称の際に生まれた新名称である。村名を採用せず、なぜ新名称となったかは不明である。一説には貞正の生まれ育った江戸の鳥越・浅草地域のすぐそばにあった千束《せんぞく》（現東京都台東区）を、読み方を変えて採用したともいわれる。

［守友］

「旭城」のものとされる石垣。現在は千束八幡神社が鎮座する

久留米藩

久留米市瀬下町・水天宮（斎藤英章氏撮影）

久留米藩の概要

　元和六（一六二〇）年、筑後三十二万石の田中家が廃絶すると、翌七年に有馬豊氏が丹波福智山八万石から筑後北半八郡、二十一万石の大名として入部し、久留米城に藩庁を置いて幕末まで支配を継続している。豊氏は久留米に入ると、廃城となっていた久留米城の修築を行い、城下町も整備した。この事業は豊氏の代では終わらず、四代頼元まで継続した。豊氏は検地を行わず、二十一万石の五割増しの三十二万石を内高《うちだか》（年貢《ねんぐ》の基準となる石高）としたが、後に二十九万石に減じている。

　二代忠頼は、正保二（一六四五）年に洗切《あらいきり》（現久留米市洗町）の町人を瀬下《せのした》に移し、跡地を水軍の根拠地とした。また承応三（一六五四）年には土《つち》免《めん》法を採用し、過去十年の物成《ものなり》（年貢）の平均を物成収納の基本としている。

　四代頼元が襲封すると、二代忠頼の養子豊範《とよのり》（但馬国出石《いずし》藩主小出修理吉重に嫁いだ忠頼の妹の子）に御原《みはら》郡十九村一万石が分封され、松崎領が成立した。松崎領はその後、貞享元（一六八四）年に幕府直轄領となり、元禄十（一六九七）年に久留米藩に返還されている。この代から藩財政は困窮しており、延宝三（一六七五）年に初めて家臣に上米《あげまい》（家臣から藩への上納米）を命じている。また天和元（一六八一）年には初めて藩札を発行している。

■有馬家歴代藩主と在任期間

1	有馬 豊氏《とようじ》	1620－1642年
2	有馬 忠頼《ただより》	1642－1655年
3	有馬 頼利《よりとし》	1655－1668年
4	有馬 頼元《よりもと》	1668－1705年
5	有馬 頼旨《よりむね》	1705－1706年
6	有馬 則維《のりふさ》	1706－1729年
7	有馬 頼徸《よりゆき》	1729－1783年
8	有馬 頼貴《よりたか》	1783－1812年
9	有馬 頼徳《よりのり》	1812－1844年
10	有馬 頼永《よりとお》	1844－1846年
11	有馬 頼咸《よりしげ》	1846－1871年

（藩知事を含む）

　五代頼旨《よりむね》は宝永三（一七〇六）年に嗣子がないまま病死し、旗本石野則員《のりかず》の次男で旗本有馬則故《のりふる》の養子となっていた有馬則維が後を継ぐ。宝永七年には御手伝普請（幕府が大名に行わせた土木工事）の費用調達のため、家中召使男女・浪人・町人、田地を所有しない下男下女に人別銀、本百姓に反別銀、家中に上米を賦課したが、この方法での賦課の初例となった。

　また、正徳元（一七一一）年には藩主親政による藩政改革が行われた（正徳の改革）。畝《うね》数改めの検地を行い、

明治初期の久留米城（久留米市教育委員会蔵）

年貢収納を土免法から定免法《じょうめん》に移行させるもので、百姓にとっては重い負担となった。なお、検地を行って土地の品位を調査し、その品位に応じて年貢を賦課する土免法に対し、定免法（春免ともいう）は、坪刈《つぼかり》（一定面積の稲を刈り取り、それをもとに全体の収穫量を推定する）を行い、二カ年の平均をもって年貢高を決めるものである。享保十三（一七二八）年二月には夏物成の大幅な増徴が決定され、八月に上三郡（生葉《いくは》・竹野・山本郡）の百姓による享保の一揆が発生している。

七代頼徸の代には、宝暦四（一七五四）年に新たに人別銀が賦課されたことを契機に、年貢・運上銀・村入用《むらにゅうよう》（村の運営の諸経費として徴収された）の減免、商品流通の規制廃止、村役人の不正の追及などを求めた、広範にわたる全藩一揆が発生した。この一揆は農民側に三十九名もの犠牲者を出している。なお、頼徸は関流和算の大家として著名で、五穀神社（久留米市通外町）や福聚寺《ふくじゅじ》（同合川町）の建立も行っている。

八代頼貴は天明四（一七八四）年に家督を相続したが、「御勝手差支《おかってさしつかえ》の仰《おおせ》出《だし》」（藩財政立て直しの政策）が天明四年、寛政二（一七九〇）年、同三年、同四年、享和元（一八〇一）年、文化二（一八〇五）年と繰り返された。寛政三年には大坂堂島で「蔵米滞《とどこおり》出訴《しゅつそ》事件」が起きた。当時各藩は、額面と現米の引替を保障する米切手を発行して年貢米をさばいていたが、徐々に現米の裏づけのない米切手（空米切手）が横行するようになっていた。この年、大坂の米仲買人が久留米藩の大坂蔵屋敷に対して現米の引き渡しを要求し訴

有馬家の菩提寺・梅林寺（久留米市京町）

訟に発展、藩財政の逼迫をもたらした。

　九代頼徳の代の文化十年にも同様の事件が発生し、大阪町奉行所に提訴された。二十年の長期年賦で示談となり、これも財政を圧迫した。また頼徳は鷹狩を好み、柳原（現久留米市旭町・久留米大学医学部付近）に広大な庭園をつくるなど奢侈《しゃし》な活動を行い、藩財政をさらに逼迫させることになった。天保十（一八三九）年には家老たちから遊楽・冗費《じょうひ》を諫言され、五穀神社の能舞台の解体を行っている。

　累代の藩財政の困窮の中で幕末を迎えた久留米藩。そして、十代頼永による弘化の藩政改革が行われる。

10代藩主有馬頼永（左）と11代頼咸（篠山神社蔵）

頼永の藩政改革と天保学連

　弘化元（一八四四）年に頼永が久留米藩十代藩主として襲封すると、意欲的に藩政改革に取り組む。弘化二年十月には家中・寺社・在町・大庄屋町別当への五カ年の倹約令（大倹令）を発令した。また、膨大な額となっていた大坂借財の返済据え置きのため参政不《ふ》破孫市《わまごいち》を派遣し、五カ年の借り据えを協議させている。さらに領内御用聞町人に対する借財の停止などの改革を開始した。この改革を支え、推進したのが、水戸学を学んだ「天保学連」と呼ばれる藩士たちである。

　天保十二（一八四一）年三月には木村三郎（重任《しげとう》）が水戸の会沢正志斎《せいしさい》に入門し十月に帰国、同十三年には村上守太郎（量弘《かずひろ》）が会沢門下として一カ年遊学した。村上は水戸・会津・荘内などの見聞録を残している。また同十五年七月には真木和泉守が水戸に遊学し会沢に会っている。水戸学を学んだ彼らは、同志数十人とともに天保学連（尖派）として結集した。先の三人以外では稲次因幡《いなば》・今井栄《さかえ》・野崎教景《のりかげ》・不破孫市・水野丹後（正名《まさな》）・吉村武兵衛・久徳《きゅうとく》与十郎・喜多村弥六《やろく》などで、幕末の藩政で大きな役割を果たしている。

　しかし次第に天保学連内部で亀裂が

生じ始める。弘化二年六月頃には、頼永の側近であった村上守太郎・野崎教景・今井栄・不破孫市らの穏健派（内《うち》同志《どうし》）と、真木和泉守・水野丹後・稲次因幡・木村三郎らの急進派（外《そと》同志）は、藩主の病気という事態の中、内同志による有馬監物《けんもつ》ら門閥守旧派との妥協などもあり、藩政改革をめぐって対立を激化させていった。

弘化三年七月に頼永が没し、藩主には弟の慶頼《よしより》（のちの頼咸）が就き、藩政改革は引き継がれる。そんな中、将軍家養女の精姫《あきひめ》（有栖川宮韶仁《ありすがわのみやつなひと》親王の娘）との婚儀が幕府から命じられた。弘化四年三月、村上守太郎は莫大な婚礼費は幕府の負担とし、領民の負担を避け、先代の大倹令を尊重することを上申した。しかし嘉永二（一八四九）年十二月に精姫は有馬家に婚嫁し、藩が負担した費用は五万六三七八両に上った。藩財政の逼迫に拍車がかかり、藩政改革は停滞した。

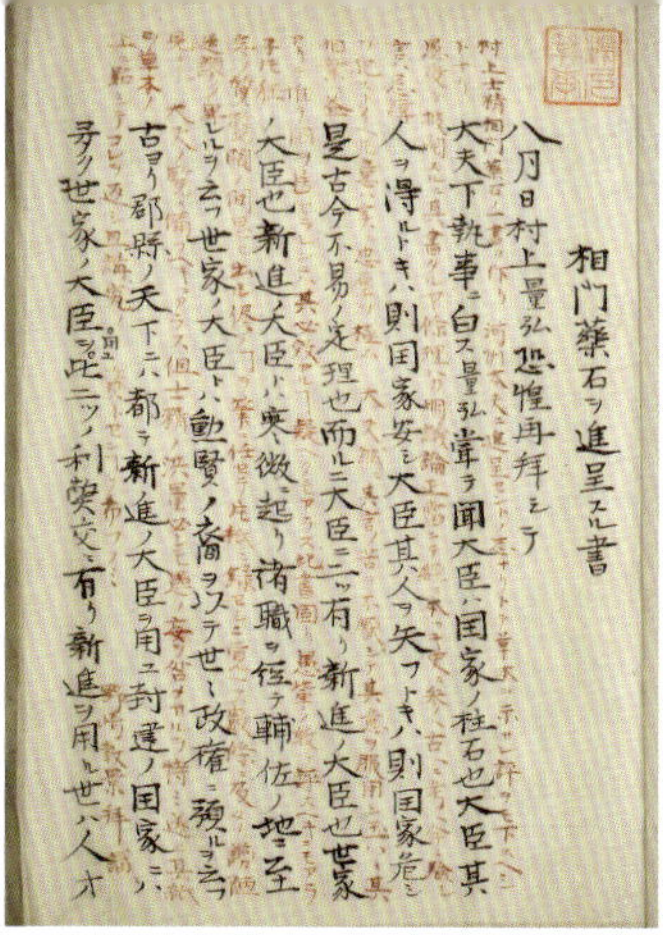
相門薬石ヲ進呈スル書
八月日村上量弘恐惶再拝シテ
大夫下執事ニ白ス量弘嘗テ聞ク大臣ハ国家ノ柱石也大臣其
人ヲ得ルトキハ則国家安シ大臣其人ヲ失フトキハ則国家危シ
是古今不易ノ定理也而ルニ大臣ニ二有リ新進ノ大臣也世家
ノ大臣也新進ノ大臣ハ寒微ヨリ起リ諸職ヲ経テ輔佐ノ地ニ至
ルモノヲ云フ世家ノ大臣ハ勲賢ノ裔ヲシテ世々政権ヲ預ルヲ云フ
古ヨリ郡県ノ天下ニハ都テ新進ノ大臣ヲ用ユ封建ノ国家ニハ
多クハ世家ノ大臣ヲ用ユ二ツノ利弊交々有リ新進ヲ用ル世ハ人才

『相門薬石』（写本。久留米市教育委員会蔵）。村上守太郎の有馬監物への建白書

嘉永三年五月、江戸藩邸で納戸役今井栄・衣笠弥八郎が藩主の手文庫（手紙や書類を入れる小箱）にあった参政馬淵貢《まぶちみつぐ》の書状を密かに見たところ、倹約を緩め奢侈に導く内容であった。彼らはそれを同志の村上守太郎にもらし、一同は頼永の大倹令に背くものとして憤激した。同年六月には村上が江戸藩邸で乱心、馬淵を刺殺しようとして同席の家老有馬主膳《しゅぜん》・同飛驒に切られた。この藩主御手文庫開披事件と村上乱心事件により、翌四年二月二十七日に今井栄・野崎平八・不破孫市ら村上派の者が放役・閉門などの処罰を受けたが、半年後には許され、再度村上派は政権の中枢に復帰している。

嘉永五年閏《うるう》二月、真木和泉守・木村三郎・水野丹後・稲次因幡らは、反対派であった家老有馬監物・参政有馬豊前・不破孫市らを排除し、馬淵貢・水野丹後・木村三郎に政権を担当させるため、有馬監物らが頼咸を廃し富之《とみの》丞《じょう》（頼徳末子、のち川越藩主松平直《なお》克《かつ》）を立てようとしていると誣告《ぶこく》している。この真木一派の計画は挫折し、木村・水野・稲次らは揚《あが》り屋《や》（藩士が入れられる獄）入り、御預けとなった。また真木は、下妻《しもづま》郡水田天満宮（筑後市水田）の神職を務める実弟の大鳥居《おおとりい》啓太の家に蟄居となるなど、多くの関係者が処分を受けた。この事件は「嘉永の大獄」と呼ばれている。真木は文久二年二月まで十カ年、水田に幽閉されることになる。

真木和泉守の尊王運動と終焉

水田天満宮に蟄居となった真木和泉守は、翌年に「山梔窩《くちなしのや》」という小屋を建て近郷の青年へ教育を行い、討幕の思想を固めていくことになる。ここで学んだ後、志士となって維新運動に参加していった者も多い。

筑後市水田の山梔窩（斎藤英章氏撮影）。県指定文化財

　真木は安政五（一八五八）年に『急務三箇条』を公卿三条実万《さねつむ》に、翌年には『経緯愚説』を野宮定功《ののみやさだいさ》に上書しようとするが実現しなかった。しかし結果としてそれが幕府の手に渡ることもなく、「安政の大獄」から逃れることができた。また同年十月には『大夢記』を著述している。これは天皇自らが西国諸藩に詔《みことのり》を発して親政を行い、江戸城に親王、大坂に新都を置くという討幕論を語るものであり、新しい国の姿を求めていた志士たちに大きな影響を与えた。この年、下級藩士である原道太、荒巻羊三郎《ようざぶろう》、中垣健太郎、鶴田陶司《とうじ》らが真木門下となっている。

　万延元（一八六〇）年九月、「桜田門外の変」に関わった疑いで福岡藩より追われていた平野国臣《くにおみ》が真木を訪ねた。以後、平野は度々真木を訪れ、この頃から真木のもとへの人々の往来が活発になり、全国の情報が集まるようになる。文久元（一八六一）年十二月、真木は『義挙三策』を著したが、これは討幕の重要な指針となった。

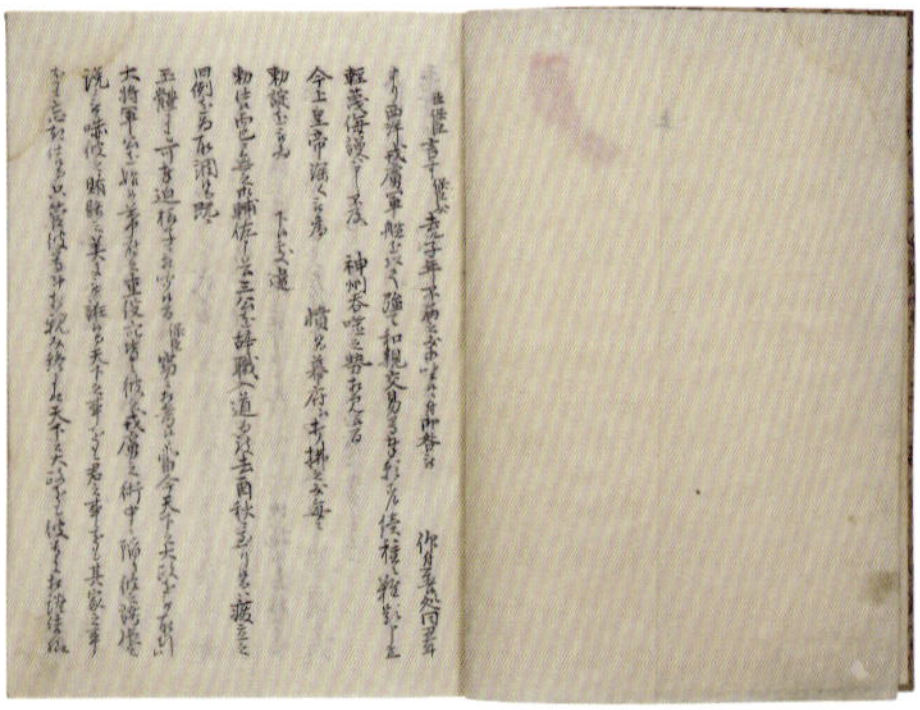

左＝『藩公へ上りし書（藩政建策）』。真木和泉守が藩主頼咸へ提出した上申書の草稿
右＝『大夢記』（２点とも水天宮蔵、久留米市教育委員会提供）

田中久重夫妻（久留米市教育委員会蔵）

翌二年二月十六日には薩摩藩国父（藩主後見役）島津久光の上京を聞き、これに同行すべく水田の幽居を脱出して薩摩に向かう。次男菊四郎・渕上謙三・吉武助左衛門は真木に同行し、翌日には原・荒巻・中垣・鶴田及び古賀簡二・酒井伝次郎などが豊後路から上京している。しかし真木一行は薩摩で足止めを受け、久光に遅れて四月二十一日に京に着いた。真木らは薩摩藩や各地の脱藩浪士の尊王攘夷派と合流するが、四月二十三日には久光が有馬新七ら薩摩藩尊攘派を鎮撫する「寺田屋事件」が起き、真木と門下生九人は大坂蔵屋敷、のちに堂島蔵屋敷に拘置されている。

真木はこの年の四月と六月に三回にわたって藩主頼咸に国政献策書を呈し、家老有馬監物に対しても、藩政一新と軍事強化のため田中久重（からくり儀右衛門）の採用を建言している。

七月十七日、真木一行は久留米城内の勤番長屋に移された。十一月、藩主頼咸は真木党の赦免の沙汰を朝廷から受け、翌文久三年二月には真木と門下生一同が赦免されている。しかし同年四月、真木が家老有馬監物一派の排除と、嘉永の獄の同志水野丹後・木村三郎の登用を建言したことに激怒した有馬監物派藩士が、頼咸に真木党の捕縛を迫り、真木は再度幽閉、連座二十八名に及んだ。

同年五月には津和野藩主亀井茲監《これみ》（頼咸の兄）が真木党の赦免を勧め、同月、公卿中山忠光が家老有馬主膳・

七卿落ちを描いた「七卿西竄図絵」（宇都宮家蔵）

参政馬淵貢と会い同様の要求を行った。そこで頼咸は幽囚者の赦免を発し、赦免者の多くが京都に親兵として上京させられた。八月、長く幽囚されていた水野丹後・木村三郎は上京し、学習院出仕となる。八月十七日には中山忠光の大和挙兵（天誅組の変）に真木門下の鶴田・酒井・中垣・荒巻・半田門吉・江藤種八・小川佐吉らが参加し、半田・小川を除き幕府軍に断罪された。

「天王山自刃の図」（水天宮蔵、久留米市教育委員会提供）。禁門の変に敗れ、天王山に逃れた真木和泉守ら17名の志士が、自刃を果たす前に名残の酒盛りを開き、辞世の歌を詠む様子が描かれている

翌十八日には会津・薩摩・桑野各藩の公武合体派が勢力を盛り返し、尊攘派を京都から一掃した（八月十八日の政変）。三条実美《さねとみ》ら七卿は長州に下り、真木和泉守・同菊四郎・水野丹後ほか、井上善三郎・渕上謙三・吉武助左衛門・荘山《しょうやま》舎人《とねり》などもそれに同行している。同年九月、有馬監物は上京し、久留米藩は「公武一和」であることを表明した。同月に帰国した木村三郎・池尻茂左衛門などは禁固処分となり、四年あまり幽閉され明治維新を迎えることになる。

元治元（一八六四）年七月十九日、長州藩の「清側義軍《せいそくぎぐん》」に参加した真木和泉守・同外記（和泉守の弟）・同菊四郎ほか門下生らが京都で幕府・薩摩・会津軍と戦い（禁門の変）、原道太・半田門吉が戦死した。そして二十一日には真木和泉守・池尻茂四郎・加藤常吉・松浦八郎らが天王山で自刃し、久留米藩の尊攘派を牽引してきた真木の運動は終焉する。

公武合体派政権と開明的政策の展開

家老有馬監物、参政馬淵貢らの政権は「公武一和」を藩是としていたが、文久三（一八六三）年十一月に有馬監物の招きで頼永・頼咸の信頼が厚かった今井栄が国元勤務となると、今井の説得に応じて「公武合体」を藩是としつつ開国を進める重商主義的な政策への転換が図られた。これは当時薩摩・長州・肥前の各藩がとっていた政策と同質のものである。

久留米藩は元治元（一八六四）年一月に初めて蒸気船雄飛丸を薩摩から購入し、六月には開成方・開物方・済産（成産）方の三局を新設した。蒸気船の購入、軍備の洋式化のため、国産物の専売を行う「国産会所仕法」という殖産興業政策を推進し、積極的な資金獲得政策を実施した。開成方は総合政策を担うもので今井栄・磯部勘平・松崎誠蔵・戸田乾吉らが担当し、開物方は開成方の指導のもと矢野一貞《いってい》らが奉行として鉱山開発を行い、のち鏡山直次が北河内（現八女市上陽町北川内）の鉱山開発を担当している。成産方は紙・菜種油・絣などの国産品の増産と領外輸出事業を行うもので、福永定八・浅田唯三郎が担当した。

この年、今井は佐賀藩に召し抱えられていた田中久重を久留米藩との兼務とし、府中町（現久留米市御井町）古《ふ》飯田《りゅうだ》に久留米藩製造所を建設して銃砲の製造を行わせている。また九月には梅野多喜蔵ほか四名を勝海舟塾に入門させ、将来の海軍建設のために操船術を学ばせている。

慶応元（一八六五）年二月には山川村岩井（現久留米市山川町）に矢野らの開物方が溶鉄所を設立、宮ノ陣には材木会所を設けて筑後川を下る材木への賦課を強めるなど、藩権力による流通規制、口銭《こうせん》（売買仲介の手数料）や印銭《いんせん》（印銭方役所が輸出・通荷《つうか》の手形を与える際に徴収した税）の確保を強化している。また藩兵の英国式化を図るため、平組十四名、御船手方五名を長崎に派遣して軍政改革も急ピッチで行い、慶応二年十月には藩の兵制は英国式に統一された。また同年四月、田中久重は佐賀から久留米に引き揚げ、久留米藩の軍事力強化に尽力することになる。

同年六月には第二次長州征討が開始され、久留米藩も小倉に出兵するが、佐幕派政権としては中途半端な対応に留まっている。

藩はさらに八月に軍艦玄鳥丸《げんちょうまる》（帆船）、晨風丸《しんぷうまる》（砲艦）とその他一艘を

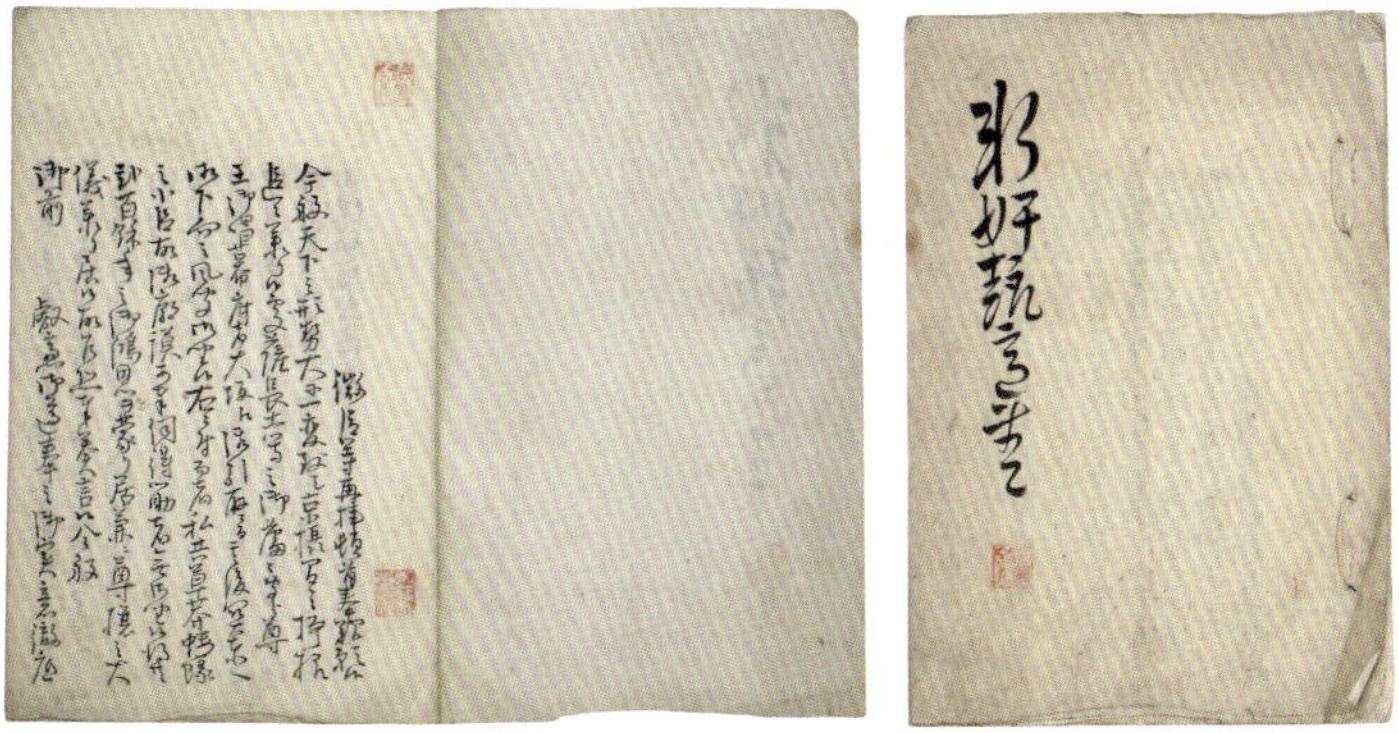

「斬奸趣意書」（久留米市教育委員会蔵）。不破美作を暗殺した尊王攘夷派が、殺害の理由や目的を書き記したもの

購入した。九月、今井栄は艦船の購入調査のため松崎誠蔵、田中久重、町人宗野嘉蔵らとともに長崎から蘭船で上海に密航し、その時の見聞録を『秋夜の夢談』として残している。翌慶応三年七月には開成方に海軍設立が命じられ、今井・松崎・松岡伝十郎らが担当し、十一月には千歳丸《ちとせまる》を購入、藩所有艦船は七艘となり、薩摩藩・佐賀藩・土佐藩に次ぐ海軍藩となった。

同月、幽閉中であった尊攘派の大半が赦免された。そして十二月に「王政復古の大号令」が発せられ、太宰府にいた五卿は上京し、水野丹後も随従している。

尊王攘夷派政権の成立

慶応四（一八六八）年一月二十六日、小河真文《まさぶみ》・佐々金平《さっさきんぺい》ら青年尊攘派二十四名が、藩政の実力者である参政不破美作を城から帰宅中に暗殺した。自訴した二十四名は二月五日に無罪となり、翌日、公武合体派政権の主要なメンバーが追放された。六日には幽閉中の吉田丹波・水野又蔵・池尻葛覃《かったん》などが赦免。二月には藩主頼咸が挙兵・上京し、新政府側に転換する。

三月二十四日、水野正名（丹後）は三条家から大坂久留米藩邸に移り藩政に復帰、四月六日には有馬監物以下の旧政権指導者三十数名が処罰された。水野正名は閏四月に帰国し、五月には彼を首班とする尊攘派政権が成立する。

藩政改革が行われ、補正・監察ほか、民政・制度・軍務・会計・社院・刑法・内事・外事の八局が設けられた。藩兵を五大隊とし、六月には長州の奇兵隊にならって佐々金平を責任者とする応変隊が組織され、総督が水野又蔵となり、この政権を軍事的に支えた。

久留米藩は新政府軍として戊辰戦争に参加、同年三月二十七日には有馬蔵人隊が関東へ出兵した。五月の江戸上野での戦闘など各地の戦闘に従事し、七月には箱館での戦闘にも参加してい

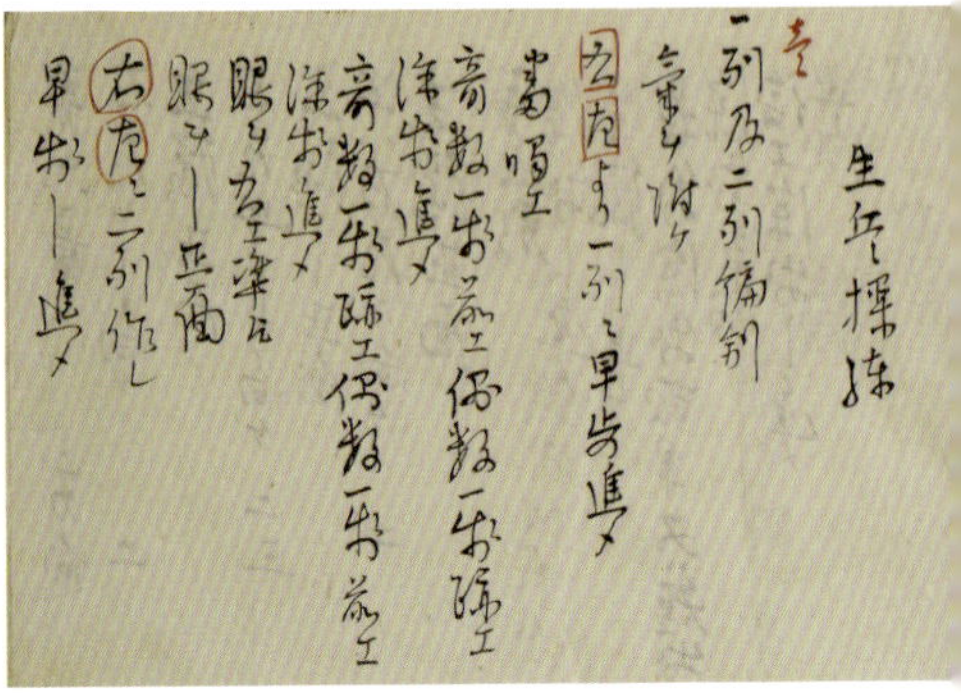

上＝「応変隊号令詞」。応変隊の号令を記したもの／下＝戊辰戦争で使用された合旗（あわせばた）（２点とも久留米市教育委員会蔵）

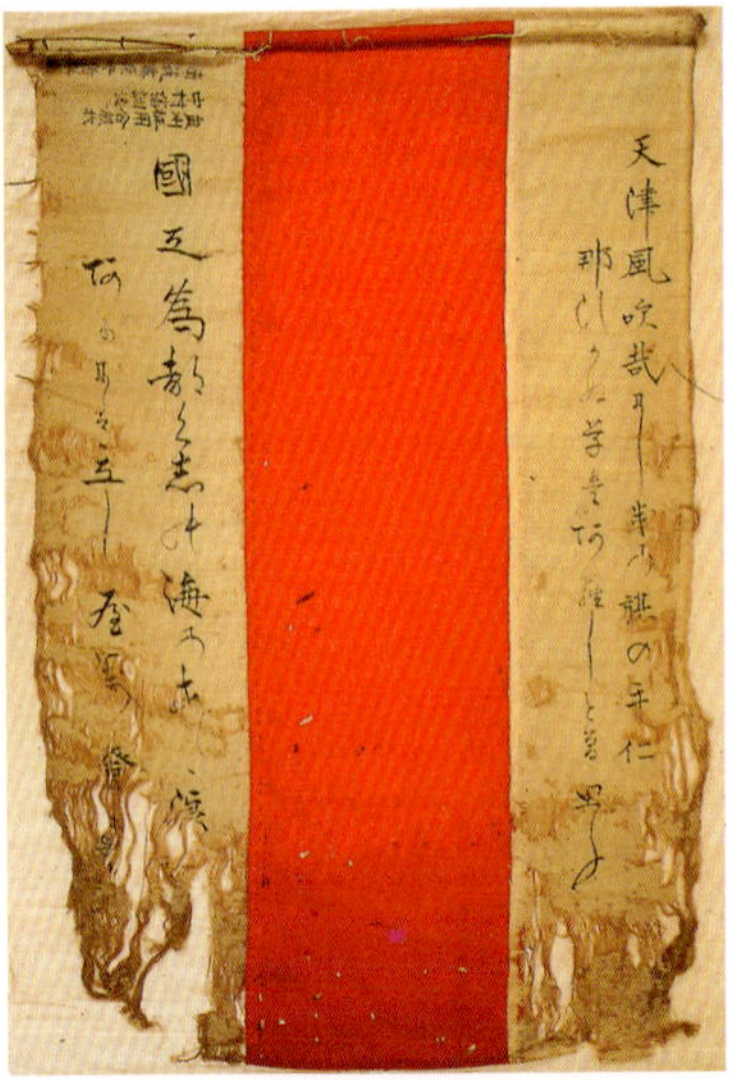

る。海軍も兵員輸送、箱館での斥候などに従い、箱館からの凱旋は明治二（一八六九）年七月であった。

戊辰戦争から凱旋した兵士たち（久留米市教育委員会蔵）

明治二年一月二十五日、「御国是の妨げに相成る」という理由で、今井栄・松崎誠蔵・久徳与十郎・北川亘《わたる》・石野道衛《みちえ》・松岡伝十郎・本荘仲太《ほんじょうちゅうた》・梯《かけはし》譲平《じょうへい》・喜多村弥六に切腹が命じられ、藩の近代化を進めた開明派が壊滅する。前年に大坂で切腹した吉村武兵衛を含め、彼らは後に「殉難十志士」と呼ばれた。十志士を評価した戸田乾吉（『久留米小史』）を佐田白茅《はくぼう》（『有馬氏近世私史』）は批判しており、両者とも明治二十年代の論述であるが、激しい政治抗争による深い亀裂の跡を見ることができる。

翌二月には殉国隊（農兵）、欽承《きんしょう》隊（市民兵）が編成され応変隊の指導を受けている。また、藩主頼咸に従い古松簡二が帰国すると、小河真文とともに七生《しちせい》隊を組織した。六月十七日の版籍奉還によって頼咸は藩知事となり、高良山の旧座主《ざす》邸を御殿としている。また六月から八月にかけ、久留米藩印銭方・講方・産物方・開成方・成産方の五局を合併して成産方とする組織改正が行われた。九月には藩の職制を大小参事制として士族の等級・禄制を定め、水野正名は大参事、弟の吉田博文が小参事となっている。

明治三年八月、三条実美の召命で水野は上京し、三条から廃藩置県についての見解を問われた。翌四年正月に再び召され、廃藩置県と新政府の方針について指示を受け帰国したが、応変隊を基盤にした小河・古松らが同意を拒

殉難十志士の碑（久留米市京町・梅林寺）

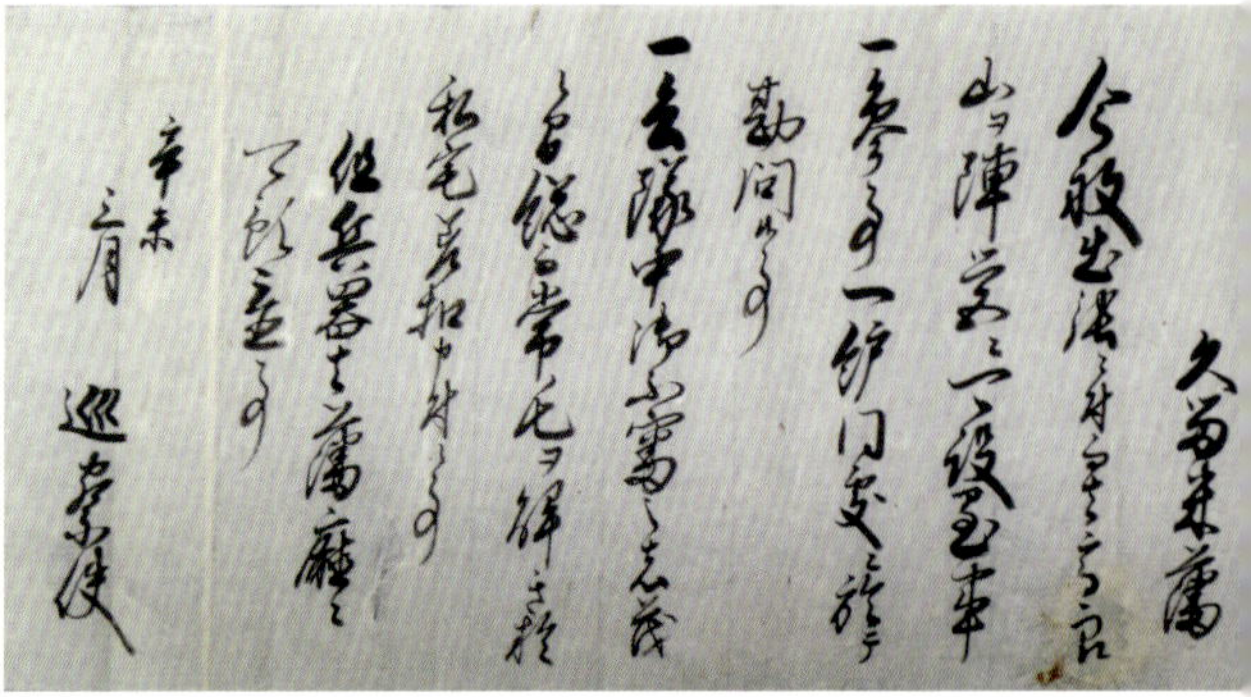

巡察使から久留米藩への書状（写本。久留米市教育委員会蔵）。久留米藩の不穏な動きに対して警告を発するもの

み、水野もそれを解決できなかった。久留米藩は政府の方針に反対する勢力と見られるようになり、同年の「久留米藩難事件」につながっていく。

明治四年藩難事件

明治三（一八七〇）年の初め頃、応変隊と元七生隊の有志が古松簡二・小河真文を盟主として尊攘的な反政府の動きを開始している。一月、長州藩（山口藩）で諸隊の解隊反対の蜂起があり鎮圧されると、四－五月に古松は、長州藩反乱分子である大楽《だいらく》源太郎らの、横溝村（現大木町）庄屋横枕《よこまくら》覚助《かくすけ》、平村（現八女市）庄屋平彦助のもとでの領内潜伏を援助した。十月には大楽が庄島村（現筑後市）庄屋である寺崎三矢吉宅で小河に「山口藩恢復《かいふく》」援助を依頼するなど、反政府的な動向を強めている。

翌閏十月一日、長州藩使節は久留米領内の反乱分子の捕縛を要求した。久留米藩は応変隊を派遣し、横枕宅・平宅を急襲するが、大楽らは柳川に逃亡。十一月に大楽は小河を上妻《こうづま》郡尾島（現筑後市）に招き、同志の保護・隠匿を求めた。藩は十二月に応変隊を解散して常備隊に編入し、応変隊の力を削ぐが、明治四年一月になると長州藩は新政府に訴え、政府内でも久留米征伐が論議されている。

二月初め、久留米藩の川島澄之助ら反政府的な尊攘派は、公卿愛宕《おたぎ》通旭《みちてる》・外山《とやま》光輔らをはじめ秋田藩・土佐藩・

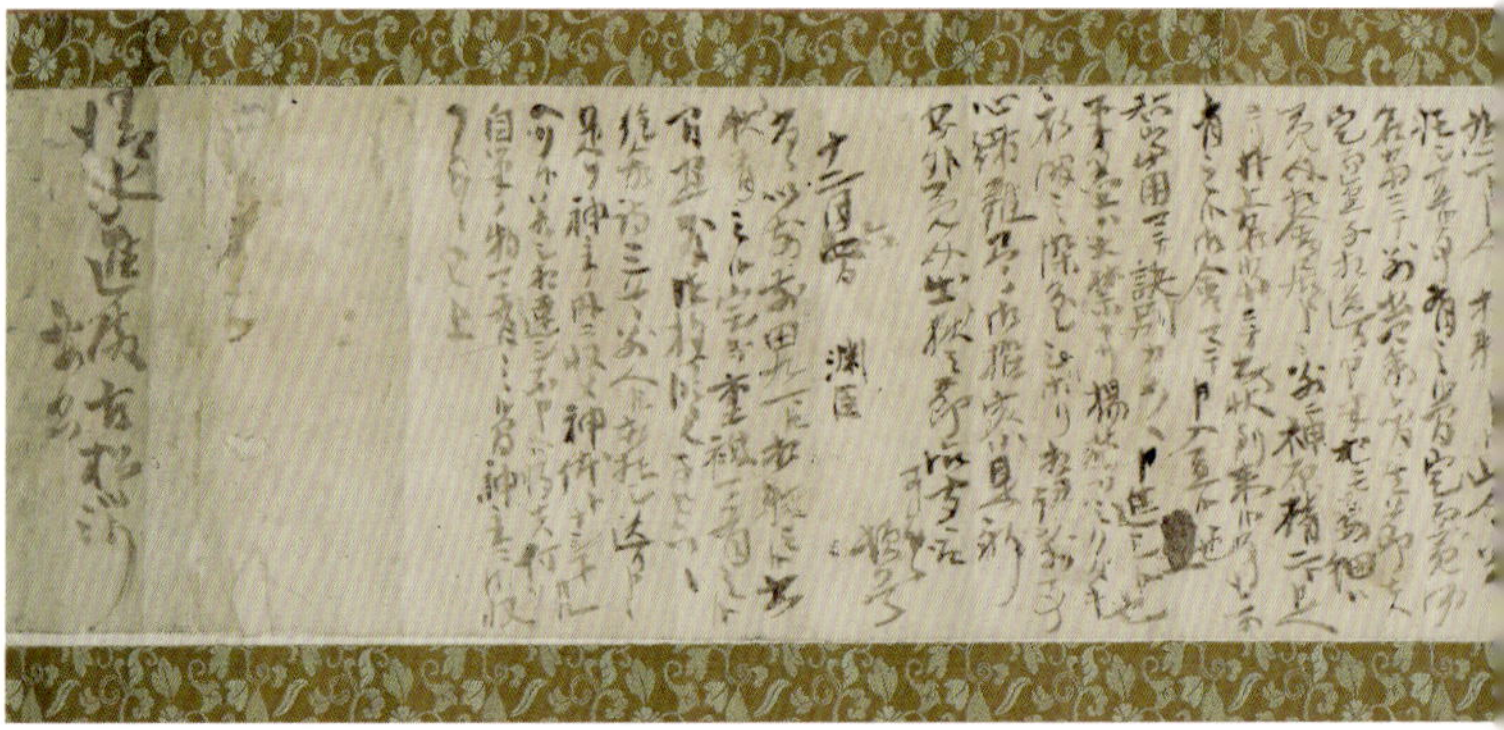

古松簡二の獄中遺書（部分。久留米市教育委員会蔵）。終身刑となった古松は明治15年６月に東京の石川島監獄で獄死した

越前丸岡藩など各地の同志と連絡を取っている。二月十三日には府中町の医師宮川渉《わたる》宅で小河・寺崎・大楽・立石正介（京都代表の勤王家）らが反政府挙兵の密議を行った。

翌十四日、政府は巡察使四条隆謌《たかうた》少将を日田県に派遣（到着は三月十日）、二月二十二日には古松簡二が弾正台《だんじょうだい》の喚問を受け東京に移送されるなど、政府と藩の緊張が高まってきた。元応変隊幹部は長州藩の主張に反対し、徹底抗戦を藩庁に建白するが、藩知事頼咸が恭順を諭している。三月十日には頼咸が東京の弾正台で尋問を受け、謹慎が命じられた。同日、小参事木村三郎・鵜飼広登《うかいひろと》も日田県に出頭。三月十三日には大参事水野正名・軍務大属沢之高・小河真文が逮捕され、翌十四日にも太田要蔵・横枕覚助・寺崎三矢吉ら十名が逮捕、日田に護送されるなど、新政府軍のもとで鎮圧が始まった。大楽らの隠匿が不可能とみた島田庄太郎ら十八名は、十六日に大楽主従を誘殺（大楽は筑後川河畔の高野浜、弟山県源吾は同豆津浜）した。

三月二十六日、巡察使軍隊が高良山に陣を構え、大楽殺害・反政府事件関係者の逮捕・謹慎を命じている。四月十七日には日田に囚禁中の水野正名・小河真文らが東京に護送され、久留米藩を中心とした反政府運動は鎮圧された。小河真文は斬罪、水野正名は終身禁獄、以下五十余名の処分者を出している。全国的な反政府事件であったため二府三十九県、二六〇名以上に処分が下され、この事件鎮圧を経て七月に廃藩置県が断行された。ここでも久留米藩の多くの有為な人物が失われた。

【古賀】

上＝耿介（こうかい）四士の墓（久留米市寺町・遍照院）。暗殺された大楽源太郎ら４名の墓で、「耿介」とは堅く志を守ること
下＝小河真文の墓（久留米市京町・梅林寺）

時を超えて愛される久留米絣の創始者

井上《いのうえ》 伝《でん》

井上伝像（公益財団法人久留米絣技術保存会蔵）

井上伝は、久留米城下通外町で米穀商「橋口屋」を営む平山源蔵の娘として生まれた。

幼少より手先が器用で機織りを好み、白木綿や縞を織って家計を助けた。十二、三歳の頃、色あせて斑《まだら》模様になった着物に着想を得て、紺地に白い斑点が浮かぶ新しい模様を織り出した。これが「久留米《くるめ》絣《かすり》」の始まりである。

生没年　一七八八―一八六九

伝が生み出した模様は「雪降り」や「霰《あられ》織り」と呼ばれ争って買い求められ、伝のもとでその織法を習うため、多くの弟子が集まった。

文化十（一八一三）年、二十六歳になった伝は、十一歳年下の田中久重を訪ね、紺地に白い斑点の布面に、絵模様を織り出したいと相談した。久重が苦心の末、絵絣の技法と機械を考案し提供すると、伝の織り出す絵絣の製品は好評を博した。この間、二十一歳の時に城下原古賀町（現久留米市本町）の井上次八と結婚し、二男一女に恵まれたが、二十七、八歳の頃に夫を失っている。伝は、子を養育するとともに、絣業の進展に精力を注いだ。自ら研究を重ね、その技術を弟子たちに丁寧に教え、次々と技術者を世に送り出した。

井上伝製作の久留米絣（復元。公益財団法人久留米絣技術保存会蔵）

久留米絣は、繰り返し織機や織法の技術が改良された結果、慶応二（一八六六）年には年間約一万反が久留米藩の外にも販売されるようになり、全国に広く知られる織物となった。

伝は高齢になっても後進の指導を続け、明治二（一八六九）年四月二十六日、その生涯を閉じた。享年八十二。

［穴井］

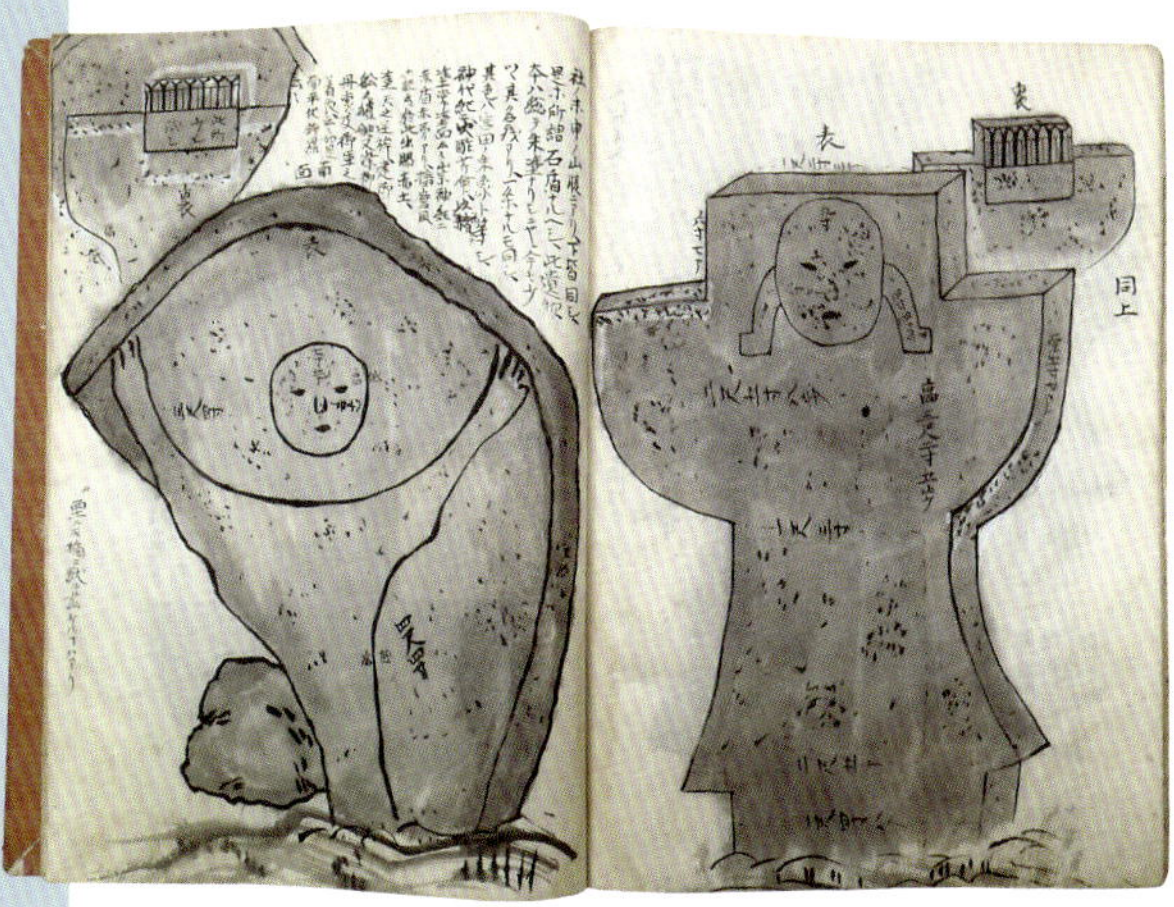

『筑後将士軍談』草稿（久留米市教育委員会蔵）。岩戸山古墳（八女市）の石人が詳細に描かれている

筑後地方の歴史学の礎を築く

矢野一貞《やの いってい》

矢野一貞は、久留米藩士早川平右衛門の二男として久留米城下京隈《きょうぐま》（現久留米市京町）に生まれた。文政七（一八二四）年、藩校明善堂の素読方に任ぜられ、のちに出役、御殿素読方を命ぜられる。文政十（一八二七）年、三十四歳の時、久留米藩士矢野吟之丞《ぎんのじょう》の養子になり、その家督を相続して御馬廻組二百石となる。

生没年　一七九四－一八七九
幼名　一照
通称　幸大夫・幸夫
号　竹楼

万延元（一八六〇）年に組頭格国学引立、文久元（一八六一）年に地誌編輯を命ぜられ、元治元（一八六四）年には物産調査のため中国・四国・九州への巡視に派遣された。慶応元（一八六五）年には御先手物頭格に進む。

一方で、独学で和漢書を読み、詩歌・俳句・絵画を嗜むとともに、筑後国内に残る古墳・遺跡を訪れ、古文書・古記録を筆写し、多数の書を著した。

代表作は『筑後将士軍談』五十六巻で、調査の成果を戦記、諸家系譜、墳墓碑塔などの項目ごとにまとめている。この集大成というべき著作は、嘉永六（一八五三）年、一貞が六十歳の時に完成、慶応三年に他の著作とともに藩主有馬頼咸《よりしげ》に献上された。

他に『宮田石窟朱象図考《せきくつしゅしょうずこう》』や『筑後歴世古文書』などの著作もある。前者は、生葉《いくは》郡宮田村（現うきは市吉井町）にある「四窟」の装飾古墳に関する論考で、「四窟」の一つは現在国指定史跡となっている重定《しげさだ》古墳とみられる。後者は、平安－戦国時代の古文書を収録し、中には現存を確認できないものもあり、筑後地域の中世の歴史を考える上で貴重である。

明治を迎えた後は、神祇改正調役、神事局司事、高良山豊姫《とよひめ》神社及び高樹神社の祠官兼勤権少講義《ごんのしょうこうぎ》、北野天満神社の祠官を歴任した。この間、明治二（一八六九）年正月には、今井栄《さかえ》ら公武合体派の九志士の切腹に際し、上使を務めている。同十二年、当時流行していたコレラに罹り、八月二十日に死去した。享年八十六。

［穴井］

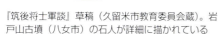

生涯現役を貫いた天才技術者

田中《たなか》久重《ひさしげ》

「弓曳き童子」（久留米市教育委員会蔵）

田中久重は、久留米城下の通町十丁目に、べっ甲細工師田中弥右衛門の長男として生まれた。幼少より手先が器用で、寺子屋で学ぶとともに、発明にも熱心に取り組んだ。十五歳の時には、久留米絣の創始者である井上伝に頼まれ、絣に絵模様を織り出す織機を完成させた。

生没年　一七九九―一八八一
幼名　岩次郎
通称　儀右衛門・近江

その後、次々とからくり装置を考案し、五穀神社の祭礼日には境内でからくり人形の実演を行い、好評を博した。やがて人々は、久重を「からくり儀《ぎ》右《え》衛門《もん》」と呼ぶようになる。

文政七（一八二四）年、二十六歳の時には、肥前・肥後を巡った後、京都に赴き、大坂道頓堀でのからくり興行で大成功を収めた。江戸両国でも興行を行っている。翌年には、日本各地の遍歴を経て技術を磨いた久重は、「弓曳き童子」「文字書き人形」をはじめとする精巧なからくり人形を多数作り出した。

天保八（一八三七）年、三十九歳を迎えた久重は、からくり興行に見切りをつけ、家族とともに大坂へ移住したが、大塩平八郎の乱に遭って家財を焼失した。知人を頼って京都伏見に移住、さらに四条烏丸《からすま》に移って「機巧堂」を開き、「懐中燭台」や「無尽灯」を発明した。また、天文学や暦学を学び、最高傑作「万年時計（万年自鳴鐘）」を完成させた。さらに、西洋技術を学ぶため蘭学塾に入門、ここで佐賀藩士佐野常民《つねたみ》らとの交流が生まれる。

嘉永六（一八五三）年、佐賀藩に招聘され、精錬方で西洋科学技術の国産化に挑み、蒸気船の製造に取り組む。その後、久留米藩にも呼ばれ、久留米藩製造所の所長となり大砲の製造に成功、蒸気船の購入や銃の生産など、藩の富国強兵化に貢献した。

明治維新により仕えるべき藩を失うと、明治六（一八七三）年、東京へ移り、銀座に日本初の民間機械工場となる「田中商店」を設立した。世界的電気機器メーカー「東芝」の前身である。

同十四年十一月七日、東京の自宅にて永眠。享年八十三。生涯現役を貫いた技術者であった。

［穴井］

門人二八〇〇人余りを育てた剣術家

加藤田平八郎《かとうだへいはちろう》

加藤田平八郎は、文化五（一八〇八）年に久留米藩士加藤十助の長男として荘島小路《しょうじまこうじ》（現久留米市荘島町）に生まれた。当家は田中吉政に仕え、のち有馬家に仕官した御馬廻組の加藤家の分家にあたる。実弟に、藩校明善堂講官を経て家塾を開き、多くの人材を育成した加藤米山《べいざん》がいる。

平八郎は、文政元（一八一八）年に剣術の神陰流師範で久留米藩指南役の加藤田新八に入門し、同六年にその養嗣子となった。

加藤田家は、もとは肥後の出身で、のち福岡に出て、黒田家家臣中村権内より神陰流を継承した加藤田新作が、久留米藩六代藩主有馬則維《のりふさ》に招かれた。新作の後に、平八ー新八ー平八郎と続くことになる。

生没年 一八〇八ー一八七五
実名 重秀
字 潜卿
号 益亭

平八郎は、同十二年五月、門下の奥村七助（のち園田円斎）・太田友八を伴って武者修行に出る。豊前・豊後から、中国・近畿・四国に渡って計十九カ国を巡り、同年十二月に帰国した。また、天保八（一八三七）年には、上《こう》妻《づま》郡祈禱院《きとういん》村（現八女市）在住の肥後浪人星野正福に楊心《ようしん》流の薙刀《なぎなた》を学び、皆伝を受けた。翌年には、江戸に出て田宮流・真心影流などの剣士十数名と試合を行っている。

弘化三（一八四六）年、養父が没すると、加藤田神陰流十代の師範役となり、その晩年までに門人二八〇〇人余りを指導したという。そのうち園田円斎・松崎浪四郎など十二名に奥免許を授けた。特に松崎は傑出しており、明治になってその技を天覧に供し、警察署の教師を務めるなど、剣道の振興に貢献した。

平八郎は、武道だけでなく文事にも優れ、天保八年より没する前年の明治七（一八七四）年まで日記を著し、幕末維新期の世情や事件を詳細にしたためている（『加藤田日記』）。明治八年一月十五日に没。享年六十八。墓所は久留米市寺町の真教寺。

［穴井］

加藤田家の墓（真教寺）

真木和泉守《まきいずみのかみ》

神職の家に生まれ、王政復古実現に命を燃やす

生没年　一八一三—一八六四
実名　保臣

真木和泉守は、代々、水天宮（久留米市瀬下町）の神職を務める真木家の長男として生まれた。十一歳で父旋臣《としおみ》を亡くし、幼くして水天宮第二十二代神官となる。一方、文武の道に精進し、教養を深め、藩校明善堂で優れた成績を残した。

真木和泉守像（矢田一嘯筆、明治45年。水天宮蔵、久留米市教育委員会提供）。額裏には、保臣の娘小棹が「父の面かげによくにています」と記している

和泉守は三十二歳の時、水戸へ遊学し、会沢正志斎《せいしさい》から水戸学（天保学）の尊王攘夷思想の影響を受け、帰国して天保学連を結成する。天保学連は、若き藩主有馬頼永《よりとお》の下に改革の機運を高めようとし、和泉守は意見書を提出した。しかし、頼永は在位三年目にして病没、前後して天保学連は内部の確執で分裂、この抗争は「嘉永の大獄」に発展し、和泉守も処分された。

嘉永五（一八五二）年五月、藩により神職を解かれ、蟄居を申し渡された和泉守は、家族と別れ、水田天満宮（筑後市水田）の地に身を寄せる。翌年には大鳥居《おおとりい》家の屋敷の一隅に小さな家を建て「山梔窩《くちなしのや》」と名づけて住居とし、藩からの赦免の便りを待ち続けた。

幽閉されること十年、和泉守は討幕に決起して山梔窩を脱出、鹿児島へ走った。島津久光の上京に同行を望み、大久保利通や西郷隆盛に働きかけるも容《い》れられず、鹿児島を去った。

その後、上京してすぐに「寺田屋の変」に遭い、久留米に送還され、拘禁の身となる。長州藩などの梃入《てこい》れで藩主有馬頼咸《よりしげ》から拘禁を解かれ、一時は藩命を得て尊王攘夷のために動いた。しかし、頼咸が再び佐幕に傾いたため、和泉守は久留米藩と訣別して長州藩へ向かう。

山口に赴いた和泉守は、長州藩主毛利敬親《たかちか》に面会した後、再び上京した。薩長同盟の必要性を見通し、三条実美《さねとみ》に献策するなど朝廷に働きかけるが、「八月十八日の政変」となる。七卿を護衛して山口に下ると、敬親に建白書を提出して挙兵・上京を促した。

翌元治元（一八六四）年、攘夷嘆願のため、和泉守は長州軍とともに上京、「禁門の変」を戦って敗れ、その激動の生涯を閉じた。享年五十。［穴井］

不破美作の墓（本泰寺）

不破美作《ふわみまさか》

容貌・才智ともに優れ、藩主に「美作」の名を賜る

生没年　一八二二―一八六八
幼名　与吉・左門
実名　正寛

不破美作は、久留米藩士不破家七代佐太郎の二男として生まれた。不破家は、初代佐右衛門が播磨国淡河《おうご》（現兵庫県神戸市）で久留米藩の藩祖となる有馬則頼《のりより》に召し出され、明治維新に至るまで代々有馬家に仕えた家である。

美作は、若年より江戸に出て学問に励み、世界情勢や西洋の文物に通じた。容貌も才智も優れたことから、藩主頼咸《よりしげ》から「美作」の名を賜ったという。美作の兄で不破家八代の孫市《まごいち》が参政として有馬頼徳《よりのり》・頼永《よりとお》・頼咸三代の藩主を補佐していたが、安政二（一八五五）年の大地震により江戸藩邸で圧死。ほどなく帰国した美作は、奏者番を命ぜられ、跡目五百石を相続した。

不破家の屋敷地は、近世前期には京《きょう》隈小路《ぐまこうじ》（現久留米市京町）から櫛原小路（現櫛原町）へ移り、さらに文政十一（一八二八）年に城内の外郭（現城南町）に転居した。外郭の屋敷地跡は、近年の発掘調査により建物や井戸・穴蔵の遺構が確認され、古伊万里・古唐津といった陶磁器のほか、瓦、木椀や下駄、寛永通宝など、幕末期の遺物も出土している。

安政六年、美作は藩校明善堂の総督となり、学館御用掛を兼ね、校舎の改築や学制の改革に取り組み、武芸稽古場を併合して文武両道を目指した。

文久三（一八六三）年、御用席となって参政に就任すると、家老有馬河内（監物《けんもつ》）のもと、今井栄《さかえ》・松崎誠蔵の説得に応じて開成方・開物方・成産方の新設、洋船の購入など、富国強兵政策を積極的に進めた。

慶応三（一八六七）年末に「王政復古の大号令」が発せられたが、佐幕派政権の中枢にあった美作は、なお親幕的態度をとった。これが尊王攘夷派の反発を招くところとなる。翌四年一月二十六日、城からの帰宅途中、隣家の高橋悦次郎ほか二十三名の尊攘派志士たちに襲撃されたといわれ、自宅門前で殺害された。享年四十七。墓所は久留米市寺町の本泰寺。

［穴井］

今井《いまい》 栄《さかえ》

西洋の文化・技術の導入に努め、富国強兵に貢献

生没年 一八二二－一八六九
実名 義敬
字 尭夫

今井栄は、久留米藩士・江戸詰御用席の今井七郎右衛門の子として江戸で生まれた。和漢の学に励み、洋算を竹内岩五郎、英語を古屋佐久左衛門に習うなど、学究心旺盛であった。幼少より、小姓として有馬頼永《よりとお》に近侍した。頼永が十代藩主に就くと、その改革を補佐し、村上量弘《かずひろ》・野崎教景《のりかげ》とともに三名臣と謳われ、天保学連の指導的立場を担った。しかし、頼永が病気になると、村上・野崎らとともに穏健派（内同志）として、真木和泉守ら急進派（外同志）と対立する。

頼永没後、十一代藩主頼咸《よりしげ》にも重用され、江戸留守居役、御納戸役と進み、江戸滞在中には勝海舟などの幕臣や諸藩の人々と広く交流した。この間、「村上乱心事件」に連座して嘉永四（一八五一）年に逼塞の処分を受けるが、半年後に許され、藩政に復帰している。

文久三（一八六三）年十一月、久留米に帰国すると、家老有馬河内（監《けん》物《もつ》）や参政不破美作《ふわみまさか》を説得して藩論を攘夷から開国に転換させ、富国強兵のために開成方・開物方・成産方の三局を設置した。蒸気船の購入にあたって、航海修行として勝海舟のもとに大津遠太らを送り出した。また田中久重を久留米藩で登用するため推挙した。

慶応二（一八六六）年には洋船購入の藩命を受け、長崎へ向かった。しかし、長崎での交渉が難航したため、久重らとともに密航して上海に渡り、そこで汽船の購入を遂げた。この密航は、西洋の見聞を広めるためでもあったという。

同四年の不破美作暗殺事件後、水野正名《まさな》を首班とする尊王攘夷派政権が成立すると、公武合体派として藩政から追放され、翌明治二（一八六九）年一月二十五日、松崎誠蔵らとともに切腹を命じられた。のち「殉難十志士」と呼ばれる。享年四十八。栄の切腹の報に接し、薩摩藩士で後に明治政府の高官となった黒田清綱《きよつな》は、「久留米は惜しい人物を殺した」と嘆いたという。

［穴井］

今井栄の墓（久留米市寺町・西方寺）

水野正名（久留米市教育委員会蔵）

真木和泉守亡き後の尊王攘夷派の領袖

水野《みずの》正名《まさな》

生没年　一八一三－一八七二
通称　丹後

水野正名は、久留米藩の重臣水野家の長男として、久留米城下の京隈《きょうぐま》（現久留米市京町）に生まれた。真木和泉守と親しく行動をともにし、三十歳の時「嘉永の大獄」で謹慎処分を受けた。

文久三（一八六三）年五月に謹慎を解かれ、和泉守とともに上京して「八月十八日の政変」に遭い、七卿の護衛をして長州へ下った。翌元治元（一八六四）年、五卿とともに太宰府へ下り、その警固を務めた。この時、名を渓雲《けいうん》斎《さい》と改めている。慶応三（一八六七）年十二月、「王政復古の大号令」が出されると、五卿に従って上京した。

明治元（一八六八）年正月、参政不《ふ》破《わ》美作《みまさか》が小河真文《まさぶみ》らに暗殺されると、京都にいた正名が参政に登用され、藩主有馬頼咸《よりしげ》に従って久留米に帰国。ここに水野政権ともいうべき尊王攘夷派の藩政府が成立した。公武合体派を退け、家老有馬河内（監物《けんもつ》）に永蟄居、今井栄《さかえ》ら十志士に切腹を申し付けた。藩政改革を進めるとともに、士民からなる応変隊を組織して養弟正剛（又蔵）を隊長とし、箱館戦争に派兵、戦果を挙げている。

明治二年六月、藩籍奉還に伴い、有馬頼咸が知事、正名が大参事に任ぜられた。ここに、正名は藩政を掌握することになる。しかし、同四年に「藩難事件」が起こると大参事を罷免され、終身禁獄の処分となり、翌年十一月九日、青森県弘前で獄死した。享年五十。

［穴井］

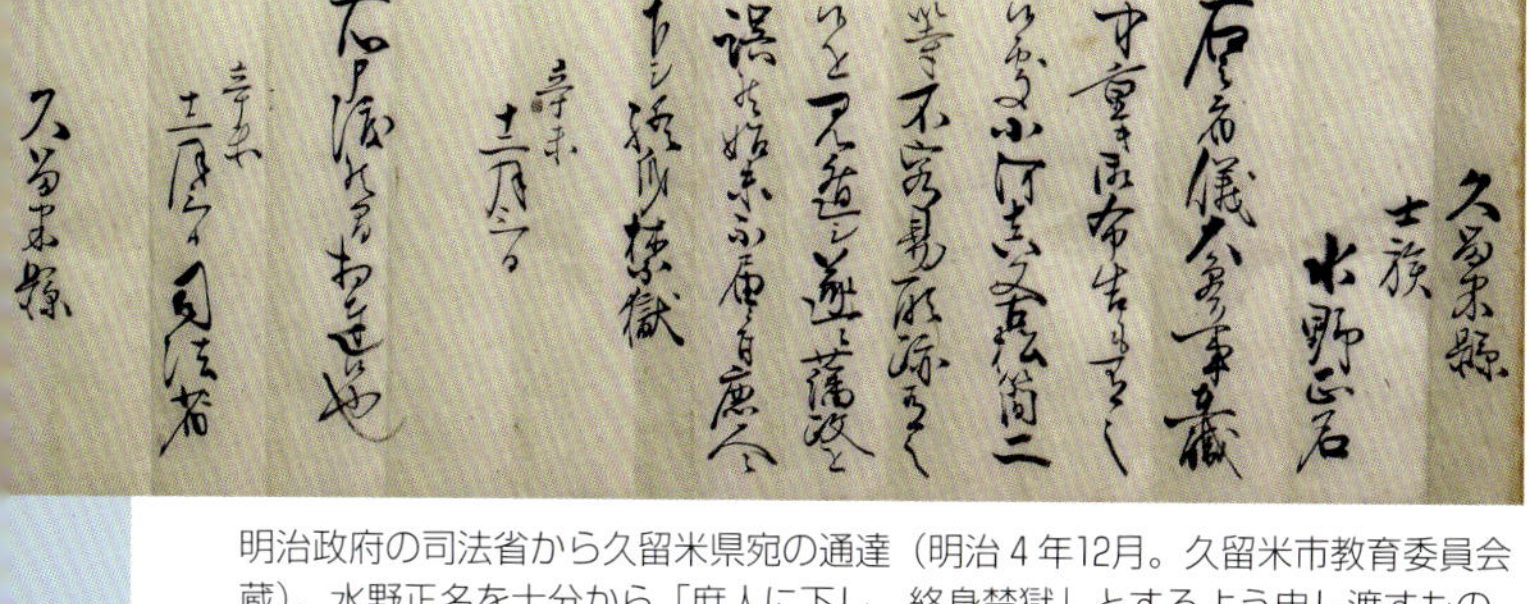

久留米縣
士族
水野正名

明治政府の司法省から久留米県宛の通達（明治4年12月。久留米市教育委員会蔵）。水野正名を士分から「庶人に下し、終身禁獄」とするよう申し渡すもの

人物列伝

篠原泰之進《しのはらたいのしん》

新撰組を離脱、維新を生き抜き実業家へ

生没年 一八二八－一九一一
幼名 泰助
変名 篠塚友平
姓名（維新後） 秦林親

篠原泰之進は、文政十一（一八二八）年、石工篠原元助の長男として浮羽郡高見村（現うきは市）に生まれた。幼少より武芸に励み、剣術・槍術・柔術を修めた。初め久留米藩士小倉一之進に仕え、のち家老有馬右近の中間《ちゅうげん》となる。安政四（一八五七）年、その江戸勤番に随行、真木和泉守の門弟酒井伝次郎らと親しくなり、やがて尊王攘夷を志すことになる。

万延元（一八六〇）年、有馬右近から離れ、水戸へ赴く。翌年、江戸に戻って楊心《ようしん》流柔術に入門した。ほどなく神奈川奉行所に雇われ、横浜居留地の警備隊長となる。しかし、文久三（一八六三）年、役所に乱入したイギリス人を縛り上げ海岸に放置するという事件を起こし、身の危険を感じて潜伏した。

翌元治元（一八六四）年、北辰一刀《ほくしんいっとう》流の達人伊東甲子太郎《かしたろう》の誘いで、水戸学の影響を受けた同志とともに上京、翌年、新撰組に入隊して諸士調役兼監察・柔術師範となり重用された。

しかし入隊以来、佐幕攘夷ともいうべき新撰組の思想との矛盾を解消できず、同三年三月、伊東ら同志とともに新撰組を離脱、孝明天皇の御陵衛士《ごりょうえじ》を命ぜられた。伊東を衛士長とし、高台寺党と称したが、十一月、伊東以下四人が新撰組に暗殺された（油小路《あぶらのこうじ》事件）。篠原は難を逃れ、伏見の薩摩藩邸に匿われ、薩摩軍の一員として鳥羽・伏見を戦った。この間、父の実家の姓「秦」を名乗るようになった。

戊辰戦争では赤報隊に参加、隊員の暴行・掠奪の責任を負って投獄されたが、間もなく赦《ゆる》され、北越や会津で戦い、明治元（一八六八）年十一月、京都に凱旋を果たした。

篠原泰之進が建てた両親の墓石（うきは市）

同二年、帰国して久留米藩に登用され、弾正台少巡察に任ぜられた。同五年大蔵省造幣寮勤務となるが、翌年官を辞して実業家となる。同九年に京都に移住、同二十五年東京に転居し、晩年、キリスト教に入信した。同四十四年六月十三日没。享年八十四。〔穴井〕

幕臣として戊辰戦争を戦う

古屋佐久左衛門《ふるやさくざえもん》

生没年　一八三三－一八六九
幼名　勝次
諱　智珍

古屋佐久左衛門は、天保四（一八三三）年、筑後国御原郡古飯《ふるえ》（現小郡市）の庄屋高松与吉の二男として生まれた。すぐ下の弟は、戊辰戦争中に日本で初めて赤十字活動を実践した高松凌雲《りょううん》である。

嘉永四（一八五一）年、十九歳の時、医学を志して長崎、大坂に向かうが、自分が医者に適さないことを知り、江戸に出た。苦行苦学を認められ、安政六（一八五九）年、幕府御家人の古谷家の養子に入った。漢学・蘭学・ロシア学・算術・砲術・剣術など各種の武芸・学問を修め、外国語も英語・オランダ語・ロシア語を習得した。

「幕将古屋佐久左衛門誕生之地」碑
（小郡市古飯）

佐久左衛門の能力は幕府でも重視され、元治元（一八六四）年英学所教授方助、慶応二（一八六六）年歩兵指図役、翌年軍艦役並勤方を命ぜられた。この間、英国式の操兵術を学びながら、沼間新次郎らとともに『英国歩兵操典』や『歩兵操練図解』など、日本で初めて外国兵書を翻訳した。また、幕兵だけでなく諸藩の者にも英国式操練を指導し、薩摩藩や久留米藩の軍艦購入を斡旋している。

慶応四（一八六八）年の鳥羽・伏見敗戦後、佐久左衛門は武州方面への脱走兵を統率して衝鋒隊《しょうほう》を結成し、その総督となった。三月一日、江戸を脱出した衝鋒隊は、信越を転戦して会津救援に向かうが、形勢不利とみて離脱。十月、松島で実弟高松凌雲を伴う榎本武揚の艦隊と合流して蝦夷地に向かった。榎本艦隊は、ほどなく蝦夷地に上陸し箱館を占拠、五稜郭入城後は各地へ進撃して、同年末には蝦夷地を平定した。

しかし翌明治二（一八六九）年四月、反攻を開始した新政府軍に蝦夷地上陸を許すと、旧幕府軍は敗走を重ねた。そして五月十二日、箱館湾から五稜郭への艦砲射撃により佐久左衛門は重傷を負う。この六日後、五稜郭は開城した。佐久左衛門は弟凌雲の箱館病院に収容されたが、治療の甲斐なく翌月十四日に没した。享年三十七。［穴井］

高松凌雲《たかまつ　りょううん》

日本で初めて赤十字活動を実践

生没年　一八三六—一九一六
幼名　権平
通称　荘三郎

高松凌雲は、天保七（一八三六）年十二月二十五日、筑後国御原郡古飯《ふるえ》（現小郡市）の庄屋高松与吉の三男として生まれた。すぐ上の兄は、幕府御家人として戊辰戦争を戦い、箱館で戦死した古屋佐久左衛門である。

安政三（一八五六）年、二十一歳の時に久留米藩家老有馬飛騨の家臣川原弥兵衛の養子に入ったが、同六年に脱藩、兄佐久左衛門を頼って江戸へ向かった。江戸の石川桜所《おうしょ》や大坂の緒方洪《こう》庵《あん》に入門して蘭方医学を修め、横浜で英語を学んだ。

慶応元（一八六五）年、徳川御三卿の一橋家に招かれ、翌年、慶喜（のち徳川十五代将軍）の侍医となった。ほどなく慶喜の名代としてパリ万国博覧会に派遣されることになった松平民部大輔（昭武《あきたけ》）の付添医を命ぜられ、同三年一月に横浜港を出帆してフランスに留学し、西欧諸国を視察した。久留米出身者で海外に留学した最初の人物となる。

明治元（一八六八）年、江戸城無血開城の報に接し、五月に横浜に帰着すると、開陽丸に乗船して榎本武揚と行動をともにし、品川沖を脱出して蝦夷へ向かった。

箱館を占拠した榎本のもとで、旧幕府側の箱館病院の院長となるが、留学で学んだ赤十字の博愛精神を説いて、敵味方の区別なく戦傷者を受け入れ、治療を施した。この日本で最初となる赤十字精神の実践が新政府軍の黒田清隆に評価され、旧幕府軍との和平仲介を依頼されることになる。凌雲の斡旋もあり、翌年五月、榎本武揚は五稜郭を開城して降伏した。

戊辰戦争終結後、凌雲は明治政府より幾度も仕官を勧められるが固辞し、一医師として過ごした。同十二年、医師仲間と「同愛社」を創設し、貧民施療のために尽くした。大正五（一九一六）年十月十二日、肺結核のため東京で没した。享年八十一。墓所は谷中霊園（東京都台東区）。

［穴井］

「高松凌雲先生誕生之地」碑（小郡市古飯）

特産品として好評を博した久留米絣の創始者

小川《おがわ》トク《とく》

生没年　一八三九－一九一三

小川トクは、天保十（一八三九）年に武蔵国足立宮《みや》ケ《が》塔《とう》村（現埼玉県さいたま市）に生まれた。養蚕と木綿織物の盛んな地域である。幼くして両親を亡くし、結婚して一男を生むが、やがて江戸に出て武家に奉公する。

江戸詰の久留米藩士戸田覚左衛門の帰国にあたり、娘の乳母となり、慶応四（一八六八）年に久留米に同行した。折り返し藩主頼咸《よりしげ》の正室精姫《あきひめ》（有栖《ありす》川宮韶仁《がわのみやつなひと》親王の娘）の女中として江戸に帰る約束であったが、すでに精姫は江戸へ発ち、トクは久留米に留まることになる。

小川トクの生前墓（梅林寺）

当時、久留米では絣の生産が盛んであったが、下機《しもばた》（いざり機）という原始的な織機を使用していた。トクは織機の改良を思い立ち、田中久重に依頼して機織りを効率的に行うための揚框《あげわく》機を製作してもらい、また寺町の工匠亀吉の協力を得て、長機《ながはた》の製作に成功した。

明治九（一八七六）年、トクは縞《しま》織りの織屋を始め、製品に「久留米縞」と名付けて売り出した。久留米絣より遙かに安価なこともあり、好評を博した。日吉町の山王社裏手にある仕事場には、機織りの見物人が殺到した。また、トクのもとに弟子入りする者も多く、育成した技術者は六、七百人にも達したという。

久留米の特産品としてその地位を確立した久留米縞であったが、一方で粗悪品が目立つようになる。明治十九年に久留米絣同業組合が結成されると、縞関係業者もそれに加わり、製品管理を図った。同二十六年には、絣組合から分離して久留米縞組合が組織された。この間、同二十年にトクの功績を称えるため、門弟らにより梅林寺（久留米市京町）に寿墓（生前墓）が建立されている。

久留米での住居は、初め荘島《しょうじま》町、のち鳥飼村白山（現久留米市白山町）に移り、明治四十三年九月、郷里に戻って晩年を過ごした。大正二（一九一三）年十二月二十四日没。享年七十五。

［穴井］

若き日の真木和泉守
―その修学過程を中心に

樺島家・宮原家と真木家

久留米市瀬下町の水天宮では毎年五月に楠公祭《なんこうさい》が執り行われている。式典中、その祭場中央部に、楠木正成《くすのきまさしげ》とその子正行《まさつら》との桜井（現大阪府三島郡島本町）での惜別の画幅が掲げられている。

建武朝廷不可論
浮雲白日暗乾坤
君看桜井亭中涙
擬為四條忠義魂
石梁題

建武の朝廷論ずるべからず
浮雲白日《ふうんはくじつ》乾坤《けんこん》を暗くす
君看《み》よ桜井亭中の涙
擬して四條忠義の魂と為ることを
石梁題す

「石梁」とは藩校明善堂創設者の一人である久留米藩儒樺島石梁《かばしませきりょう》のことである。この画幅の成立年や、水天宮に奉納された時期などは不明であるが、文化十五（一八一八）年成立の『石梁文集』（巻之二）には、「楠正行」の題名で所載されている。

樺島石梁と真木家との直接の関係については現在のところ不明瞭である。しかしながら、真木和泉守が天保十五（一八四四）年頃、本格的な水戸学に触れる以前の学修に関して考えてみると、その関係の一端を垣間見ることが

桜井での惜別の画幅（水天宮蔵）

できる。

真木和泉守の学問の出発点は、七、八歳の頃、瀬下町の竹下惣右衛門のもとで手習いに励んだこととされている。その後、久留米藩士の国友与左衛門（名は輔、号は耳山《じざん》）に漢文の素読などを学んだ。与左衛門は、樺島石梁の学統をくみ、藩校明善堂の「読方」に従事していたという。

樺島石梁像（久留米市教育委員会蔵）

次いで和泉守は、久留米藩崎門学派の泰斗《たいと》宮原南陸《なんりく》の嫡子である宮原国綸《こくりん》に学ぶ。国綸は、漢学だけでなく柔剣術にも長じ、さらに『筑後孝子伝』や『筑後良民伝』を著して藩主より褒賞を受けた傑物であった。和泉守は、姉の駒子が国綸の長男宮原半左衛門へ嫁いだ関係もあり、宮原家の蔵書類を借覧して勉学に励んだという。

その後、真木和泉守らが「天保学連」を結成して藩政に関わる頃には、すでに樺島石梁は没しており、両者の接触はなかったものと考えられるが、石梁は少年期に前述の宮原南陸から漢学を学び、和泉守はその嫡子国綸の指導を受け、さらに南陸の孫にあたる半左衛門と姉駒子夫妻との関係などの経緯から、樺島家、宮原家と真木家との交流が推察される。

このような学修経験や家庭環境などから、和泉守の修学過程（思想形成過程）を検証するには、国学（和学）だけでなく、儒学的な側面にも注目する必要があると考える。

国学（和学）の学修

和泉守の国学（和学）の学修は、和泉守の父と親交のあった大石神社（現久留米市大石町）の神官船曳大枝《ふなびきおおえ》の兄で、三島神社（現久留米市三潴《みづま》町）の神官宮崎信敦《のぶあつ》のもとで培われている。

信敦は初め柳川の富士谷御杖《みつえ》に学び、文化年間（一八〇四－一八）頃京都に遊学、吉田神道修学の傍ら香川景樹《かげき》に入門し和歌を学んだ。帰郷後、同神社の神官に従事するとともに国学と和歌を教授した。交友関係は広く、久留米藩家老有馬織部《おりべ》・有馬播磨《はりま》・吉田図書《ずしょ》のほか、樺島石梁・池尻葛覃《かったん》、他藩では草場佩川《はいせん》・鈴木重胤《しげたね》・伊藤常足《つねたり》などと交友を重ねた。この時期の筑後地域の神職は、信敦の神道・国学・歌学に大きな影響を受けていたことが窺える。

〔吉田〕

奇人・高山彦九郎の久留米訪問

尊王攘夷運動の先駆者

　林子平《しへい》、蒲生君平《がもうくんぺい》とともに「寛政の三奇人」（「奇人」とは傑出した人物のこと）として著名な高山彦九郎が、寛政五（一七九三）年六月に久留米にて自刃したことはあまり知られていない。

　久留米市発行の『先人の面影』（一九六一年）には以下のようにある。

「時代は未だ尊皇論の優勢を示さず、専ら国学者を中心とした国体論が漸くたかまり、情熱は内に燃ゆるのみで、その実践性顕著ならざる時、彦九郎の青春は我が国体の正視から止むに止まれぬ尊皇運動という人柱的な践実に捧げられたのである」。同書で彦九郎は「尊王攘夷運動の先駆者」として位置づけられているが、彼はどのような経緯で久留米と関わりをもったのであろうか。

　高山彦九郎（名は正之、字は仲縄《ちゅうじょう》）は、延享四（一七四七）年、上野国新田郡細谷《ほそや》村（現群馬県太田市）に生まれた。十三歳の時、『太平記』を読んで先祖が南朝の新田氏につながることを知り、志を立て学問に励んだ。十八歳で京都に遊学し、儒者河野恕斎《じょさい》に師事しながら当時の著名な学者・知識人を訪問、この間、垂加《すいか》流の尊王思想に傾倒していったという。

　その後、高山家を離れて江戸・水戸・仙台など各地を遊学、全国で交遊を重ねながら、時には公卿などにも接近した。幕藩体制動揺の兆しが見えていた時期の彦九郎の行動は、個人的な奇行というよりは、幕末の草莽の志士の先駆けをなすものであり、真木和泉守や吉田松陰など、後の志士たちにも強い影響を与えた。

久留米での彦九郎

　彦九郎は二十代後半から自刃の直前まで膨大な日記を残しており、その主なものを収載した『高山彦九郎日記』（全五巻、一九七八年）の登場人物は五千人を超えるというが、特に九州地方で著名な人物としては、富田大鳳《たいほう》（熊本）、樺島石梁《かばしませきりょう》（久留米）、赤崎海《かい》門《もん》（鹿児島）、藪孤山《やぶこざん》（熊本）、脇愚山《わきぐざん》（大分）、広瀬淡窓《たんそう》（日田）などが挙げられる。なかでも樺島石梁とは寛政元年、江戸赤羽橋の久留米藩邸にて面会し、同藩士数人とともに酒を酌み交わしている。

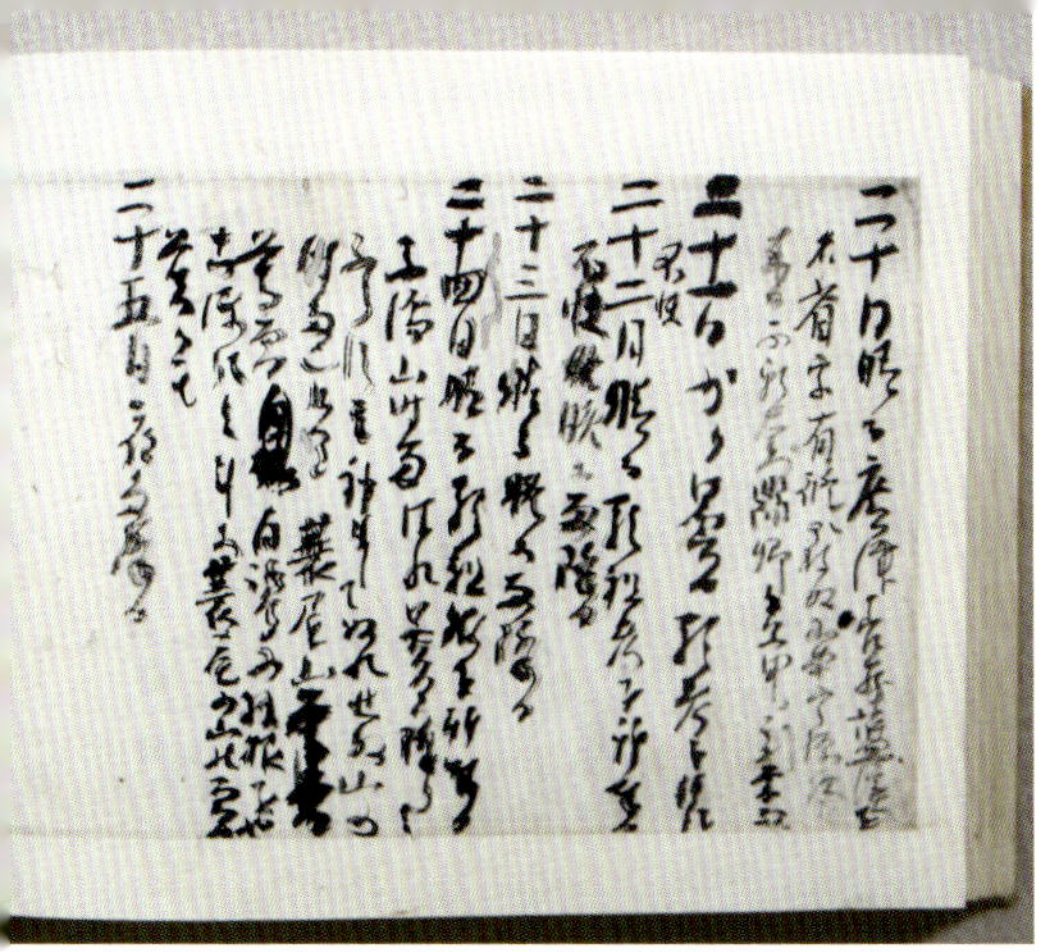

『筑紫日記』（矢嶋瑞夫氏蔵、太田市立高山彦九郎記念館寄託）。自刃直前の寛政５年６月の記述

最晩年に訪れた九州地方に関しては『筑紫日記』（『高山彦九郎日記』所収）に詳しく、寛政四年正月には熊本に入り、約一年半の間に鹿児島・宮崎・大分など各地を歴訪、翌五年五月に久留米に至る。同地では御井郡櫛原村（現久留米市）の儒医森嘉善《かぜん》宅に逗留した。この頃の彦九郎は「筆致は難読で、詠んだ歌は多いものの悲痛に満ちている」といわれ（同書）、寛政元年に起きた「尊号一件」（光格天皇が実父の閑院宮典仁親王《かんいんのみやすけひと》に「太上天皇」の尊号を贈ろうとして、当時の老中松平定信に反対された事件）に対する落胆とも、「痰気《たんき》」による心身衰弱であったともいわれている。

森嘉善は、彦九郎の死の直前について、少し目を離した隙にすでに切腹していた、と記している（『先人の面影』）。嘉善は、自刃した彦九郎に対して久留米藩が埋葬を許さなかったので、自宅の庭にて仮葬をしたという。その後、官許を得て遍照院（現久留米市寺町）に改葬した。

高山彦九郎がなぜ死地に久留米を選んだのか、未だ不明な部分が多い。ただ、寛政初年に面会した樺島石梁の師は、彦九郎も教えを受けた細井平洲《へいしゅう》（上杉鷹山《ようざん》の師）であり、森嘉善の師広津藍渓《らんけい》と彦九郎の交友も確認できる。久留米地域を端緒として、当時の彦九郎の足跡を再検証する必要があるかもしれない。

［吉田］

上：久留米市東櫛原町の高山彦九郎終焉の地（森嘉善宅跡）／左：久留米市寺町・遍照院の高山彦九郎の墓。福岡藩脱藩後の平野国臣や長州藩士久坂玄瑞らも訪れた

幕末のクロスロード　薩摩街道・松崎宿

松崎宿の南構口跡。当時の石垣が残る

松崎領の成立、そして宿場町へ

松崎（現小郡市）は、わずか十七年間ではあったが、久留米藩の支藩松崎領（藩）が置かれた場所で、松崎城（藩主居館、陣屋）も築かれた。現在も堀や馬場、枡形《ますがた》の跡などが残っている。

寛文八（一六六八）年、久留米藩初代藩主有馬豊氏《とようじ》の外孫有馬豊範《とよのり》に一万石が分知され、松崎領が成立した。しかし豊範は、姉婿の陸奥窪田《くぼた》藩主土方《ひじかた》雄隆《かつたか》の継嗣問題に関与したことで貞享元（一六八四）年に改易となり、松崎領は一時期幕府領になった後、久留米藩に還付された。この松崎領の時代、延宝年間（一六七三－八一）に、参府街道として従来の横隈《よこぐま》往還（筑前街道）に替わり松崎街道（往還）が整備され、松崎に宿駅が置かれた。

松崎宿（現小郡市）は薩摩街道と秋月街道が交わる地点でもあり、府中宿（現久留米市）・羽犬塚《はいぬづか》宿（現筑後市）などとともに久留米藩領の八宿の一つとして重要視された。松崎宿には御茶屋（本陣）や町茶屋（脇本陣）に加え、油屋や柳川屋など二十六軒の旅籠があったといわれ、薩摩藩主の参勤交代をはじめ多くの旅人の往来で賑わった。

志士たちも宿泊した松崎宿

特に幕末期には、長州の吉田松陰や久留米の真木和泉守など各藩の志士たちが松崎宿を訪れたことが、彼らの残した日記・紀行文などから窺える。また当時の宿帳（松崎宿歴史資料館に保管）には、西郷吉之助（隆盛）や大久保一蔵（利通）ら薩摩藩士の名前が記されている。将軍徳川家定に嫁いだ天《てん》璋院《しょういん》篤姫《あつひめ》も、江戸へ向かう途中に松崎宿を訪れたという。

「寛政の三奇人」と称せられた高山彦九郎は、時代を先取りして尊王の大義を唱え、全国を遊歴したことで知られる。彦九郎は二度にわたり松崎宿を訪れ宿泊した。しかし、自分の主張が通らない当時の時勢を嘆き、寛政五（一七九三）年、久留米の森嘉膳《かぜん》宅で失意のうちに自刃した。その辞世「松崎の駅《うまや》の長に問ふて知れ心づくしの旅のあらまし」に松崎宿のことが詠まれている。

旅籠油屋（小郡市指定有形文化財）。後の陸軍大将乃木希典も訪れた

福岡藩出身の志士平野国臣《くにおみ》は、安政五（一八五八）年、同志の勤王僧月《げっ》照《しょう》とともに薩摩へ落ち延びる途中で松崎宿に宿泊した。また、周辺の樋口胖四郎家（真木和泉守の娘婿）や、樋口家の菩提寺でもある霊鷲寺などに潜伏したという話も伝わる。

旅籠油屋の建物は、今も地元の人々によって保存されている。多くの貴重な資料も伝えられ、往時の賑わいを物語る。また、西郷隆盛については「油屋の二階の座敷に愛犬があがってきて大笑いした」「下戸の西郷さんが油屋でお酒を飲んだ」などの伝承があり、西郷が使用したと伝わる盃も残る。西南戦争の際には官軍二千名が松崎に宿泊し、油屋が総督有栖川宮熾仁親王《ありすがわのみやたるひと》（初代福岡県知事）の本営となったのは歴史の皮肉であろうか。

［竹川］

油屋に伝わる盃（小郡市教育委員会蔵）。西郷隆盛が使用したという

柳川藩

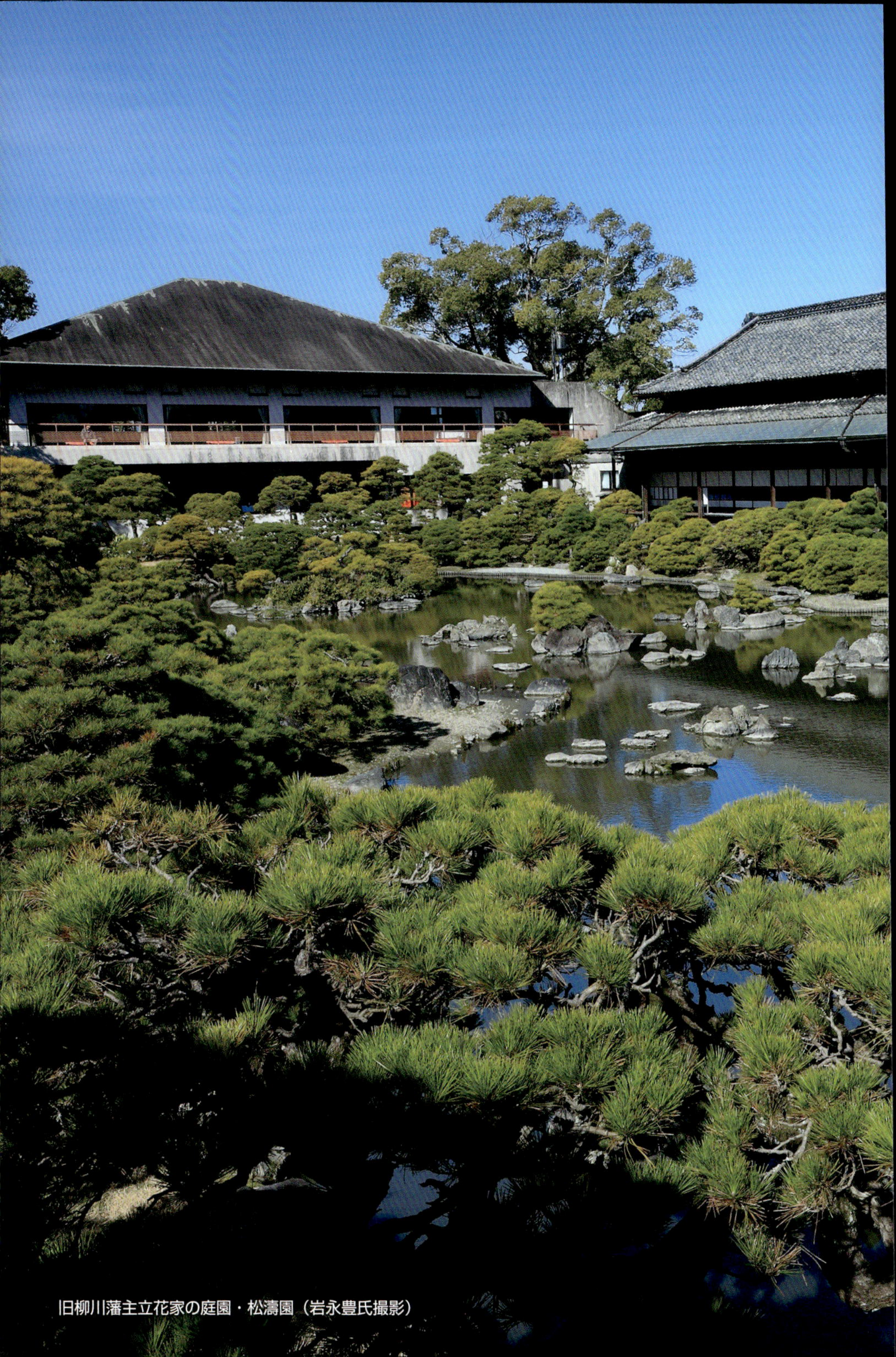

旧柳川藩主立花家の庭園・松濤園（岩永豊氏撮影）

柳川藩の概要

　筑後平野の西南部に位置する柳川は、縦横に走る掘割《ほりわり》と筑後川や矢部川などの河川、有明海によって防備された水の要塞であった。

　この地に初めて戦略的な価値を見出したのは、筑後南部に強い勢力基盤を有していた蒲池《かまち》氏である。文亀年間（一五〇一－〇四）に蒲池治久《はるひさ》が現在の日吉神社付近に城塞を構築し、治久の孫にあたる蒲池鑑盛《あきもり》が、永禄年間（一五五八－七〇）に本格的な城を築いた。

　その後、豊臣秀吉が九州を平定し、天正十五（一五八七）年、筑前立花城を本拠とした立花宗茂《むねしげ》が筑後柳川十三万二千石に封じられ、柳川城に赴任した。ところが、慶長五（一六〇〇）年の関ヶ原の戦いにおいて、立花宗茂は西軍に加わり、東軍に属した大津城の京極《きょうごく》氏を攻撃したため、この年の十一月、徳川家康により除封され、領地を失った。

　代わって慶長六年から柳川城の城主となったのは、関ヶ原の戦いで石田三成を生け捕りにした田中吉政である。その勲功によって、三河岡崎十万五千石の城主から筑後一国三十二万五千石に領地替えとなった。

　田中吉政は、着任するや、柳川城と城下町の大規模な改造・整備を行っている。西方に流れる沖端《おきのはた》川を掘り変え、城堀を掘削し直し、幅を広げた。柳川城の西側に一段高く盛り土をし、本丸として新たに五層五階の天守閣を造営した。この田中吉政が行った大規模な土木工事によって、柳川の城下町としての整備が完成した。

　ところが、元和六（一六二〇）年、田中家は断絶する。筑後国は、久留米領と柳川領に分割され、久留米領には丹波福知山城主であった有馬豊氏《とようじ》が封じられ、柳川領には奥州棚倉から立花宗茂が再封され、筑後下五郡十万九六〇〇石を領した。その後、二百五十余年にわたり立花氏は柳川地方を治め、

■立花家歴代藩主と在任期間

1	立花 宗茂《むねしげ》	1620－1637年
2	立花 忠茂《ただしげ》	1637－1664年
3	立花 鑑虎《あきとら》	1664－1696年
4	立花 鑑任《あきたか》	1696－1721年
5	立花 貞俶《さだよし》	1721－1744年
6	立花 貞則《さだのり》	1744－1746年
7	立花 鑑通《あきなお》	1746－1797年
8	立花 鑑寿《あきひさ》	1797－1820年
9	立花 鑑賢《あきかた》	1820－1830年
10	立花 鑑広《あきひろ》	1830－1833年
11	立花 鑑備《あきのぶ》	1833－1846年
12	立花 鑑寛《あきとも》	1846－1871年

（藩知事を含む）

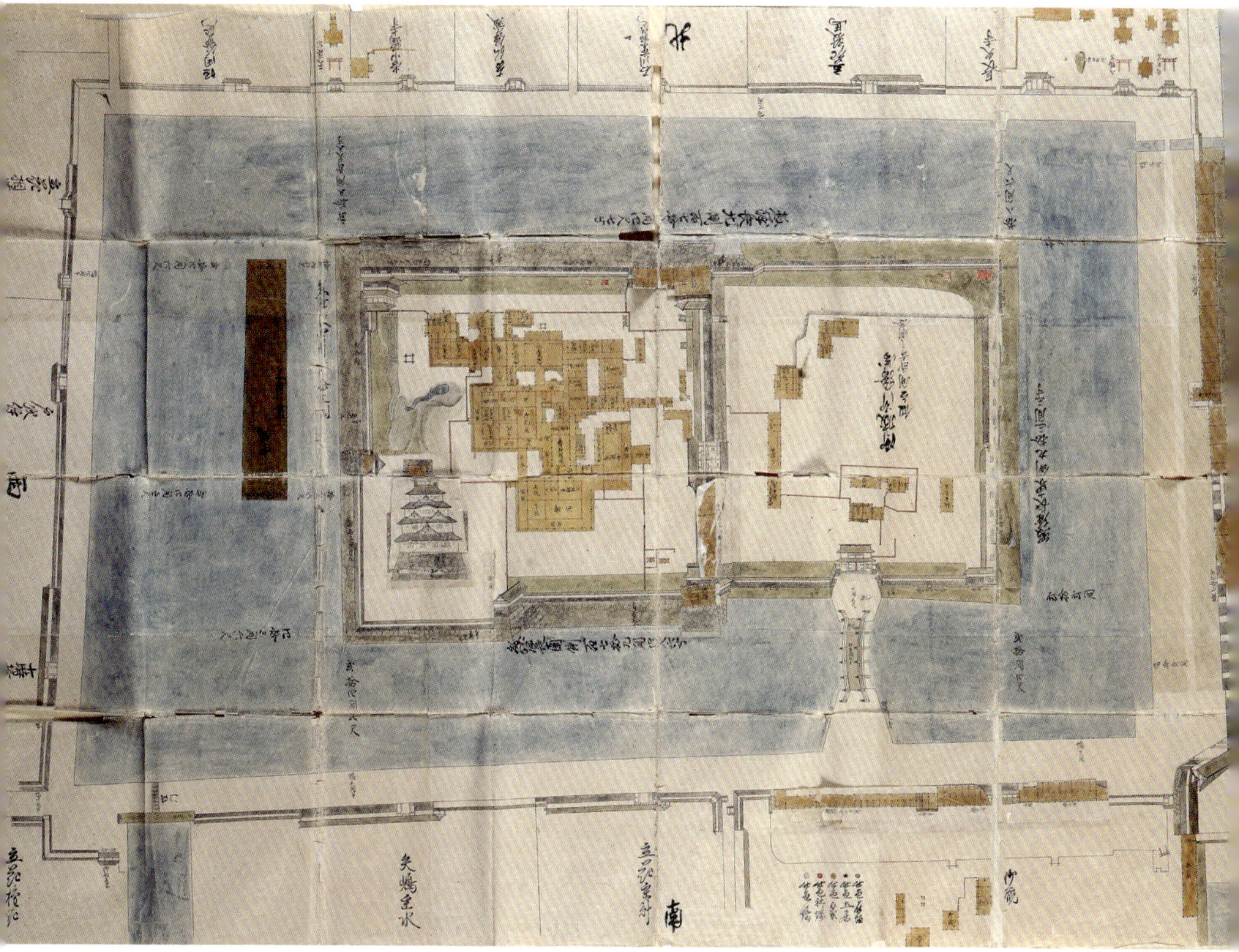

上＝「御城御絵図」（福岡県立伝習館高等学校蔵、柳川古文書館寄託）
左＝現在の掘割。掘割は城の防御のため、矢部川から引き込んだ水を城下全域に張り巡らしたもの。現在は川下りが行われ、多くの観光客が訪れる

宗茂から第十二代目の立花鑑寛《あきとも》の時代に明治維新を迎えた。

立花鑑寛所用の具足（立花家史料館蔵）

藩主立花鑑寛と家老立花壱岐

幕末・明治の柳川藩の動向は、第十二代藩主の立花鑑寛と家老の立花壱岐《いき》の活躍年代とほぼ重なる。立花鑑寛は弘化三（一八四六）年に藩主となったが、嘉永六（一八五三）年六月にペリーの「黒船」が来航するや、柳川藩にも幕末が到来した。

六月七日、幕府は、徳島・熊本・福井・長州・高松・姫路及び柳川藩に対して、内海防御の命を下し、十一月四日に熊本・長州・岡山・柳川四藩に対し、江戸湾の警備のため出兵を命じた。参勤交代のため江戸に滞在していた鑑寛は国元へ急使を派遣し、立花壱岐を総大将として江戸へ軍兵を派遣するよう命じる。しかしながら、当時の柳川藩は藩財政が極度に逼迫しており、藩

「江戸上屋敷図」（福岡県立伝習館高等学校蔵、柳川古文書館寄託）。柳川藩も他藩と同様、江戸に上中下の屋敷を構えており、上屋敷は現在の台東区下谷にあった

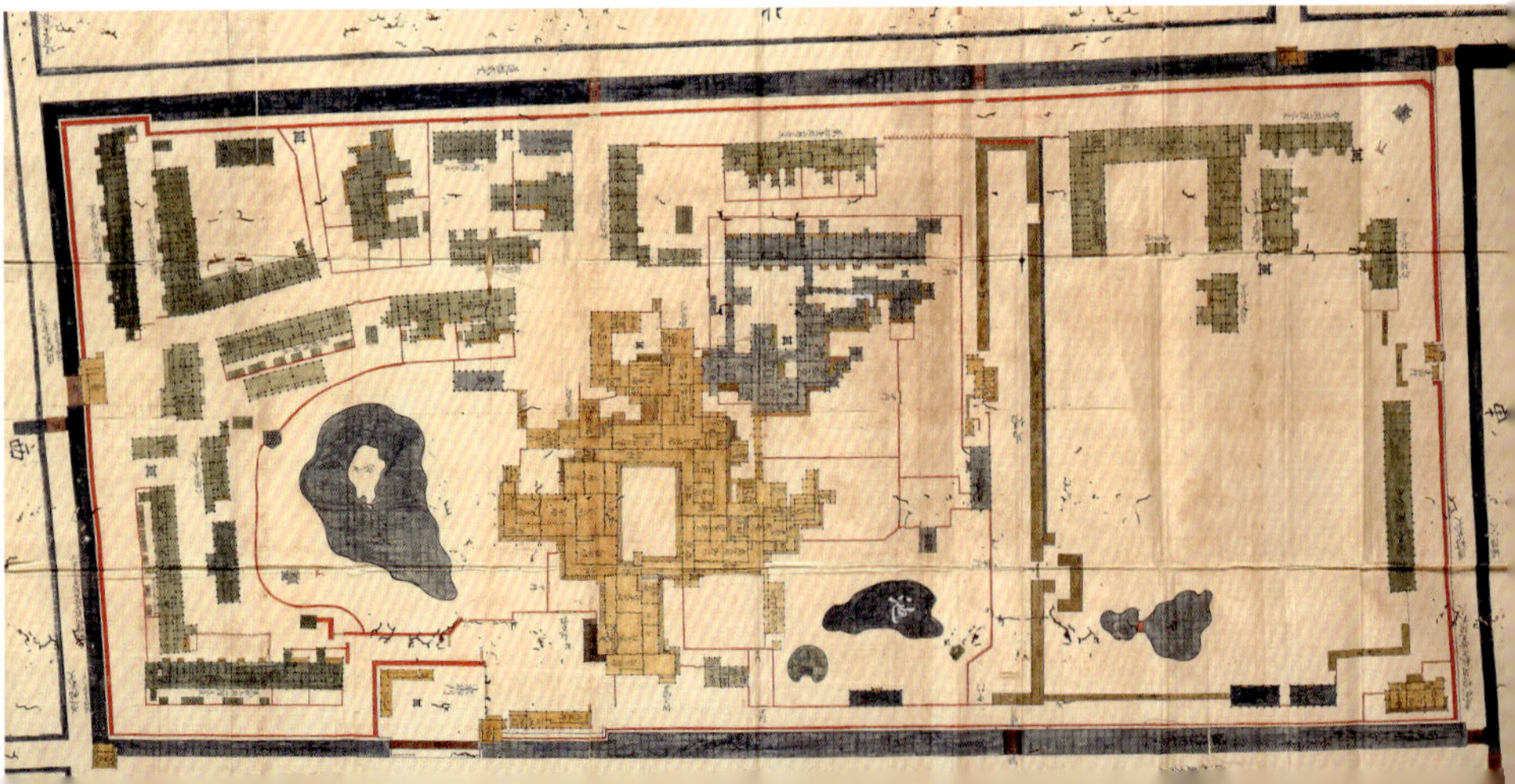

立花壱岐（小野家蔵）

論は紛糾するばかりであった。思い余った壱岐は単身肥後熊本に走り、家老らを説得して軍費を調達した。

　年明けの嘉永七（一八五四）年一月五日、壱岐は藩兵を率いて柳川を出発し、一月二十七日に江戸藩邸に到着、二月二日に川崎大師に駐屯する。その後、実兄の十時《ととき》摂津《せっつ》率いる藩兵も到着し、三月末からは上総富津（現千葉県富津市）警衛に当たった。その後、ペリー艦隊が退去したため、八月二十二日に江戸を出発して九月二十二日に柳川に帰着した。

　壱岐の才能を見込んだ藩主鑑寛は、安政三（一八五六）年三月二十五日、壱岐を家老に抜擢し、翌年の四月には参勤交代に同行させて江戸に上る。藩主鑑寛と壱岐は、福井・川越・土佐・鳥取藩に呼びかけて列藩諸侯会議を開催し、時局を論じた。また、壱岐は福井の橋本左内《さない》と親交を結び、連携して幕府に開国を促す建白書を提出している。攘夷論が渦巻く世論の中で、柳川藩は積極的開国主義を唱えて異彩を放った。

　安政五（一八五八）年四月、井伊直弼が大老に就任するや、身の危険を感じた鑑寛と壱岐は五月九日に江戸を出発して難を免れた。

安政の改革

藩主鑑寛は、安政六（一八五九）年、壱岐に対して藩政の全権を委ねる。壱岐は藩政の大改革（安政の改革）に取り組み、「鼎足《ていそく》運転の法」と呼ばれる経済政策を断行した。

　当時の柳川藩は、約三十万両の負債を抱えていた。壱岐は藩内の米や麦などの集出荷を扱う産物会所《さんぶつかいしょ》の仕組みを改め、大坂商人から一万両の融資を受けた。借入れを担当したのは藩御用商人の高椋《たかむく》新太郎と物成《ものなり》役に就任した池辺藤左衛門らであったが、難色を示す鴻池《こうのいけ》や加島屋などの豪商を料亭に招き、柳川藩出身のお抱え力士であった横綱雲龍らのそろい踏みを披露するなどして接待に努め、やっとのことで借入れに成功する。この一万両を担保に十万両の藩札を発行し、この藩札によって藩内の産物を買い集め、長崎で販売して通貨を得た。

　このように、「藩札－産物－正貨」の繰り返し、回転によって利益を拡大させるのが「鼎足運転の法」である。

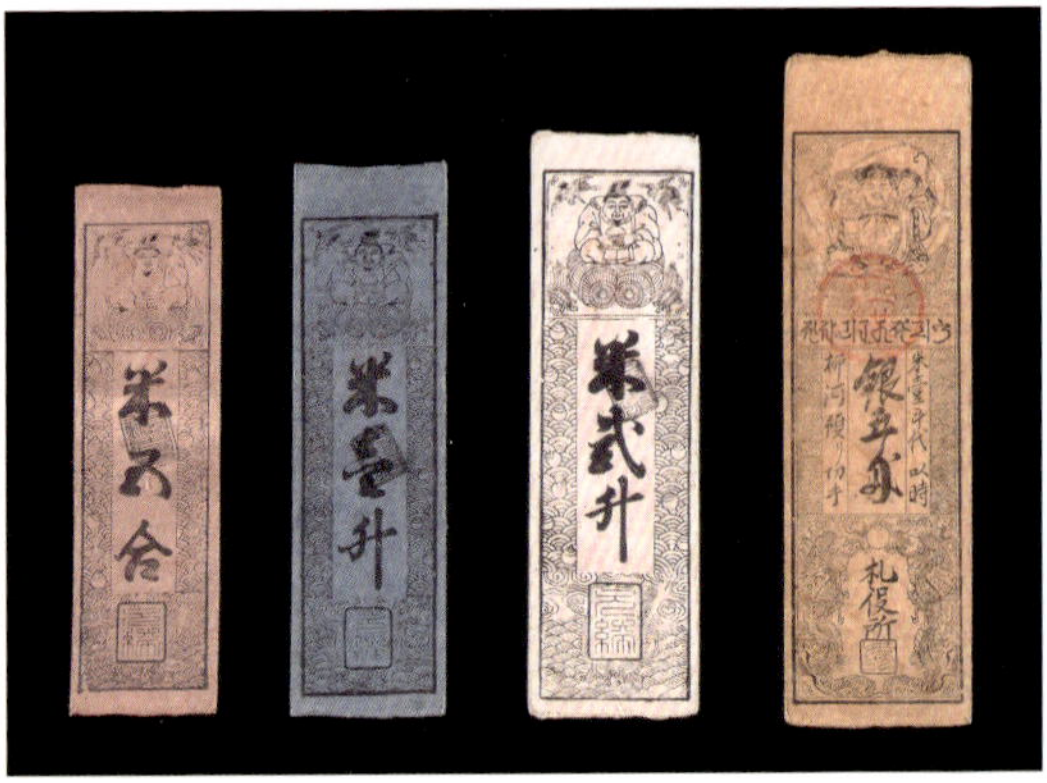

柳川藩の藩札（甲木与一郎先生収集史料、柳川古文書館寄託）

二年間で負債を償還し、十四万両の剰余金を蓄えることができた。

品種改良にも努め、壱岐が開発した新品種の櫨《はぜ》は農民たちに「壱岐穂《いきほ》」と呼ばれ、壱岐は「生き神さま」と慕われた。このほか、壱岐は役人の数を大幅に減らし、能力のある人を積極的に引き上げ、役人の不正を厳しく禁止するなど、様々な改革を実施した。藩経済が活性化し、壱岐の手法は庶民の歓迎を受けたが、あまりに過激な手法は保守派の反感を買う。

文久二（一八六二）年九月、慢性の宿痾《しゅくあ》が悪化して壱岐が全権を退任するや、保守派が実権を掌握し、中老になっていた池辺藤左衛門など改革派の藩士を追放し、前例を墨守するだけの藩政に回帰した。

柳川藩の尊王攘夷派

ただし、壱岐が全権を退任したからといって、他藩のごとく尊王攘夷運動が高まらなかったのが柳川藩の特色ともいえる。上級藩士は壱岐らの改革派と、それに反対する保守派に二分されていたが、いずれも攘夷を排斥するという点においては尊王攘夷派と一線を画していたからである。保守派は従前通り幕府を頂点とした秩序を守り、波風を立てずこれまでの伝統を守ることをよしとした。保守派から見れば、幕藩体制そのものを敵視する攘夷家は壱岐たちの改革派よりも遙かに危険な思想集団であった。

柳川藩において尊王思想を普及したのは、西原晁樹《あさき》と横地玄蕃助《げんばのすけ》という老学者である。

西原晁樹は平田篤胤《あつたね》に学び、真木和泉守、草場佩川《はいせん》、村田春海らと交わり、国学者の立場から尊王思想を普及した。藩校伝習館において藩公認で本居宣長・平田篤胤の流れを汲んだ国学を若者たちに教えた。決して攘夷運動を鼓舞するものではなく、いわば日本人の教養として、朝廷による政治の正当性を説いた。西原は安政六（一八五九）年に死去したため、直接的な影響は限定的であったが、広田彦麿《ひこまろ》など藩内攘夷論者のみならず、立花壱岐などの改革派や保守派にも大きな影響を与えた。

横地玄蕃助は江戸で佐藤一斎に学び、

西原晁樹像（西原家文書、柳川古文書館寄託）

平山行蔵《こうぞう》に長沼流兵学を学んでいる。三池郡倉永村（現大牟田市倉永）に「龍山書院」を開き、尊王論の普及に努めたが、過激な性格もあって攘夷論に傾斜していった。志賀喬木《たかき》、西田幹次郎、永松毅、津村宣哲、済田平一、宇佐益人、曽我《そが》祐正、清水平太郎、大石善太夫、森軍治、立花通城、久保田言罕など多くの門下生を育て、筑後地方の攘夷論者でその門をくぐらなかった者は一人もいないといわれるほどに隆盛した。ただし、中下級藩士が多く、藩上層部で藩政に強い影響を与える人物はほとんど含まれていなかった。

　このほか久留米の真木和泉守の影響を受けた広田彦麿と妻の広田鶴代や、甲斐原鶴三郎、胸形樽雄、久保田邦彦などの攘夷論者がいたが、彼らもまた柳川藩政に影響を与えることはほとんどできず、長州藩などの尊王攘夷家と連携して藩外で活動するのが主流であった。

長州征討への対応

　元治元（一八六四）年七月十九日、京都で「禁門の変」が勃発する。久留米・柳川からも攘夷論者が加わっていたが、長州軍が潰滅的な打撃を受けると、幕府は中国・四国・九州の二十一藩に対して長州征討を命じ、柳川藩も他藩にならって出兵した。

　出兵をめぐって藩内の議論が紛糾した時、誰かが「壱岐殿を招いたらいかがであろうか」と提案したところ、ある家老が「彼は三年前にすでに死んでいる。古来、死人を用いる話を聞かぬ」と言下に斥けた。それを伝え聞いた隠遁中の壱岐は、「それはいいことを聞いた。確かに死んで三年経てば髑《どく》髏《ろ》となろう」と言って、号を「胖亭《はんてい》」から「髑髏」に改めている。

　イギリス・アメリカ・フランス・オランダの四カ国艦隊も、長州を砲撃して大きな打撃を与えた。窮した長州藩は、十一月十四日、三家老の首を差し出して降伏する。この降伏に至る過程で小倉に出向いた家老の十時摂津は、密かに薩摩の西郷隆盛と接触した。摂

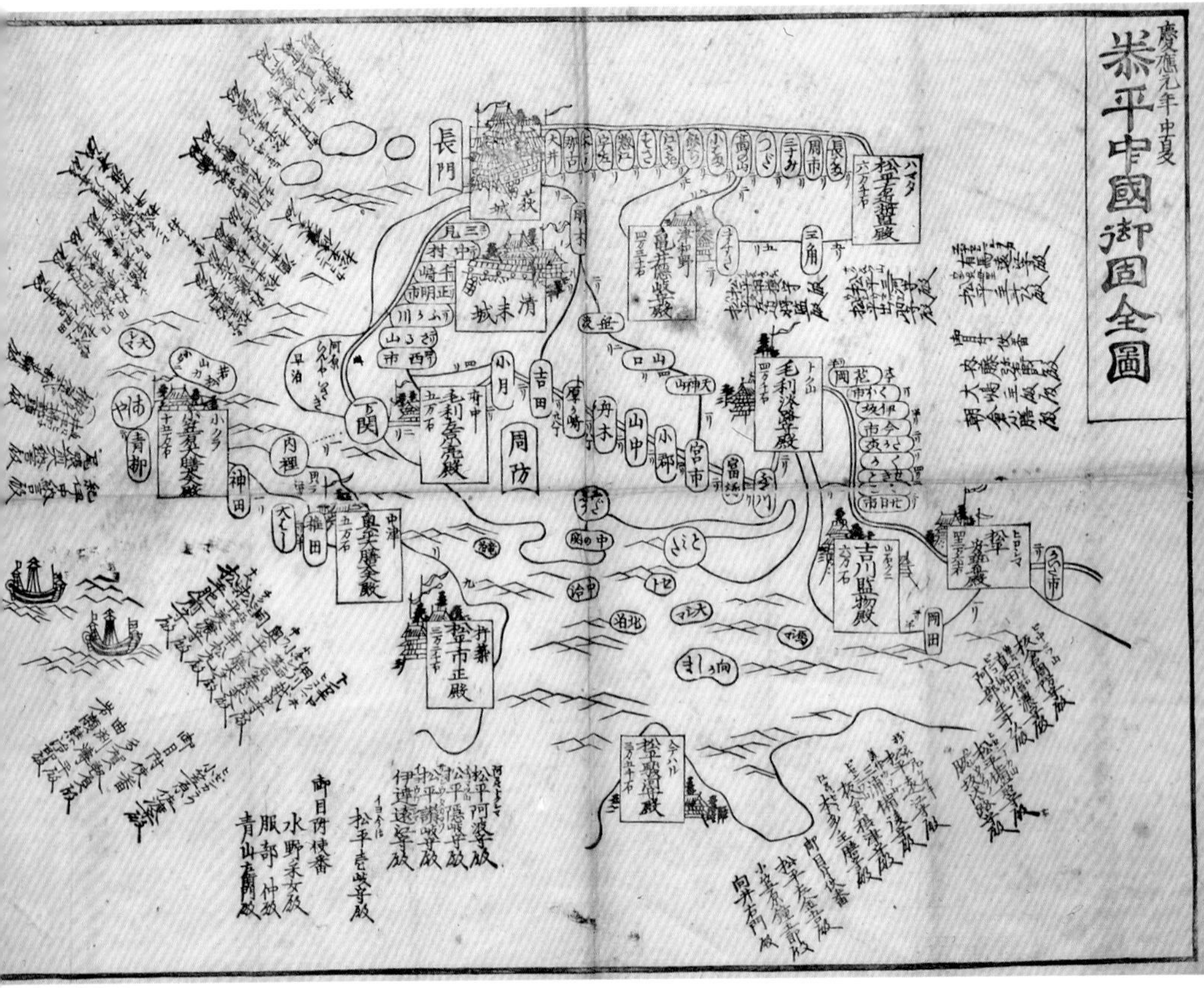

「泰平中国御固全図」（福岡市博物館蔵）。第一次長州征討における幕府軍と諸藩の布陣図。左上に「立花飛騨守」（鑑寛）の名が見える

津は長州藩への同情論を醸し出し、罪の軽減を訴え、早期撤兵を諸藩に働きかけて成功し、長州藩を存亡の危機から救った。

一方で、柳川藩自体の動きは極めて緩慢で、出兵期限にも危うく遅延しそうになり、筑前植木（現直方市）に本陣を構えた頃には、すでに大勢が決していた。軍の装備も旧態依然としたもので、参加した諸藩にも見劣りし、西洋式による兵制改革を直訴する者が続出した。

慶応二（一八六六）年の第二次長州征討に際しても藩内の議論は紛糾した。若手藩士を中心に長州征討反対論が湧き上がり、藩上層部も幕府や諸藩の動向を窺った。そして、小倉における衝突で幕府軍の劣勢が明らかになり、諸藩も征討反対論が大勢であることを知るや、熊本藩などと連携して兵を引き揚げている。幕府もまた将軍家茂の死を理由に、幕府軍に対して停戦と解兵

を命じ、かくて第二次長州征討は幕府の敗北というかたちで終結した。幕府の権威は失墜し、討幕運動が激しくなっていく。

王政復古後の藩政改革と磐城平の戦い

慶応三（一八六七）年十二月二十三日、柳川に「王政復古」の報が届いた。重職たちは対応を協議したが、議論が紛糾するばかりで結論は出ない。

壱岐は、ただちに政界復帰を決意し、元家老の立花但馬《たじま》らと連携して藩主鑑寛を動かし、慶応四年一月二十七日、全権に復帰する。同志の池辺藤左衛門も復帰させ、今後の方針を協議し、二月二日、柳川城大広間に全藩士を召集して藩政改革の布告を行った。

壱岐は、「王政復古」の意義を「復古」と捉えるべきではなく、「神武天皇の御創業の趣旨」、すなわち「一新」であることを基礎に置き、軍制の抜本的改革を断行し、英隊・断隊・果隊・行隊を編成することとした。

高椋新太郎を通じ、長崎において千《ち》別丸《わきまる》という中古の蒸気船も購入し、曽我祐準《すけのり》と十時一郎を船長に指名し、二月二十八日には壱岐の長男立花備中を侍大将とする英隊を京都へ派遣する。

また、薩摩藩と連携して尊王討幕派として行動することを確約し、「天機《てんき》伺候《しこう》」、すなわち天皇に拝謁して忠誠心を明らかにするため、四月には藩主鑑寛及び変隊を上洛させた。

戊辰戦争が始まると、英隊と変隊は江戸に向かい、柳川に残った壱岐は戦費を調達するため、藩士・藩民に「国《こく》恩諭書《おんゆしょ》」を布告して寄付金を募集した。あわせて、薩摩・長州による武力に頼った討幕を牽制するため、藩士一同を集めて、「武力に頼る覇道ではなく、天地の理による王道を目指せ」という趣旨の決議を採択させ、明治新政府に提出している。

六月六日、江戸に到着した英隊・断隊二九八名は、三池藩の兵士十九名とともに六月十一日に江戸を出発し、東北に向かった。奥羽北越戦争――東北戦争が勃発し、柳川軍も出兵を求められたのである。

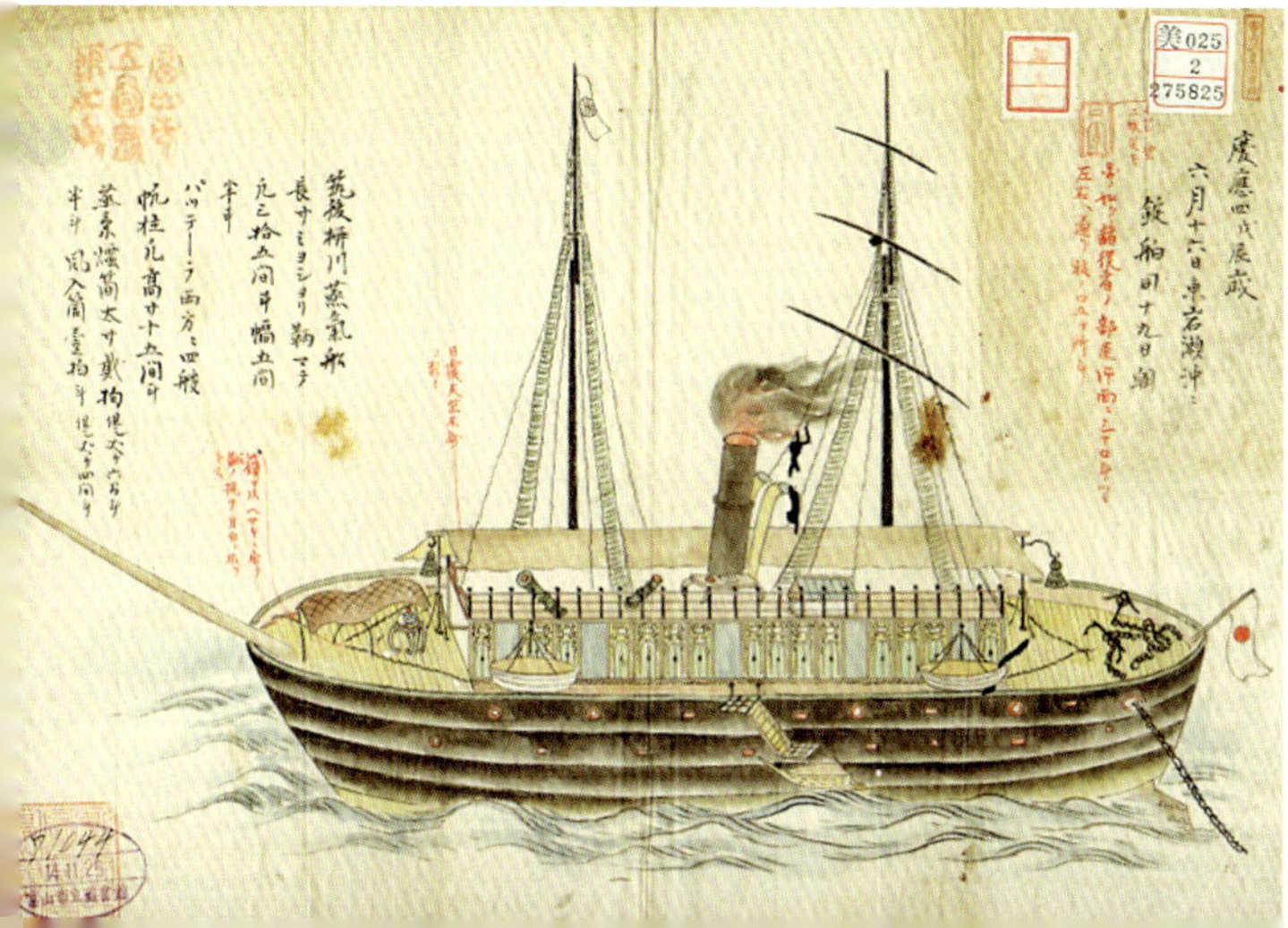
千別丸（「蒸気船東岩瀬沖ニ来航之絵」。富山県立図書館蔵）

錦旗（立花家史料館蔵、福岡市博物館編・霊山顕彰会福岡県支部発行『福岡県明治維新史料展』〔1994年〕より）。戊辰戦争で柳川藩兵が東北地方に従軍した際に掲げたもの

七月十三日、柳川軍は、薩摩・佐土原・岡山・鳥取・大村藩の兵とともに、磐城平《いわきたいら》城（福島県いわき市）を攻撃した。磐城平城には、仙台・会津・相馬など奥羽諸藩の兵が詰めていた。正面から攻撃した柳川軍は、百間橋を渡って大手門を攻めた。砲兵隊の綿貫《わたぬき》敬太郎は弾丸の降り注ぐ中、大砲に跨って照準を定め、大手門を粉砕する。城内に突撃して磐城平城を制圧し、柳川軍は一番手柄の功を挙げた。

岩倉具視への建白

六月五日、明治新政府は壱岐に対し、徴士刑法局判事の辞令を発する。藩政の大改革を遂行していた壱岐にとって、新政府からの招聘は由々しき問題であった。長崎においてオランダ人医師マンスフェルトの診察書をもらい、徴士を辞退するため、九月五日に柳川を出発し、長崎から蒸気船に乗って九月二十日に大坂に到着した。

壱岐はこの時、自ら書いた政治論文——『井蛙天話《せいあてんわ》』一冊と『山吹編』十一冊を携えていた。そして、京都において二回にわたって横井小楠《しょうなん》と会見した。ところが、明治二（一八六九）年一月五日に横井小楠は暗殺される。小楠の暗殺に衝撃を受けた壱岐は、小楠の遺志を継ぐべく、一月十二日、岩倉具視邸を訪れ、岩倉宛の書簡を残して柳川に帰った。

壱岐の手紙を読んだ岩倉は、壱岐を大坂に招く。それに対して壱岐は『第一等論』を送ったが、再三の上洛を求められて、大坂で岩倉と対面した。この時壱岐は、士農工商という身分制度の廃止、能力主義による人材の登用、藩の解体と中央政府の強化など、新しい国家のあり方について激烈に論じて岩倉を驚かせた。とりわけ、身分制度の廃止と能力主義による人材の登用について、壱岐は何度も繰り返し論じた。壱岐は武士階級に生まれながら、武士という特権階級を廃止すべきことを強

柳川城（柳川古文書館提供）。明治３年頃の撮影とされる

く主張したのである。しかも、それに最も賛同し、ともに行動したのが藩主鑑寛であった。二人は岩倉の要請に応じて江戸に上り、版籍奉還の決定を見届けて、壱岐は柳川に帰った。

柳川城炎上

柳川に戻った立花壱岐は藩政改革を推し進め、明治四（一八七一）年に起きた久留米の「大楽《だいらく》源太郎事件」（久留米藩難）の柳川への波及を防止するなど、その手腕をいかんなく発揮した。

廃藩置県によって藩は県と改められて国の地方機関となり、立花壱岐もまた一士族となって隠遁していたが、明治五年一月十八日——新たに任命された県知事が赴任する前日の夜に柳川城を炎上させた。柳川炎上を目撃した海老名弾正《だんじょう》によると、このことによって「藩論一変」し、士族の反乱は防止された。

これ以降、各地で士族の反乱が頻発したが、柳川藩は一人の死者も出さずに、平和裡に新しい時代に移行していった。東京の鑑寛と密かに連絡を取り合って、壱岐が陰で鎮静化に努めたためである。

幕末・明治の動乱の中、福岡藩は「乙丑《いっちゅう》の獄」、久留米藩は「大楽源太郎事件」などによって多くの有能な人材を失くし、小倉藩はある意味では幕府と運命をともにして政治的な発言力を弱めていったが、ひとり柳川藩だけは新しい時代の潮流に乗って、存在感を高めた。

強力なリーダーシップを発揮した家老立花壱岐と、それを大きな包容力で許した藩主立花鑑寛との絶妙な連係プレー、そして二人を支え続けた十時摂津や池辺藤左衛門、十時兵馬など多くの横井小楠学派——肥後学グループのチームワークによるものであった。

［河村］

江戸で拍手喝采を受けた剣客

大石《おおいし》　進《すすむ》

生没年　一七九七―一八六三
諱　種次・七太夫
号　武楽

大石進は寛政九（一七九七）年、三池郡宮部村（現大牟田市宮部）で、柳川藩武術師範の家に生まれた。祖父種芳は柳川藩の剣槍術師範を務め、父種行は三池藩の師範を兼務した。進は幼少の頃から祖父に新陰流剣術と大島流槍剣術を学び、馬を飼い、田畑を耕して家計を助けたという。

大石進の墓（大牟田市宮部）

　長じて柳川藩の武術師範を継いだが、槍術は加藤右衛門に譲って、剣術師範に専念した。容貌魁偉《ようぼうかいい》、身長六尺五寸の大男で、長大な竹刀を愛用し、左利きを活かした喉突きが得意技であった。十八歳の時、大石新影流を創設し、道場での稽古には、従来の唐竹面、長小手、袋竹刀に代えて、十三本穂の面、竹胴、半小手を使用した。

　天保三（一八三二）年、三十六歳の時、聞次役として江戸勤務となり、江戸を代表する道場主――直心影《じきしんかげ》流の男《お》谷《だに》精一郎、北辰一刀《ほくしんいっとう》流の千葉周作、鏡新明智《きょうしんめいち》流の桃井春蔵、小野派一刀流の白井亨《とおる》らに挑戦した。進は長刀をひっさげ、互角以上の戦いを繰り広げたため、江戸庶民の人気者になった。

　天保十年に再び江戸に上ると、旗本や諸藩の武士たちが入門を願い、老中水野忠邦も進を招いて島田虎之助らとの手合せを鑑賞し、儒者佐藤一斎もその技量を激賞する書を贈っている。天保十一年、藩主立花鑑寛《あきとも》は六十石から七十石に加増してその功を称えた。帰国後は、九州・西日本諸藩からの入門者が殺到した。

　嘉永元（一八四八）年、進は七太夫と名を改め、子の種昌《たねまさ》に進という名を譲った。その年の暮れには家督と剣槍術師範も二代目の進に譲り、隠居して武楽と号している。藩からは隠居料として十五俵を給された。文久三（一八六三）年十一月十九日、六十七歳で死去した。墓は大牟田市宮部にある。

［河村］

高椋新太郎《たかむく しんたろう》

柳川藩御用商人、維新後は銀行設立にも尽力

生没年　一八一七―一八八一

文化十四（一八一七）年、商人の子として生まれた。天保年間（一八三〇―四四）、柳川藩の御用商人で瀬高町（京町）に支店を開いていた天草の豪商石本平兵衛の薫陶を受けて商売の道を志す。

高椋新太郎の墓（西方寺）

天保八年、二十一歳の時、借金三十両を元手に八百屋町に魚問屋を開き、商才を発揮して財をなした。石本家が「高島秋帆《しゅうはん》事件」に連座して没落すると、嘉永元（一八四八）年からは藩御用商人に登用された。

安政六（一八五九）年九月から全権に就任した立花壱岐は、新太郎を直接面接して御用商人筆頭に任命し、「鼎足《ていそく》運転の法」の具体的な運用にあたらせた。新太郎は、天草・長崎・日田・大坂などを奔走し、十《と》時《とき》兵馬《ひょうま》や池辺藤左衛門とともに、大坂の鴻池《こうのいけ》や加島屋などから三万両の借り受けに成功する。また藩札を発行し、産物会所で集めた産物を長崎で売りさばいて大きな利益をもたらした。

力士雲龍を資金面でも支え続け、横綱就任相撲大会なども開催している。年行事格として帯刀も許され、十二人扶持米を下賜された。

王政復古の後、壱岐が全権に復帰すると、長崎で蒸気船千別丸《ちわきまる》を購入し、グラバーとも親しく交わるなど、壱岐が求める西洋式兵制の整備のために種々尽力した。

明治五（一八七二）年五月八日、新紙幣と藩札の交換比率に不満を持った数千人の群衆が三潴《みづま》為替方となった新太郎宅に押し掛け、土蔵を打ち壊して金品を略奪した。その間、新太郎は悠然と酒を飲んでいたという。

その後も醤油「羽衣」を販売するなど手広く商売を続け、明治十二年、柳川の第九十六国立銀行の設立に尽力し、初代頭取となった。明治十四年九月十二日、六十五歳で死去した。墓は柳川市恵美須町の西方寺にある。

［河村］

明治新政府初代の大蔵省次官

池辺《いけべ》藤左衛門《とうざえもん》

文政二（一八一九）年、山門《やまと》郡東山村小田（現みやま市瀬高町）で生まれた。幼少の頃より学に志し、吉田舎人《とねり》家に寄宿して藩校伝習館で学び、増尾謙一郎、安武巌丸とともに「伝習館三才子」と称された。その後、肥後の横井小楠《しょうなん》に学び、嘉永元（一八四八）年には伝習館の寮頭に任じられ、学校改革を唱えた。

安政元（一八五四）年には立花壱岐《いき》の根回しにより侍読として江戸に上り、水戸藩の藤田東湖《とうこ》と戸田忠太夫《ちゅうだゆう》に接触する。二人を通して水戸藩と幕府を動かすという壱岐と横井小楠の策によるものであったが、「安政の大地震」によって藤田と戸田が圧死したため計画は頓挫した。

安政六年九月、壱岐が全権となって藩政の大改革に着手するや、藤左衛門は物成役、大坂留守居、その後は中老として実務面において手腕を発揮した。

文久二（一八六二）年九月、壱岐が病気再発のために全権を辞すと、藤左衛門は追放され、慶応元（一八六五）年までの二年間牢獄につながれた。出所後は「不始末」をもじって「節松」と号した。

王政復古の報がもたらされると、壱岐が全権に復帰し、藤左衛門は用人格の辞令を受けて、情報収集のため長州と京都に派遣された。京都滞在中の慶応四年三月、壱岐の推挙を受けて明治新政府の会計官権判事に任じられ、五位に叙せられた。

新政府においては、参与の由利公正《きみまさ》とともに金融財政政策を担当した。会計基立金の創設や太政官札の発行など積極的な金融政策を推進し、イギリス公使パークスなどと外交交渉を行ったが、太政官札の流通難などに対する批判が高まり、明治二（一八六九）年、公正とともに辞職した。

柳川に帰った藤左衛門は明治八年、東京での再仕官を願ったが妨害を受け、八女郡山崎村（現八女市立花町）に隠遁して城山と号し、兼松小学校の児童を教えた。明治十二年柳河中学校校長、明治十八年伝習館館長、明治二十二年には橘蔭《きついん》館館長となり、教育の振興に努めた。明治二十七年二月十二日、七十六歳で死去した。墓は柳川市西魚屋《にしうおや》町の良清寺《りょうせいじ》にある。

［河村］

生没年 一八一九－一八九四
諱 永益
号 思誠・節松・城山

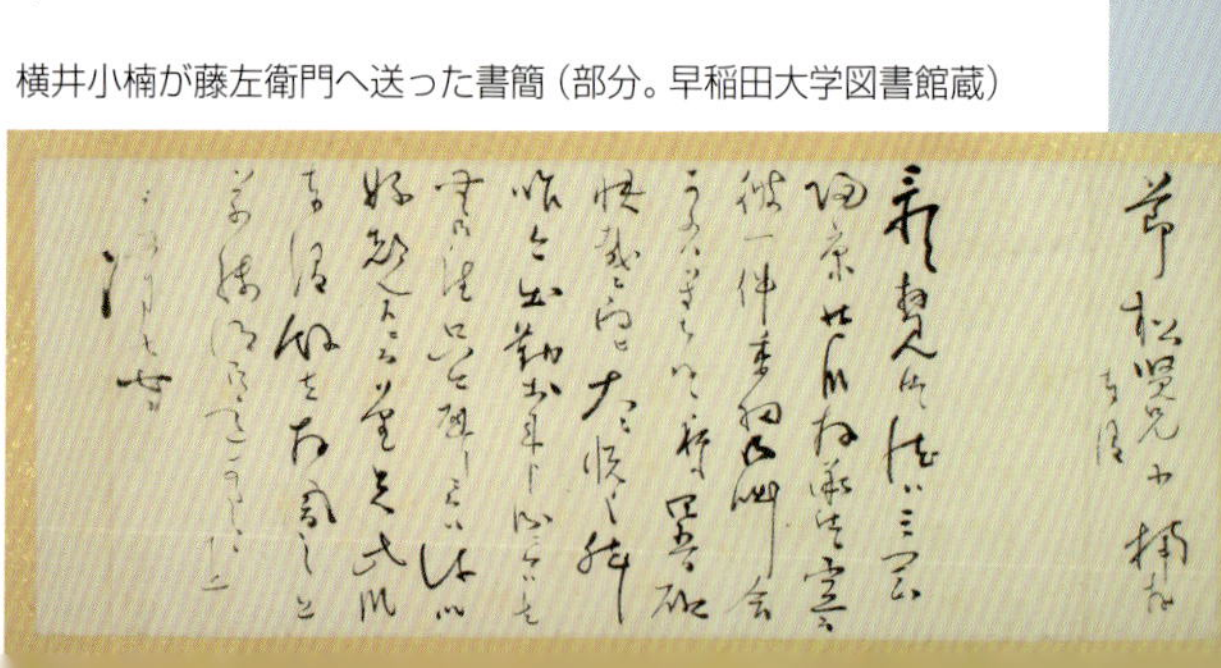

横井小楠が藤左衛門へ送った書簡（部分。早稲田大学図書館蔵）

「雲龍型」の由来となった第十代横綱

雲龍久吉《うんりゅうひさきち》

香蝶楼豊国画「雲龍久吉」（国立国会図書館デジタル化資料より）

生没年　一八二二―一八九〇

文政五（一八二二）年に山門《やまと》郡甲木《かつき》開《びらき》村（現柳川市大和町）で生まれた。幼くして悪病で両親を亡くした久吉は、三人の弟たちの面倒を見ながら、家事や農作業、馬の世話まで一人でこなした。もともと体は大きかったが、少年期を過ぎるとますます大きくなり、村々で開かれる宮相撲には必ず参加し、負け知らずであった。

やがて力士を志し、まず山門郡瀬高上庄《かみのしょう》（現みやま市瀬高町）の力士小桜に弟子入りしたが、あまりにも強過ぎたため江の浦（現みやま市高田町）の力士蓑島に紹介された。蓑島も、そのただならぬ素質を見抜き、募金を呼びかけて久吉を江戸へ送り出した。

久吉が江戸に出て追手風《おいてかぜ》門下となったのは、弘化三（一八四六）年、二十五歳の時である。六年後の嘉永五（一八五二）年、三十一歳で入幕を果たし、四股名を雲龍に改め、師匠の追手風の養子となった。順調に昇進を続け、嘉永七年三十三歳で小結、安政三（一八五六）年三十五歳で関脇、安政五年三十七歳で大関になった。入幕以来大関昇進まで、優勝六回、負けたのは八回だけという圧倒的な強さであった。

第十代横綱に昇進したのは文久元（一八六一）年、四十歳の時である。横綱在位八場所の通算成績は三十七勝十五敗四分。生涯通算成績は一二七勝三十二敗十五引き分け、五預であった。勝負のついた一五九試合でみれば、七割九分九厘――約八割という勝率である。横綱土俵入りの雲龍型は、もちろん横綱雲龍に由来する。横綱に昇進した翌年、住吉村（現久留米市）で記念興行を行った。雲龍は、露払いの網代《あじろ》山《やま》と太刀持ちの田子浦《たごのうら》を従えて、堂々の土俵入りを披露した。

慶応元（一八六五）年、四十四歳で引退し、追手風を襲名する。幕末明治の激動の中で相撲界は沈滞を余儀なくされたが、雲龍はひたすら後進の指導に尽くした。明治二十三（一八九〇）年、六十九歳で死去。墓は東京駒込（墨田区石原）の海蔵寺にある。［河村］

藩運営の安定に努め、明治新政府の参与にも就任

十時《ととき》摂津《せっつ》

生没年 一八二六－一八九三
諱 惟恵
号 雪斉

十時摂津の墓（西方寺）

十時摂津は文政九（一八二六）年、家老十時三弥助の五人兄弟の長男として生まれた。次男は家老矢島家の養子となった矢島采女《うねめ》、三男は同じく家老立花権佐《ごんざ》家の養子となった立花壱岐《いき》、四男は家老三の丸立花家の養子となった立花駿河《するが》である。末弟の十時信人だけが十時家に残り、兄摂津を助けた。

摂津は弟の壱岐とともに横井小楠《しょうなん》の「肥後学」を学び、熊本藩家老長岡監物《けんもつ》とも親交があった。嘉永元（一八四八）年には、弟壱岐とともに藩校伝習館の上聞（学校奉行）に就任している。嘉永六年六月の「黒船」来航に際しては、壱岐組とともに摂津組を率いて江戸湾を警備し、病弱の壱岐を助けて上総富津の警衛にあたった。

安政三（一八五六）年には泉州堺の警衛にあたり、この時薩摩・長州・土佐などの藩士と交わり、多くの友人知己を得た。安政六年九月からの「安政の改革」でも、全権となった壱岐に全面的に協力し、壱岐退任後も藩運営の安定に努めている。

元治元（一八六四）年の第一次長州征討に際しては小倉に赴き、密かに西郷隆盛と会談して、三家老の首と引き換えに和議に持ち込む調停案をまとめ、西郷とともに幕府側を説得した。

慶応二（一八六六）年九月、大坂で勝海舟と会見し、京都では土佐の後藤象二郎《しょうじろう》や薩摩の大久保利通・小松帯刀《たてわき》などと天下の形勢を論じた。翌年三月柳川に帰り、軍制の改革と藩主の上洛を求めたが叶わず、十月には再度上洛して後藤象二郎らと行動をともにし、朝廷と幕府の宥和に努めた。十二月に王政復古が発せられると、西郷隆盛らとともに新政府の参与に任じられた。

慶応四年四月、藩主鑑寛《あきとも》と変隊が「天機伺候《てんきしこう》」のため上洛し、江戸行きを命じられるや、摂津は軍監の立場で同行する。しかし体調不良のため十一月に軍監を退任して柳川に帰国した。明治二十六（一八九三）年四月五日、六十八歳で死去。墓は柳川市恵美須町の西方寺にある。

［河村］

十時兵馬の墓（福厳寺）

立花壱岐の懐刀として藩の外交戦略に貢献

十時兵馬《ととき ひょうま》

生没年　一八二八－一八八四
諱　惟芳・惟恭

文政十一（一八二八）年に十時惟起《これおき》の長男として生まれ、年若い頃から藩主鑑寛《あきとも》の近習として出仕した。安政五（一八五八）年に用人に昇格し、安政六年九月、藩政の全権一任を受けた立花壱岐《いき》によって中老に抜擢される。壱岐とは、横井小楠《しょうなん》の肥後学派の同志として長い親交があった。

兵馬は御用商人の高椋《たかむく》新太郎らと大坂に出張し、鴻池《こうのいけ》や加島屋などから一万両の融資を獲得した。また佐賀領の大託間《おおだくま》と柳川領の大野島との水利権調整のため佐賀藩と折衝するなど、外交的事務を的確にこなして壱岐を助けた。

文久二（一八六二）年九月、壱岐が全権を退任すると、兵馬も連座して罷免されたが、藩主鑑寛の強い意向によって、その年のうちに中老に復帰する。そして隠遁した壱岐や家老の十時摂津《せっつ》と密かに連携し、独自の行動を行った。慶応二（一八六六）年の第二次長州征討に際しても、幕府監軍平山謙次郎と対面し、長州征討の中止を求めて激論した。また他藩へも働きかけて征討反対論の声を高め、熊本藩と連携して自主的に兵を引き揚げた。

慶応三年十二月、風雲急を告げる京都に上り、十時摂津らと情報の収集にあたる。岩倉具視とも接触して様々な情報を立花壱岐に書き送り、王政復古後も京都に滞在して動静を探り続けた。

明治二（一八六九）年、明治新政府から徴士に任じられたが、藩主鑑寛と壱岐に懇願されて辞退した。同年三月に藩主の代理として上京し、岩倉具視から褒章を受けた。四月には岩倉具視と会見している。

柳川へ帰国後、小参事試補に任じられ、次いで権大参事補に進み、明治三年十一月、権大参事に昇格した。開明的な彼の言動は、保守派・攘夷派双方から誹謗中傷を受け、キリスト教を擁護した発言への攻撃も高まって、明治四年三月、退官に追い込まれた。

その後、柳川から大坂に転居し、明治十七年に五十七歳で死去した。生前の親交を物語るように、墓は福厳寺《ふくごんじ》（柳川市奥州町）の立花壱岐の墓の間近にある。跡取りの十時正雄の妻は、壱岐の三女のキヲである。　［河村］

神官として生まれ、尊王攘夷運動に奔走

広田彦麿《ひろた ひこまろ》

生没年　一八三〇－一八九六
変名　筑紫速雄

　天保元（一八三〇）年、廣田《ひろた》八幡神社（みやま市瀬高町文廣《あやひろ》）の神官の子として生まれた。幼少より和漢の書を独学し、のち藩国学者西原晁樹《あさき》に国学と和歌を学び、足達兵治に弟子入りして剣術・弓術・柔術を学んだ。嘉永年間（一八四八－五四）に上京して公卿らと交わり朝廷の衰微を嘆き、尊王攘夷の決意を新たにする。安政四（一八五七）年、再び上京して諸藩の志士と交わり、有栖《ありす》川宮《がわのみや》熾仁《たるひと》親王に厚遇され、その屋敷に出入りした。

　文久三（一八六三）年十月、久留米の真木和泉守の書状を託され、奄美大島へ流罪となっていた西郷隆盛を救出するため天草から船出したが、荒天のため途中で引き返した。この後、真木和泉守と頻繁に手紙のやり取りを行い、武者修行の名目で九州各地を遊歴して諸藩の志士と交わった。

　慶応四（一八六八）年一月、鳥羽・伏見の戦いの勃発を知り、十一名の同志とともに脱藩して長崎に至ったが、出航が禁止されていたため、筑前黒崎（現北九州市八幡西区）に回り船を雇って大坂に到着した。そこで十一名が加わり総勢十八名となった。三月八日、京都の有栖川宮邸に入り、有栖川宮の命を受けて三月十四日に駿府へ向かう。四月八日からは東征大総督となった有栖川宮の東北平定祈願のため、伊勢神宮と熱田神宮代拝の副使を命じられた。江戸では諸藩の志士によって編成された蒼竜隊の隊長となり、錦の御旗を掲げて江戸市中の警護にあたった。

　明治四（一八七一）年一月九日、参議兼東京府御用掛として東京の治安対策にあたっていた広沢真臣《さねおみ》が私邸で暗殺された。犯人は過激な攘夷主義者と目され、東京滞在中の攘夷家たちが一斉に取り調べを受けた。一月十六日、彦麿は重要容疑者の一人として逮捕され、刀を抜いて抵抗した罪により投獄される。

　明治九年、重病のため釈放されて柳川に帰った。明治二十七年の日清戦争勃発の際には、六十五歳の高齢の身ながら従軍を志願したが、参謀本部の川上操六《そうろく》中将から体よく断られている。

　明治二十九年八月一日、六十七歳で死去した。

［河村］

広田彦麿の顕彰碑（廣田八幡神社）

激動期の舵取りを担った最後の家老

立花壱岐《たちばな いき》

生没年　一八三一―一八八一
諱　親雄
号　胖亭・髑髏

立花壱岐は天保二（一八三一）年五月十五日、柳川藩家老十時三弥助の三男として生まれ、六歳の時に家老立花親理《ちかのり》の養子となった。十五歳の時「立志の文」を三柱神社（柳川市三橋町）本殿で読み上げ、以来三年間、布団にも寝ないで猛勉強を続けた。

立花壱岐旧居跡（みやま市瀬高町本郷）

　十七歳で藩校伝習館の上聞（学校奉行）に任命され、学校改革に取り組み、陣場奉行にも任じられたが、嘉永二（一八四九）年に発病して両職を辞した。嘉永四年春、養子先の立花登茂子と結婚し、八月十九日には野町（現みやま市山川町尾野）の別邸で横井小《しょう》楠《なん》と対面し、天下国家に目を開いた。

　嘉永六年六月、「黒船」来航に際し、柳川藩の総大将として江戸湾を警備し、安政三（一八五六）年三月、家老職に任じられた。一年後、参勤交代に随行して江戸に上り、福井藩の中野雪江や橋本左内《さない》らと交わった。また、列藩諸侯会議を発案し、柳川・越前・土佐・鳥取四藩の会合を開催し、幕府に開国論に基づく建白書を提出した。

　安政六年九月、藩主鑑寛《あきとも》から藩政の全権一任を受け、「鼎足《ていそく》運転の法」と呼ばれる経済政策を実行し、大きな成功を治めた。ところが病気が再発し、文久二（一八六二）年九月十五日、全権を辞して岩神（現みやま市瀬高町本郷）の別邸に隠遁し、隠遁中多くの小説などを書いた。

　慶応三（一八六七）年十二月の王政復古の後、壱岐は再び全権に復帰し、西洋式兵制の導入など大胆な改革を実施した。明治二（一八六九）年三月、岩倉具視に招かれて大坂で対面し、身分制度の廃止、能力主義による人材の登用、藩の解体と中央政府の強化など、新しい国家のあり方を論じた。

　明治五年一月十八日の夜、柳川城が炎上したが、これは士族の反乱を防止するために壱岐が仕組んだ放火と伝えられる。明治十四年七月二十四日、五十一歳で死去した。墓は柳川市奥州町の福厳寺《ふくごんじ》にある。

〔河村〕

綿貫吉直の墓（中央。柳川市三橋町）

元老院議官になった柳川の武人

綿貫吉直《わたぬき　よしなお》

生没年　一八三一―一八八九
諱　敬太郎

天保二（一八三一）年十二月四日、山門《やまと》郡五十丁村（現柳川市三橋町五拾《ごじつ》町《ちょう》）で徒士の子として生まれた。幼少より武芸に志し、念流を修め、のち西洋式砲術を学んだ。慶応二（一八六六）年の第二次長州征討に際して、幕府目付安藤治右衛門の警護役として職務に精励し、組付侍に抜擢された。

明治維新後は、立花壱岐が新たに編成した英隊のうち砲兵隊に配属された。慶応四年七月十三日、柳川軍は磐城平《いわきたいら》城（福島県いわき市）を攻撃した。柳川軍は大手門を攻め、吉直は弾丸の降り注ぐ中、大砲に跨って照準を定め、大手門を粉砕した。この功績により兵部省から五十両の恩賞金を下賜されている。

明治二（一八六九）年、新政府の海軍参謀附属となり、五稜郭の戦いにも参加した。帰朝後、東京府小警視となり、米沢藩士雲井龍雄一味逮捕の功により表彰された。明治三年三月、東京府権大属に任じられ、七月、大属に昇進し、明治五年八月、少警視に転じた。

明治七年の佐賀の乱に際しては東京の巡査隊を率いて佐賀に赴いた。明治十年の西南の役勃発の際にも、巡査隊を率いて谷干城《たてき》らと熊本城に籠城して耐え抜き、薩摩の段山《だにやま》や城山の戦いで奮戦した。この功により明治十一年、勲四等に叙せられ、旭日章を賜っている。

明治十四年、警視副総監となり、明治十九年十二月二十七日から元老院の議官に任じられ、正四位勲三等に叙せられた。明治二十二（一八八九）年六月二十四日、東京下谷区西町（現台東区）の自宅で死去した。享年五十九。墓は生まれ故郷の柳川市三橋町五拾町にある。

［河村］

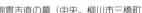

曾我祐準（柳川古文書館蔵）

権力に媚びず、国家を担う意識を貫く

曾我祐準《そが すけのり》

生没年　一八四三―一九三五
通称　準造

曾我祐準は柳川藩士曾我祐興《すけおき》の次男として坂本小路（現柳川市坂本町）に生まれた。外祖父に国学者の西原晁樹《あさき》がいる。幼少期から学問・武芸に親しみ、当時藩で流行した大成流（西洋兵学）や横井小楠の実学の影響を受けた。

文久二（一八六二）年、江戸に遊学した後、慶応元（一八六五）年に長崎で英式練兵を学び、同三年、上海―インドを航海し航海術を学んだ。戊辰戦争では藩の蒸気船千別丸《ちわきまる》船長となり神戸警衛などに従事、慶応四年閏《うるう》四月に海軍御用掛として明治政府に出仕、軍隊の草創期に際しその基礎を築いた。

明治十一（一八七八）年、陸軍士官学校長となり軍人教育にも意を注ぎ、十五年、鳥尾小弥太《こやた》、谷干城《たてき》、三浦梧《ご》楼《ろう》と国憲制定の上奏を行い参謀本部次長に左遷された。十六年、陸軍中将に累進、十七年には子爵を授けられたが、陸軍改革をめぐって主流派に破れ、十九年に軍職を去った。

その後、戦史や『日本国防論』などの著作をまとめるとともに、明治二十一年四月、明宮《はるのみや》（のちの大正天皇）の御教養主任となり、二十二年、東宮大夫となった。生来病弱であった大正天皇の健康維持に心胆を砕き、その努力は高く評価された。明治二十四年、宮中顧問官となって御教養主任を免ぜられる際、明宮より金時計を賜った。

明治二十四年十二月、貴族院子爵議員補欠選挙に当選し、以来二十五年間貴族院議員を務めた。懇話会（のち土曜会）に属し、国家全体の利益を代表する「皇室の藩屏《はんぺい》」として、盟友谷干城らとともに藩閥政府批判を行った。大正四（一九一五）年四月、枢密顧問官に任ぜられ、議員の職を辞した。

一方で実業界にも身を投じ、明治三十一年八月、日本鉄道株式会社社長となり、宮中顧問官を辞した。日清戦争後の経営改革に際し、人員の整理や社内の意識改革に努めたが、同社は三十九年、鉄道国有法によって政府に買収された。なお明治二十九年から北海道で農場経営も行っている。

時の権力に媚びず国家を担う意識を貫いた生き方は「権門に媚びず時流に惰《だ》せず」と評された。

［江島］

郷土の発展と旧藩主家の家政運営に尽力

吉田孫一郎《よしだ まごいちろう》

生没年 一八四三－一九一三

　天保十四（一八四三）年三月、柳川藩士吉田舎人《とねり》尚文の長男として坂本小路（現柳川市坂本町）に生まれた。吉田家の歴代は柳川藩の要職である中老などに任じられており、孫一郎は万延元（一八六〇）年、部屋住みのまま近習となり、元治元（一八六四）年、用人小姓頭に転役、明治二（一八六九）年、家督を相続して中老となった。

　吉田家では伯父に当たる吉三が尚友楼という塾を開いていて、そこに曾我《そが》祐準《すけのり》らも集い、同年代であった両名と十時一郎（のち衆議院議員）は竹馬の友であった。近習時代から藩主に従って上京したり、長州戦争や戊辰戦争に際して他藩へ使者に立つなど重要な役回りを担った。

　版籍奉還後は、明治三年に柳川藩小参事となり、同十年十一月第三区区長、翌十一年十一月からは山門《やまと》郡郡長となるなど、明治の新制度のもとで地方行政の要職を担った。また明治二十三年二月から九月まで選出されて福岡県会議員となっている。一方、第九十六国立銀行や、有明海特産の魚介類などを缶詰にする事業を行った興産義社の創立に関わるなど、地域の経済活動にも関与した。

　明治四年に旧藩主立花家家扶となった後、同十六年、家政を司る家令心得となり、以後四十三年まで家令として立花家の家政運営に尽力した。立花家の維新期の当主は鑑寛《あきとも》で、次代の寛治《ともはる》は柳川に農事試験場を開くとともに貴族院議員となり新時代を担う華族として活動したが、孫一郎は明治二十五年の家憲制定など、旧藩主家近代の土台を支える役割を担った。その努力については、家令を辞任する際に曾我祐準から送られた手紙で、先祖以来歴代の忠勤を「士道の精華」と讃えられたほどであった。その軌跡は、文久三（一八六三）年から亡くなった大正二（一九一三）年までの日記類で知ることができる。

［江島］

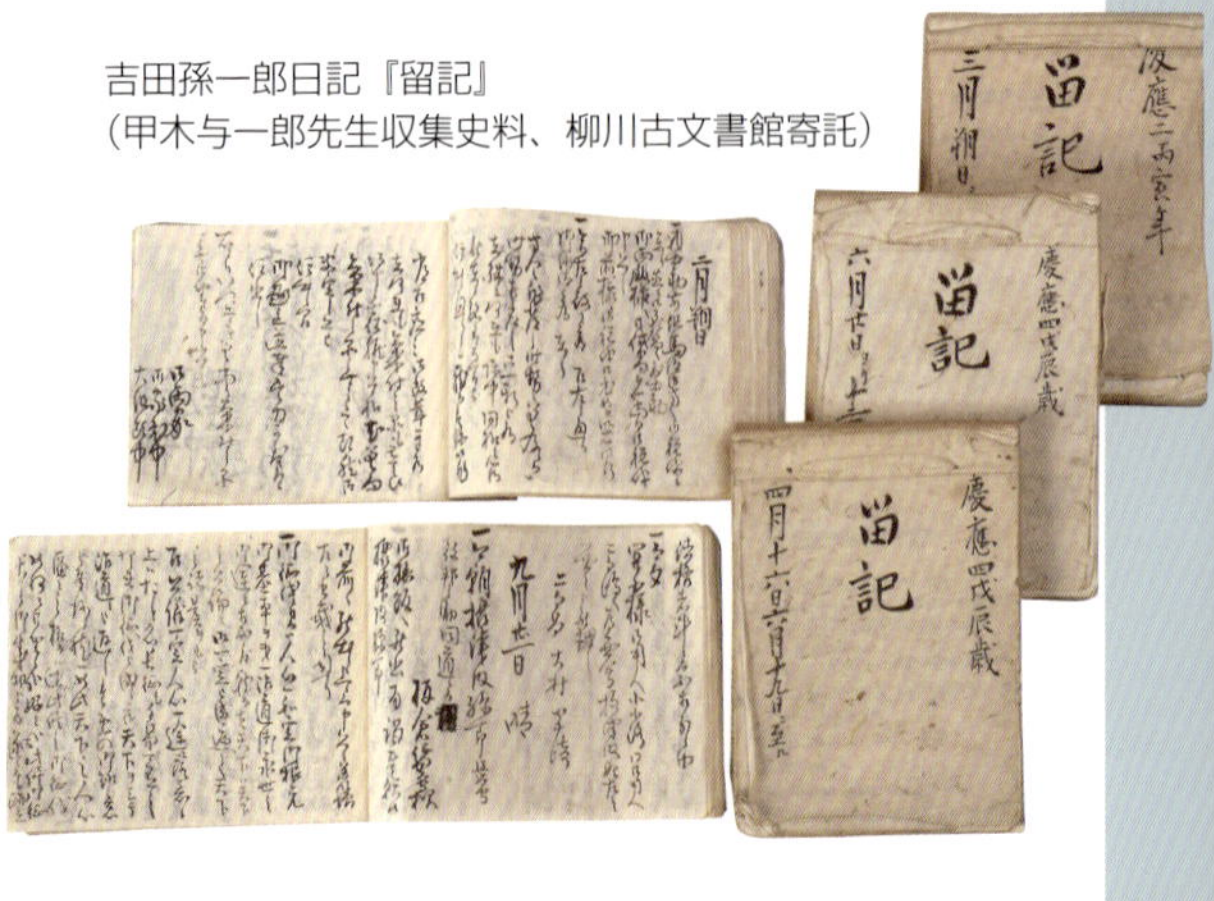

吉田孫一郎日記『留記』
（甲木与一郎先生収集史料、柳川古文書館寄託）

キリスト教の伝道と教育に心血を注ぐ

海老名弾正《えびなだんじょう》

生没年 一八五六―一九三七
諱 喜三郎

海老名弾正（同志社大学同志社社史資料センター蔵）

安政三（一八五六）年三月二十日、柳川藩士海老名平馬助の長男として生まれた。明治四（一八七一）年九月一日に熊本洋学校が設立されるや、弾正は藩校伝習館から転校入学し、アメリカ人教師L・L・ジェーンズから英語・数学・地理・歴史・物理・化学などの科目を英語で学んだ。熊本洋学校は日本最初の男女共学の学校で、のちに妻となる横井みや子（横井小楠《しょうなん》の長女）も同窓であった。

明治五年一月十八日、柳川に帰省中の弾正は柳川城の炎上を目撃し、このことによって藩論が一変したと書き記している。

キリスト教に帰依し、明治九年には、徳富蘇峰《そほう》、金森通倫《みちとも》、横井時雄、浮田和民《かずたみ》など生徒三十五名とキリスト教結社を組織した（「花岡山の誓約」）。この弾正らの行動は猛烈な批判を受け、L・L・ジェーンズは解雇され、熊本洋学校は閉鎖に追い込まれる。京都に同志社英学校が開校することを知ったL・L・ジェーンズは、新島襄《じょう》に手紙を出し、生徒の引き受けを依頼した。弾正はその年の秋から同志社英学校（神学部）で学ぶことになる。

明治十年から新島襄の故郷の上州安《あん》中《なか》（現群馬県）で伝道活動を行い、明治十二年十二月に同志社を第一期生として卒業すると安中教会の牧師となった。明治十七年、前橋に転居して前橋教会を設立し、明治十九年には東京で本郷教会を設立する。その後、熊本に戻って草場町教会の牧師となり、熊本英学校と熊本女学校の創設に尽力した。

明治二十三年には日本基督教伝道会社社長、明治二十六年には神戸教会の牧師に就任。大正九（一九二〇）年、第八代同志社総長となり、四代主義（人格主義・民主主義・国際主義・男女共学主義）を理念に三期九年間務めた。昭和三年に東京に戻り、本郷教会の名誉牧師として伝道活動と教育に尽くした。

昭和十二年五月二十日、東京で死去した。享年八十二。墓は多磨墓地（東京都府中市）にあり、柳川市新町の真勝寺に分骨されている。

［河村］

柳川藩を正道へ導いた 横井小楠の教え

柳川藩と熊本藩のつながり

柳川藩初代藩主の立花宗茂《むねしげ》が関ヶ原の戦いで西軍に与して柳川を追放された時、肥後熊本藩の加藤清正は、宗茂とその家族のみならず家来たちをも熊本で預かって手厚く保護した。そのこともあって、江戸期になっても柳川藩の人々は熊本藩に対して強い親近感を抱いていた。家老立花主計《かずえ》（但馬《たじま》）家と熊本藩家老長岡監物《けんもつ》家も姻戚関係で結ばれ、その縁で柳川・熊本を往来する若者も少なくなかった。肥後熊本の横井小楠《しょうなん》が初めて柳川で知られたのも、立花主計（但馬）を通じてであった。

横井小楠は、熊本藩の藩校時習館で学んだ。天保八（一八三七）年には時習館の居寮長に抜擢され、家老の長岡監物の庇護を受けて学校改革案を提議するなど、その俊英ぶりは群を抜いていた。そのことを知った柳川藩の池辺藤左衛門・亀三郎兄弟、津留敬蔵、浅川鶴之助、西原正右衛門、井本辰之丞《たつのじょう》などの若い藩士が小楠に弟子入りして、盛んに熊本と往来するようになる。小楠の学校改革・藩政改革論は、池辺らを通じて柳川の若者たちにも紹介された。立花壱岐《いき》をはじめ十時摂津《せっつ》なども、年若い頃から小楠の説に親しんだ。

天保十年、小楠は藩命により江戸に遊学し、林桎宇《ていう》の門下生となる。佐藤一誠や松崎慊堂《こうどう》、幕臣の川路聖謨《としあきら》や水戸藩士の藤田東湖《とうこ》などと交わり、江戸でもその名が知られるようになった。しかしながら、翌年、酒に酔っての喧嘩により藩から帰国処分を受ける。帰国後は長岡監物や元田永孚《ながざね》などと「実学党」を結成し、保守的な「学校党」と対立した。天保十四年に私塾（のちの小楠堂）を開くと、徳富一敬や矢嶋源助、河瀬典次、安場保和、竹崎律次郎など熊本の門下生とともに、柳川からも池辺ら多くの若者が門弟となった。

小楠学派――「肥後学派」の結成

嘉永四（一八五一）年二月、小楠は諸国遊歴に出発し、柳川では十時摂津、立花但馬、池辺藤左衛門と会っている。ただし、立花壱岐はこの時体調が悪く、対面には至らなかった。諸国遊歴の帰途、八月十九日に壱岐と小楠は初めて

横井小楠（国立国会図書館デジタル化資料より）

対面し、徹夜で議論を行った。小楠四十三歳、壱岐二十一歳であった。この徹夜の議論の中で、壱岐は初めて西洋列強の脅威を知り、藩という枠を超えて天下国家に目を向けることができるようになった。会見後、壱岐は兄の十時摂津らと同志を募って、小楠の論を学ぶ「肥後学派」を結成する。

　嘉永六年六月にペリーの「黒船」が来航した際、壱岐は柳川藩の総大将として川崎や富津に駐屯したが、蒸気船の圧倒的な威容を目にして開国論に傾斜したのも、小楠の影響であった。

　安政三（一八五六）年三月二十六日に壱岐が初めて家老職を命じられた時、小楠は家老としての心得を懇切丁寧に書き送っている。安政四年、藩公とともに江戸に上った時も、将軍継嗣問題に深入りすべきではないとする小楠の忠告に従い、越前の橋本左内《さない》と一線を画した結果、「安政の大獄」を免れることができた。

小楠、越前松平家へ

　壱岐は、熊本で冷遇されていた小楠の福井藩招聘にも深く関与した。安政五年三月十二日、小楠は熊本を出発し、福井に向かう。翌十三日、柳川藩領山門《やまと》郡本郷（現瀬高町）の大庄屋浅山兵五郎宅で、柳川藩有志による送別会が行われた。壱岐は江戸に滞在していたため出席していないが、家老十時摂津と立花但馬のほか、池辺藤左衛門、池辺亀三郎、十時兵馬《ひょうま》、津留敬蔵、浅川鶴之助、佐藤十左衛門、篠沢仙之《せんの》丞《じょう》、檀熊五郎、檀清十郎など柳川藩士数十名が参加している。当時の柳川においては、小楠学派――肥後学が最も隆盛であった。

　安政六年九月十五日に壱岐が藩政の全権一任を受けて改革を断行したが、その根幹となる「鼎足《ていそく》運転の法」、すなわち「藩札」「産物」「正貨」の回転によって利益を拡大させていく手法は、小楠の『国是三論』に基づく経済政策であった。小楠自身、福井藩で大成功を治めている。

　幕末・明治の攘夷論が横行する世論の中で、柳川藩が積極的な開国通商論によって藩論を統一し、血なまぐさい流血の惨事もなく時代を乗り切ったのは、立花壱岐をはじめ、横井小楠に学んだ若者たちの力であったと総括できよう。　［河村］

幕末における柳川藩の殖産政策

幕末の柳川藩では様々な産業が奨励され、藩経済の活性化に貢献した。ここでは、そのうち代表的なものを紹介する。

菜種▼最も奨励されたのは菜種（芥子）で、菜の花の種のことである。この種を絞ると良質の油がとれる。立花壱岐《いき》の「鼎足《ていそく》運転の法」では産物の中心とされ、公定価格を設定して農民や消費者を保護した。利鞘が減少した油商人たちは一斉に不平を漏らしたが、農民は公定価格での買い入れを当て込んで菜種を増産したので、過年度の古油を藩内の販売用にあて、新油は長崎・大坂などで高値で販売し、藩の財政再建に大きく貢献した。

茶▼茶については、肥前嬉野、駿州安倍、甲州信楽《しがらき》などが名産地として有名であったが、八女茶も根強い人気があった。そこで、栽培方法と品質の改善を奨励し、生産された茶は藩が全量買い上げ、これまた品質の劣る茶は藩内消費分に回し、高品質の茶を長崎・大坂で販売した。

和紙▼和紙の生産についても、紙漉船（紙漉き用の機械）、張板その他の道具類を調達するための設備資金及び運転資金に対して低利で融資した。また紙の材料として藩内のクリークの岸辺にふんだんに生えている柳の皮を活用させるなど、材料となる樹木の多様化を図った。材料の樹木は農閑期に農民に切らせ、皮を剝ぐ作業は村々の女子供、病身者、老人などに行わせ、皮を干した後重量を量って業者に買い取らせた。一枚ずつの利益は少ないが、まとまった量を生産すれば利益は大きくなる。このため、紙を漉く場所を矢部川の土手に重点化し、紙漉き業者をまとめて居住させ、効率的な生産体制を構築した。

生糸▼生糸はとりわけ重要な貿易品であった。藩内では山門《やまと》郡山川村（現みやま市）、三池郡馳馬（現大牟田市）、八女郡辺春《へばる》村（現八女市）などの山間地で生産されていた。農家はもとより、藩士の妻女も内職として養蚕を行っていた。安政六（一八五九）年、長崎の英国商人グラバーは生糸一斤（約六〇〇グラム）につき一両二分で取引を行っている。藩は長崎で売れる価格を公表して、養蚕農家の士気を煽った。

中山農事試験場（立花家史料館蔵）。その広大な跡地は公園として整備され、「立花いこいの森」となっている

櫨▼藩は櫨《はぜ》の生産奨励及び品種改良、蠟燭《ろうそく》の製品化にも重点を置いた。各村の庄屋宅で櫨の品評会を開催して優劣を競わせ、優良品種の開発にも取り組ませた。立花壱岐が品種改良した櫨の木は「壱岐穂《いきほ》」と呼ばれ、盛んに接木されて普及した。かつ、櫨をそのまま原材料として売るのではなく、蠟燭を作り、付加価値を高めて取引するよう指導した。「壱岐穂」は藩外でも名声が高かったらしく、徳富蘆花《ろか》の『竹崎順子』という作品の中に、律次郎という若者が柳川藩から「壱岐穂」を入手して肥後に帰る様子が生き生きと描かれている。

石炭▼柳川藩と三池藩には珍しい特産品があった。石炭である。幕末になると、船舶及び各種産業用として石炭の需要が飛躍的に増大した。石炭の発見は文明元（一四六九）年、三池藩稲荷《とうか》村（現大牟田市）の農夫伝治左衛門が、野良仕事で焚き火をしていたところ偶然燃える石を発見したことに始まるという。柳川藩では享保六（一七二一）年、四代藩主鑑任《あきたか》の時、家老小野若狭に平野山の山林数百町歩が下賜され、若狭は平野山炭鉱を開き、以来小野家が経営にあたった。

　安政元（一八五四）年には幕府日田代官所へ、反射炉用石炭として一斤につき一文三分二厘八毛で納入している。これは伊豆韮山《にらやま》代官江川太郎左衛門の反射炉建設に利用されたとみられる。三池港から島原口之津・長崎にも大量の石炭が送られ、瀬戸内海の塩浜用燃料や製瓦用燃料としても需要が高まった。明治六（一八七三）年、新政府は小野隆基《たかもと》から金一万両で平野山炭鉱を買い上げ、明治二十一年の入札で民間に払下げた。これを三井組が落札して三井三池炭鉱として栄え、日本の近代化に大きく貢献した。

＊

　柳川藩によって推進された農産物の品種改良運動は、明治維新後、十四代当主寛治《ともはる》によって明治十九年に山門郡中山村（現柳川市）に開設された「中山農事試験場」に引き継がれた。福岡県で初めての農業試験場で、筑後地方における品種改良の拠点施設として高い名声を得るとともに、地方農業の振興に大いに寄与した。［河村］

筑後三池から奥州へ
数奇な歴史を歩んだ小藩

下手渡藩の陣屋跡。明治35（1902）年、旧藩士により立花家の出自や事歴を記した「懐古の碑」が建てられた

三池藩の成立と下手渡転封

三池藩立花家は、元和七（一六二一）年、立花種次《たねつぐ》に筑後国三池郡の南部十五カ村一万石（現大牟田市域の南半分）が与えられ成立した外様小藩である。三池藩は外様小藩ながら歴代藩主に二人の若年寄を輩出している。一人は六代藩主の種周《たねちか》、もう一人は最後の藩主種恭《たねゆき》である。

種周は、宝暦十二（一七六二）年に六代藩主となり、寛政四（一七九二）年に幕府の奏者番兼寺社奉行を経て、翌年には若年寄へと昇進を重ねる。しかし、文化二（一八〇五）年十月、幕府の内紛に巻き込まれ、種周は蟄居・謹慎を命ぜられ失脚する。

種周の蟄居・謹慎処分を受け、嫡子の種善《たねよし》は陸奥国伊達郡下手渡《しもてど》（現福島県伊達市月舘《つきだて》町）に転封となった（下手渡藩の成立）。藩領の村々は十カ村一万石であったが、肥沃な三池と比べ山間僻地であったことから、事実上の左遷であった。一方の三池領は下手渡への転封後に幕府に収公され、西国筋郡代支配となり、のちに柳川藩預り支配となった。なお転封後にも、三池には藩士の一部が「居残組《いのこりぐみ》」として残留し、下手渡との情報交換や幕府に対する三池復封の嘆願を行っている。

立花種恭の登場

初代下手渡藩主立花種善の孫にあたる種恭は、嘉永二（一八四九）年に家督を相続し三代藩主となり、同四年には三池領の一部復封を実現した。種恭は、文久三（一八六三）年に大番頭として幕府に登用され、同年九月には若年寄に昇進、十一月には外国事務管《かん》掌《しょう》を命ぜられる。元治元（一八六四）年七月、十四代将軍家茂の側近として長州征討に随行。さらに慶応四（一八六八）年一月には老中格として会計総裁に就任するも、新政府樹立後、幕閣を辞職した。深川の下屋敷で謹慎していた種恭は、下手渡の動揺を鎮めるため三月十三日に同地に赴き、新政府につく方針を表明し、京都へ出立した。

若年寄時代の立花種恭（大牟田市立三池カルタ・歴史資料館蔵）。藩知事退任後は、学習院の初代院長も務めた

下手渡の戦況と三池復封

この頃、奥州では仙台藩などが奥羽鎮撫総督に対し会津藩の救済歎願を訴えていたが拒絶され、さらに慶応四年閏《うるう》四月二十日、同総督下参謀の世良《せら》修蔵《しゅうぞう》が福島城下で暗殺されたことで開戦は回避できない状況となる。

　奥羽越列藩同盟締結の会合の席上、下手渡藩家老の屋山外記《ややまげき》が同盟に調印してしまうが、藩主種恭と裏腹の行動が仙台藩から敵視され、八月十八日、ついに仙台藩兵は約二百の兵をもって下手渡領御代田《みよだ》村に侵攻し、陣屋を占拠した後、城下ともども焼き払った。この戦報を受け二十日には援軍の柳川藩兵、二十三日には阿波藩兵が到着し、二十五日まで領内各地で局地戦が展開された。この時、藩主種恭は柳川藩主とともに東北鎮撫を命ぜられたため九月に江戸に戻り、兵を整え下手渡への下向を決意するが、その直前に会津藩降伏の報を得て出兵は回避された。

　同年十一月、下手渡陣屋焼失のため種恭は居所を下手渡から三池に移す。この時、陸奥国下手渡領の一部が三池藩の飛地となり、再び三池藩がここに成立した。翌二年六月二十四日、種恭は版籍奉還を認められ、三池藩知事に任命される。

［梶原］

大牟田市今山の三池藩主墓地

幕末維新関連年表

和暦	西暦	全国	福岡県内
嘉永六	一八五三	6 アメリカ使節ペリー、浦賀に来航 7 ロシア使節プチャーチン、長崎に来航 10 徳川家定、十三代将軍となる	7 福岡藩主黒田長溥、開国を建言 8 真木和泉守の幽居「山梔窩」が完成
安政元	一八五四	1 ペリー、再来日 3 日米和親条約締結（のち英・露・蘭とも）	3 柳川藩、上総国富津の警備につく
二	一八五五	8 幕府、洋学所（のちの蕃書調所）を設立 10 幕府、長崎海軍伝習所を設立 江戸で大地震（安政の大地震）	
三	一八五六	7 アメリカ総領事ハリス、下田に来航	
四	一八五七	4 幕府、軍艦教授所を設立	
五	一八五八	4 彦根藩主井伊直弼、大老に就任 6 日米修好通商条約締結（のち英・仏・露・蘭とも） 9 安政の大獄始まる 10 徳川家茂、十四代将軍となる この年、コレラ大流行	8 福岡藩士平野国臣、脱藩し上京 10 平野国臣、僧月照とともに薩摩へ 幕府軍艦一行（勝海舟・カッテンディーケら）、博多停泊。藩主黒田長溥と会見し、太宰府を訪問
六	一八五九	6 神奈川（横浜）・長崎・箱館を開港 10 幕府、橋本左内・吉田松陰らを処刑	
万延元	一八六〇	3 井伊直弼暗殺（桜田門外の変）	5 イギリス鑑、門司沖に碇泊し測量

万延元	一八六〇	10 和宮降嫁（孝明天皇妹・和宮と将軍家茂の婚姻）が決定（公武合体の象徴）	
文久元	一八六一	2 ロシア軍艦、対馬に来航し島民と衝突	5 福岡藩、月形洗蔵ら尊攘派を処分（辛酉の獄）
二	一八六二	1 水戸浪士ら、老中安藤信正を襲撃（坂下門外の変） 4 島津久光、兵を率いて入京。寺田屋事件 8 生麦事件 閏8 幕府、参勤交代制を緩和 12 高杉晋作ら、イギリス公使館を焼き討ち	2 真木和泉守、幽居を脱し薩摩を経て京へ 4 平野国臣、播磨国大蔵谷で藩主の参勤を諫止（大蔵谷回駕事件）
三	一八六三	3 将軍家茂上京 5 長州藩、関門海峡で外国船を砲撃（攘夷決行） 7 薩英戦争 8 公卿中山忠光らの尊攘派挙兵（天誅組の変） 公武合体派、尊攘派を京都から追放（八月十八日の政変）。三条実美ら長州へ（七卿落ち）	6 長州兵、企救郡田野浦の小倉藩砲台を占拠 7 長州兵、幕吏や小倉藩士河野四郎らが乗る軍艦を襲撃（朝陽丸事件） 10 平野国臣、公卿沢宣嘉らと挙兵し、投獄（生野の変） 11 小倉藩、英彦山勤王僧を捕らえる
元治元	一八六四	3 水戸藩尊攘派が挙兵（天狗党の乱） 6 池田屋事件 7 禁門（蛤御門）の変 朝廷、長州藩征討の勅令を発する（第一次長州征討） 8 英・米・仏・蘭の四カ国連合艦隊、下関を砲撃（下関戦争） 12 高杉晋作ら、功山寺で挙兵（翌年、藩論を武備恭順に決定）	7 平野国臣ら、京都で処刑 真木和泉守ら、禁門の変に敗れ天王山で自刃 11 高杉晋作、筑前に亡命・潜伏 12 福岡藩の周旋により五卿の太宰府移転が決まる

慶応元	一八六五	9 英・米・仏・蘭四国公使、兵庫に来航し条約勅許と兵庫の早期開港を求める 幕府、第二次長州征討の勅許を得る	2 五卿、太宰府に到着（その後、坂本龍馬ら志士が訪問する） 10 福岡藩、加藤司書・月形洗蔵・野村望東尼ら尊攘派を処分（乙丑の獄）
二	一八六六	1 薩長同盟成立 6 第二次長州征討始まる 12 徳川慶喜、十五代将軍となる	7 長州征討軍小倉口総督小笠原長行、小倉を脱出。以後、小倉藩は単独で長州藩と戦う 8 小倉城自焼。以後、小倉藩は田川郡を拠点に戦う
三	一八六七	10 薩長両藩に討幕の密勅 大政奉還 12 王政復古の大号令 この年、「ええじゃないか」運動広がる	1 小倉藩と長州藩の和議成立 3 小倉藩、藩庁を香春に定める 12 五卿、太宰府を発ち京都へ
明治元	一八六八	1 鳥羽・伏見の戦い（戊辰戦争始まる） 3 五箇条の御誓文 4 旧幕府、新政府軍へ江戸城を明け渡す（江戸開城） 5 陸奥国（奥州）、出羽国（羽州）、越後国（越州）の諸藩が反政府同盟を結ぶ（奥羽越列藩同盟） 7 江戸を東京と改称 9 明治と改元し、一世一元の制を定める 会津藩降伏	1 久留米藩の尊攘派、参政不破美作を暗殺。その後尊攘派政権が成立し、反対派を弾圧 11 三池藩が再度成立
二	一八六九	5 榎本武揚ら、新政府軍に降伏（戊辰戦争終結） 6 版籍奉還 8 蝦夷地を北海道と改称	6 版籍奉還により各藩主は藩知事となる

三	一八七〇	1 大教宣布の詔（神道を国教と定める） 10 兵制統一を布告（海軍は英式、陸軍は仏式）	1 小倉藩（香春藩）、藩庁を仲津郡豊津へ移す 4―5 長州藩反乱分子の大楽源太郎ら、久留米に潜入 7 福岡藩の太政官札贋造が摘発される
四	一八七一	4 戸籍法公布 7 廃藩置県 11 岩倉具視らの欧米使節団、横浜港を出港	3 大楽ら隠匿の罪で久留米藩知事有馬頼咸は謹慎処分、大参事水野正名ら逮捕（久留米藩難） 7 黒田長知、贋札事件を理由に藩知事を罷免される
五	一八七二	8 学制公布 9 新橋―横浜間に鉄道開通 11 太陽暦を採用	1 柳川城炎上
六	一八七三	1 徴兵令公布 7 地租改正条例公布 11 内務省を設置	6 筑前竹槍一揆起こる
七	一八七四	1 板垣退助ら、民撰議院設立建白書を提出 2 江藤新平ら挙兵（佐賀の乱）	
八	一八七五	4 元老院、大審院、地方官会議を設置 9 朝鮮半島の西沿岸で日本と朝鮮が武力衝突（江華島事件）	
九	一八七六	3 廃刀令 10 熊本・神風連の乱、山口・萩の乱起こる	小倉県・三潴県を統合し、現在の福岡県域が確定 10 秋月の乱起こる
十	一八七七	2 西郷隆盛ら挙兵（西南戦争始まる） 9 西南戦争終結	3 福岡の変起こる

九州大学大学院比較社会文化学府、2010年）
谷川佳枝子『野村望東尼　ひとすじの道をまもらば』花乱社、2011年
『新修福岡市史　資料編近現代1　維新見聞記』福岡市、2012年
桟比呂子『評伝月形潔』海鳥社、2014年
九州歴史資料館編『五卿と志士　維新前夜の太宰府』太宰府顕彰会、2014年
『西日本文化473　特集幕末の太宰府と五卿』西日本文化協会、2015年

■小倉藩

原田茂安『愁風小倉城』自由社会人社、1965年
宇都宮泰長『維新の礎　小倉藩と戊辰戦争』増補改訂版、鵬和出版、1978年
小田富士雄ほか『北九州の歴史』葦書房、1979年
米津三郎編『読む絵巻小倉』井筒屋、1990年
米津三郎『小倉藩史余滴』海鳥社、1995年
宇都宮泰長編『小倉藩幕末維新史料』鵬和出版、2000年
白石壽『小倉藩家老島村志津摩』海鳥社、2001年
玉江彦太郎『小倉藩の終焉と近代化』西日本新聞社、2002年
土井重人『大庄屋走る　小倉藩・村役人の日記』海鳥社、2007年
木村晴彦『幕末・維新と小倉藩農民』海鳥社、2008年
三浦尚司『豊前幕末傑人列伝』海鳥社、2012年

■久留米藩

『先人の面影　久留米人物伝記』久留米市、1961年
松尾正信『久留米藩幕末物語』大坪徳太郎、1971年
『目で見る久留米の歴史』久留米市、1979年
篠原正一『久留米人物誌』菊竹金文堂、1981年
山口宗之『人物叢書　真木和泉』新装版、吉川弘文館、1989年
『明治維新と久留米』久留米文化財収蔵館、1992年
山口宗之『西日本人物誌5　真木保臣』西日本新聞社、1995年
林洋海『シリーズ藩物語　久留米藩』現代書館、2010年
林洋海『東芝の祖からくり儀右衛門』現代書館、2014年

■柳川藩

渡辺村男『旧柳川藩志』柳川山門三池教育会、1957年
立花和雄『柳川の殿さんとよばれて…旧柳河藩第十六代当主立花和雄私史』梓書院、1990年
吉田孫一郎著・古賀長善編集校訂『柳川藩中老吉田孫一郎留記』1991年
河村哲夫『志は、天下　柳川藩最後の家老・立花壱岐』全5巻、海鳥社、1995年
河村哲夫『柳川城炎上　立花壱岐・もうひとつの維新史』角川書店、1999年
『柳川市史別編　新柳川明証図会』柳川市、2002年
『やながわ人物伝』柳川市、2009年
『柳川市史別編　図説立花家記』柳川市、2010年

■その他

大城美知信・新藤東洋男『わたしたちのまち　三池・大牟田の歴史』古雅書店、1983年
田代量美『筑前城下町秋月を往く』西日本新聞社、2001年
三尾良次郎『みやざき文庫87 「黒田の家臣」物語』増補3訂新装版、鉱脈社、2012年

より詳しく知るための

参考文献案内

福岡県内の旧諸藩の歴史について調べる際には、『藩史大事典第７巻　九州編』（雄山閣出版）が基本資料として役立ちます。また、その流れや産業・文化まで広く調べる場合には各市町村史などが参考になります。より深く知りたい方は、大学や博物館、明治維新史学会や県内各地の郷土史研究会などが発行する研究論文集を調べてみましょう。また各藩の人物については『明治維新人名辞典』（吉川弘文館）などを手がかりにするとよいでしょう。

■一般

藤野保『幕藩体制史の研究』吉川弘文館 1961年

読売新聞西部本社編『福岡百年 上　幕末から明治へ』浪速社、1967年

毎日新聞西部本社編『明治百年　福岡県の歩み』1968年

福岡ユネスコ協会編『九州文化論集３　明治維新と九州』平凡社、1973年

日本歴史学会編『明治維新人名辞典』吉川弘文館、1981年

藤野保編『九州近世史研究叢書　九州と明治維新』Ⅰ・Ⅱ、国書刊行会、1985年

木村礎ほか編『藩史大事典第７巻　九州編』雄山閣出版、1988年

福岡市博物館編『福岡県明治維新史料展』霊山顕彰会福岡県支部、1994年

川添昭二・梶原良則ほか『福岡県の歴史』山川出版社、1997年

丸山雍成・長洋一編『街道の日本史48　博多・福岡と西海道』吉川弘文館、2004年

佐々木克『幕末史』筑摩書房、2014年

調福男・渕浩子『博学博多200』増補改訂版、西日本新聞社、2014年

■福岡藩

安川巌『物語福岡藩史』文献出版、1985年

柳猛直『悲運の藩主黒田長溥』海鳥社、1989年

筑紫野市立歴史民俗資料館編『明治維新と郷土』筑紫野市教育委員会、1990年

福岡地方史研究会編『福岡歴史探検』１・２、海鳥社、1991・1995年

梶原良則「文久期における福岡藩の政治動向」（『福岡大学人文論叢』25、1993年）

成松正隆『加藤司書の周辺』西日本新聞社、1997年

梶原良則「福岡藩慶応元年の政局と黒田播磨」（『福岡大学人文論叢』33、2001年）

梶原良則「幕末の動乱と大宰府」（『太宰府市史』通史編２、太宰府市、2004年）

栗田藤平『雷鳴福岡藩　草莽早川勇伝』弦書房、2004年

小河扶希子『西日本人物誌17　平野國臣』西日本新聞社、2004年

日比野利信「維新の記憶　福岡藩を中心として」（明治維新史学会編『明治維新と歴史意識』吉川弘文館、2004年）

小河扶希子『西日本人物誌19　野村望東尼』西日本新聞社、2008年

『筑前維新の道　さいふみち博多街道』のぶ工房、2009年

守友隆「筑前国黒崎宿桜屋の宇都宮正顕の再検討」（『比較社会文化研究』28、

執筆者一覧

丸山雍成（九州大学名誉教授）
日比野利信（北九州市立自然史・歴史博物館）
髙山英朗（福岡市博物館）
竹川克幸（麻生西日本新聞ＴＮＣ文化サークル事務局長／日本経済大学講師）
守友　隆（北九州市立自然史・歴史博物館）
川本英紀（みやこ町歴史民俗博物館）
古賀正美（公益財団法人久留米文化振興会）
穴井綾香（久留米市市民文化部文化財保護課）
吉田洋一（久留米大学文学部准教授）
河村哲夫（福岡県文化団体連合会参与）
江島　香（柳川古文書館）
梶原伸介（大牟田市立三池カルタ・歴史資料館）

アクロス福岡文化誌編纂委員会

名誉会長　武野要子（福岡大学名誉教授）
会　　長　丸山雍成（九州大学名誉教授）
副 会 長　西表　宏（香蘭女子短期大学教授）
委　　員　飯田昌生（元テレビ西日本・ＶＳＱプロデューサー）
池邉元明（九州歴史資料館）
加藤哲也（財界九州社編集委員）
河村哲夫（福岡県文化団体連合会参与）
嶋村初吉（元西日本新聞記者）
岩永　豊（写真家）
専門調査員　竹川克幸（麻生西日本新聞ＴＮＣ文化サークル事務局長／日本経済大学講師）
事務局長　桑原更作（公益財団法人アクロス福岡事業部長）
事 務 局　緒方淑子（公益財団法人アクロス福岡情報広報グループ長）
坂本いより（公益財団法人アクロス福岡情報広報グループ長代理）

アクロス福岡文化誌 9
福岡県の幕末維新
■
2015年 3 月30日　第 1 刷発行
■
編者　アクロス福岡文化誌編纂委員会
■
発行所　公益財団法人アクロス福岡
〒810-0001　福岡市中央区天神 1 丁目 1 番 1 号
電話092(725)9115　FAX092(725)9102
http://www.acros.or.jp
発売　有限会社海鳥社
〒812-0023　福岡市博多区奈良屋町13番 4 号
電話092(272)0120　FAX092(272)0121
印刷・製本　大村印刷株式会社
ISBN 978-4-87415-938-5
http://www.kaichosha-f.co.jp
[定価は表紙カバーに表示]

『アクロス福岡文化誌』刊行について

古来よりアジアと九州を結ぶ海路の玄関口、文明の交差点として栄えてきた福岡は、大陸文化の摂取・受容など文化交流の面で先進的な役割を果たしてきました。

「文化」とは時代が変化していく中で育まれた「ゆとり」「安らぎ」など心の豊かさの副産物、つまり精神充実の賜物であり、国や地域、そこで生活する人々を象徴しています。そして、文学、歴史、学問、芸術、宗教・信仰、民俗、芸能、工芸、旅、食など様々な分野へと発展し、人類の貴重な財産として受け継がれてきました。

科学や情報技術が進歩し、心の豊かさが求められている現在、「文化」の持つ意味・役割に改めて注目し、その保存・継承、充実を図ることは、日本社会を活性化するための重要な鍵になると考えます。

この『アクロス福岡文化誌』は公益財団法人アクロス福岡が進める文化振興事業の一環として、福岡の地域文化、伝統文化の掘り起こしや継承、保存活動の促進を目的に刊行するものです。また、福岡に軸足を置きつつ、九州、アジアにも目を向け、ふるさとの文化を幅広く紹介し、後世に伝えていきたいと考えています。

この文化誌が地域活性化の一助、そしてアジア－九州－福岡をつなぐ文化活動の架け橋になれば幸いです。

アクロス福岡文化誌編纂委員会　会長　丸山雍成

公益財団法人アクロス福岡　代表理事　本田正寛